大学应用写作

（精编版）

霍 然 朱 平 编著

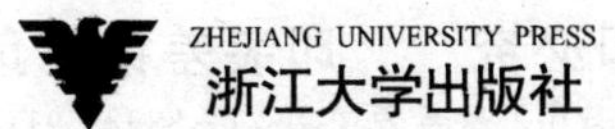

图书在版编目(CIP)数据

大学应用写作:精编版/霍然,朱平编著. —杭州:浙江大学出版社,2013.7(2020.8重印)

ISBN 978-7-308-11729-6

Ⅰ.①大… Ⅱ.①霍…②朱… Ⅲ.①汉语—应用文—写作—高等学校—教材 Ⅳ.①H152.3

中国版本图书馆CIP数据核字(2013)第139492号

大学应用写作(精编版)

霍 然 朱 平 编著

责任编辑 邹小宁
封面设计 刘依群
出版发行 浙江大学出版社
(杭州市天目山路148号 邮政编码310007)
(网址:http://www.zjupress.com)
排　　版 杭州中大图文设计有限公司
印　　刷 嘉兴华源印刷厂
开　　本 850mm×1168mm 1/32
印　　张 13
字　　数 338千
版 印 次 2013年7月第1版 2020年8月第7次印刷
书　　号 ISBN 978-7-308-11729-6
定　　价 33.00元

前　言

为了适应党政机关、各类企事业团体工作人员学习应用文和高等院校应用写作课程教学的实际需要，我们在多年从事应用写作教学与科研的基础上，编写了这本《大学应用写作》（精编版）。本书既可作为党政机关、各类企事业团体工作人员处理日常文案的参考用书，又可作为大学应用写作课程的教材，还可供对应用文写作感兴趣的读者自学，适合于各种文化层次的读者使用。

为着一定目的，运用书面语言表达一定思想内容的实践活动，称为写作。写作分为两大类，一类是文学作品，即文学创作；另一类是应用文，即党政机关、各类企事业团体使用的各种实用文体。应用文作为工作人员在日常工作中处理事务时经常使用的文体，它的特点是内容简明，使用方便，有一定格式。随着社会交往增多，应用文的使用范围日益广泛，人们对应用文的了解也日益深入。

在市场经济条件下，现代化社会要求各行业的工作人员不仅应是本专业的行家里手，而且应具有较好的口头和文字表达能力。然而，当前一些青年乃至高等院校的大学生的应用写作水平，与现代化社会的要求尚相去甚远。例如，有人希望能够到机关、企业工作，却不熟悉机关公文、事务文书的写作结构；有人愿意从事社会工作，却写不出像样的调查报告；有人已是大学高年级学生，却不清楚学术论文的写法；如此等等，不一而足。这与21世纪高速发展的现代化市场经济社会，显然是不相适应的。要从根本上解决这一迫在眉睫的问题，只有从现在开始，努力学习应用写作的基础理论和实用文体规范格式，以便尽快适应以现代化和办公自动化为重要特征之一的21世纪的需要。现在很多高校纷纷提倡人文素质教育,将应用写作作为为各类专业服务的基础课程,也是为了顺应市场经济大潮流的发展趋势,培养面向未来的复合型人才。

本书就是在这一时代形势下编写的遵命之作。全书共分四篇,篇下设章,章下设节。主要讲授写作基础理论和最为常用的机关公文、事务文书和学术论文 3 大类 20 余种应用文体的写作方法。案头备此一本书,可以应对党政机关、各类企事业团体工作人员日常文案工作的实际需要。至于更为广泛意义上的应用文体,如媒体广告、公关礼仪、经济往来、法律诉讼、新闻报道、涉外函件等,读者可以在掌握本书知识的基础上去阅读更为专门化的参考用书,本书作为精编版暂不涉及。

本书在编写体例上,主要从这样几个方面考虑:

本书编写的内容,指导思想是要选择党政机关、各类企事业团体工作人员和在校大学生迫切需要的实用文体,并注意适应高等院校应用写作课程教学的实际需要。主要内容全部采用已有定论的说法,其中也有编者从事应用写作实践和教学科研的体会,但构成本书主体的中心内容,还是已经过实践检验的通论和定论。在内容安排的次序上,先讲文体定义、作用、分类,后讲文体结构即写作方法、例文分析、注意事项。讲述写作基础理论和文体概念特点时,力求简明扼要;讲述各种文体的格式与写作方法时,则力求详尽易学。以机关公文为例,即按照中共中央办公厅、国务院办公厅 2012 年 4 月 16 日发布,自 2012 年 7 月 1 日起施行的《党政机关公文处理工作条例》和中华人民共和国国家质量监督检验检疫总局和国家标准化管理委员会 2012 年 6 月 29 日发布,2012 年 7 月1 日实施的中华人民共和国国家标准 GB/T 9704—2012《党政机关公文格式》编撰。读者案头常备这样一本书,既能够从宏观上总体了解写作基础理论和文体概念特点的精髓,又能够从微观上具体掌握各种实用文体的写作方法;既可深入其中系统钻研,又可现用现查随时翻阅。这样做的目的,就是要突出一个“用”字,强调应用写作的实际效用，便于读者尽快学会写作应用文，为日后在实际工作中处理日常文书工作，打下坚实的基础。

在例文的选择上，本书首先注意突出21世纪的时代精神，尽量选用近年来的实际应用文，力求规范并有时代气息。其中有些例文历时性和篇幅较长，但由于它能把例文结构分析清楚，事例又十分典型，堪称应用写作的经典范文，我们仍然选择了进来。还有些文体由于涉及业务秘密等原因，在公开报刊中找不到适当的实际例文，则由编者按照该文体写作规范，编写出模拟例文。

本书的“思考”，即应用写作课程的试题。题型以问答为主，兼顾选择、判断、填空等。每节后有若干题，答案在本书中。

由于应用写作课程教学体系的需要，本书于当代应用写作学界的教研成果多所借鉴。为了便于有志钻研应用文写作的读者继续深入学习研究，书后附有参考文献，将编者编写本书时采用的主要教材列入。从某种意义上来说，是这些应用写作专家学者共同劳动的智慧结晶，为本书奠定了坚实的基础。凡能够找到出处的，已列入参考文献；但由于编者从事应用写作实践教学研究多年，有些是过去阅读、积淀在自己脑海中、成为知识之一部分的，无法一一标出；加之采用参考教材浩繁，挂一漏万之处，在所难免。将来如有机会，我们还要继续充实参考文献的内容，在此谨向这些教材的编写者致以深切的谢意！

本书由霍然确定总体框架和编写体例，并审定全部书稿。各篇编写分工以篇目先后为序：第一篇、第二篇、第三篇由霍然负责编写，第四篇由朱平负责编写。编者为所编写篇目的具体编著，全面负责该篇取材、编撰的全过程，文责自负。

由于学识有限，选编排印时间又十分仓促，本书中难免有疏漏不足之处，欢迎读者批评指正。

编　者

2013年5月12日

目　　录

第一篇　写作基础理论

第二篇　机关公文写作

第三篇　事务文书写作

第四篇 学术论文写作

第一篇　写作基础理论

第一章　主　题

第一节　主题的意义与作用

一、主题是文章的中心思想

写文章，作者总要针对客观事物和人们的学习、工作和生活中的现象及问题提出看法，表明自己的态度，以达到宣传、教育读者的目的。所谓主题，就是作者在说明事物、阐述道理、反映生活时，通过全部文章内容所表现出来的基本思想。简单地说，主题就是文章具体内容所表达的最主要和最基本的思想。主题是作者经过对客观事物的观察、体验、分析、研究，并通过对具体材料的提炼而得出的思想结晶，体现作者的写作意图。

凡是有经验的作者都有这样的体会：不论叙事记人，还是介绍经验、议论问题，都是为了阐述某种观点，表达某种思想，或提出某种主张，等等。这种观点、思想、主张就是上面所说的"基本思想"，即文章的主题。文章的主题，就其实质而言，无非是作者对客观生活的认识、理解和评价，属于观念形态的范畴。

我们说主题是文章的中心思想，主要是说，作者在文章中所写的每一句话和每一段话，所用的每一个感性材料和理论材料，都包含着一定的思想。因此，即使是一篇短文，它也可能包含着丰富的思想内容。而在文章所包含的全部思想内容中，有一个贯穿全篇的最主要和最基本的思想，一切其他思想都要围绕着它而展开，这就是中心思想，亦即我们所说的主题。

主题一词，原出自德国。最初指的是乐曲的"主旋律"，后来才被广泛地用于文艺和文章的写作中，即把文艺作品或文章的基本思想也称作主题。

我国使用主题这个词,是从日本转引过来的。其实,主题这个概念,我国古已有之,不过不叫主题,而是叫意、旨、理、义、道、主意、主旨、立意、主脑等。现代随着文体分工越来越细,在不同的文章体裁中,对主题的叫法也不一样。例如,文学作品一般称作主题或主题思想;记叙类文章通常叫做中心思想、中心内容;议论说理类文章多称为基本论点、中心论点;应用文中又习惯叫做主要内容。无论是哪一种提法,其内涵意义是一样的。

主题不同于问题。问题是文章表现和论述的对象与范围,而主题则是对问题的看法和见解。简单地说,主题不仅仅是文章所提出的问题,它是作者对问题所做出的中肯的回答。

二、主题是文章的统帅和灵魂

主题是文章的核心,是文章内容最主要的因素,是写作构思中着重思考的方面,材料的选择取舍,结构的安排布局,语言的运用,等等,都必须服从表达中心思想即主题的需要。通常一篇文章只有一个主题,它是文章的统帅和灵魂。

写文章从根本上讲,是为了表达思想,进行宣传。一篇文章要较好地宣传一种主张和看法,就必须有一个鲜明而深刻的主题。我国古人在这个问题上有许多精辟的论述:梁昭明太子萧统《〈文选〉序》说:“以意为宗,不能以文为本。”范烨《狱中与诸甥侄书》说:“常谓情志所托,故当以意为主,以文传意。”李渔《闲情偶寄》说:“古人作文一篇,定有一篇之主脑。”王夫之《船山遗书·夕堂永日绪论》说:“无论歌行与长行文字,俱以意为主。意犹帅也,无帅之兵,谓之乌合。”这些论述集中说明,主题在文章中具有举足轻重的作用。它是文章的“宗”、“主脑”和“帅”。用我们今天的话来说,主题是文章的统帅和灵魂。

主题是构思的思想基础和出发点,依据主题来构思,可以把许多思想汇集到一个中心;主题对于材料具有统摄作用,文章材料的取舍、次序的安排、详略的处理，都必须受主题所支配，主题使散在的、彼此没什么紧密联系的材料穿成一体，为老的材料赋予新意，达到明事、言理的目的；文章结构的形式、表现方法的采用和语言的驱遣等，都必须根据主题表现的需要来决定。主题是作者写作意图在文章中的具体体现，作者要把自己的感受和认识告诉给读者，唤起读者思想上的震撼与共鸣，主要靠主题的生动与深刻。

主题是衡量一篇文章价值的主要标准。文章无论长短，只有首先有个好的主题，再配之以精湛的手法，才会如晨星灿灿，神采飞扬。文章表现出作者审时度势的深邃高远，才会拥有感人的力量。

当然，作者构思文章，读者欣赏文章，也必须注意形式的研究，但这种研究是为了更好地表现内容、理解内容。抛开主题，是不能抉择文章的好坏的。

思考

1. 什么是主题？

2. 为什么说主题是文章的统帅和灵魂？

第二节　主题的产生和提炼

一、主题来源于生活

现实生活为写作提供了取之不尽的内容，是主题赖以产生的最直接、最广泛的基础。高尔基有一段名言："文学的第二个要素是主题。主题是从作者的经验中产生，由生活暗示给他的一种思想，可是它蓄积在他的印象里还未形成，当它要求用形象来体现时，它会在作者心中唤起一种欲望——赋予它一个形式。"（《和青年作家谈话》）高尔基强调现实生活是产生主题的重要基础，许多作家的创作实践也证明了这一点。如杨沫的长篇小说《青春之歌》，反映出一代青年人在残酷的斗争中觉醒,成长为革命战士的主题;巴金的长篇小说《家》,以“意在暴露家族制度和礼教的弊害”为主题,描写了当时年轻人在礼教束缚下的愤懑,欲要冲破礼教藩篱的热情。这些都是以个人经历为基础而产生的主题。在现代的文学创作中,也有不少作家写过主题鲜明的历史作品。如郭沫若写于抗日战争爆发之际的历史剧《屈原》,以歌颂爱国主义激情为主题,唤醒无数热血青年,走上抗日前线。姚雪垠的长篇小说《李自成》,反映了李自成揭竿而起,由弱转盛,又从成功到失败的历史教训。这类以历史史实为基础而产生的主题,同样立意深刻,震撼人心。

从大量的写作经验来看,具体形成主题的途径有很多,如作者可以先对生活进行详尽而独到的观察,再经过精益求精的思考,从生活中得到印象,求得对生活的认识,从观察与思考中形成主题;作者也可以把对某种生活的印象先积累起来,经过较长时间的酝酿、推敲、比较,从长期的孕育中萌发和形成清晰明确的主题;作者还可以依据实际工作的需要,从客观现实出发,在正确思想指导下,对所占有的材料作分析比较和苦心思索,从研究具体材料中形成主题。但不论哪一条具体途径,都必须来自客观实际,并伴随着作者创造性的思维活动。

二、提炼主题的标准

作者从捕捉到生活暗示给他的主题,直至形成文章,通过文字把主题表达出来,有一个艰苦的思考和认识的过程。其间他要对最早的感受作反复思考,不断地认识,使最初那肤浅的感性认识上升到深刻的理性认识,这个过程叫做提炼主题。所谓提炼主题,古人称为炼意,就是作者对事物经过深入探索,审慎分析,由感性认识上升到理性认识,寻求和抓住事物本质的过程。那么,怎样才能从客观材料中提炼出一个好的主题呢?

这就要有一个标准,亦即提炼主题的原则。对于主题,从思想内容的角度来说,必须衡量一下它是否符合事物发展的客观规律,是否有深刻的认识价值，是否经得起实践的检验，等等。这些都应当成为评估文章主题的客观标准。这些标准概括地说，就是八个字：是非、真伪、虚实、深浅。具体地讲，提炼主题，首先必须以正确的思想为指导，作者的立场、世界观和写作的指导思想，直接决定着提炼主题的全过程和最终结果；同时必须从占有的材料出发，吃透材料的精神，从材料本身抽象出最符合实际的认识，而不可游离于材料之外，去主观地想象和发挥；还必须注意反映时代精神，把握住时代生活的脉搏，才能使所写的文章对现实生活发挥更大的作用。

从写作角度来说，提炼主题有它的五个基本要求：

第一，提炼主题要正确。任何文章都是要给人读的，文章主题不正确，只能造成他人的思想混乱。主题的正确，就是要符合生活的真实和历史的真实。简单地说，就是正确地揭示客观事物的本质意义。正确的原则主要是指主题应当实事求是。凡是不符合客观事实的、不符合人们认识规律的主题，提炼得再精致也会遭到淘汰。如“文革”期间大搞“主题先行”，人为地拔高作品中的人物形象，结果使读者颇为反感。

要做到使主题正确，就要力求对客观事物作由表及里的开掘，找出其本质特征；就要具有概括生活的能力，就要有一个明确的写作目的。这其中最根本的，是作者的思想修养问题。徐增《而庵诗话》说：“人高则诗亦高，人俗则诗亦俗。”只有作者具有正确的立场、观点和方法，自觉地用经过实践检验的正确理论指导自己的写作实践，对自己所宣传的道义主旨怀有饱满旺盛的激情，才可能有正确的文章主题。

第二，提炼主题要鲜明。所谓鲜明，就是说一篇文章中所阐明的观点，态度要明朗，是非要分明。作者赞成什么，否定什么，爱什么，憎什么，要十分明确，毫不含糊，绝不模棱两可，似是而非。要像鲁迅先生在《再论“文人相轻”》中说过的那样，“热烈地主张着所是","热烈地攻击着所非"。主题鲜明,是文章具有战斗力的重要标志。

主题鲜明,对于应用文来说尤为重要。从根本上讲,应用文写作的直接目的,就是为了做好实际工作。因此,处理实际工作的指导思想和原则,以及具体办事过程中的操作方法,都应写得明确无误,不留歧义。尤其是市场经济时代的经济合同等文体,主题更不能有半点模棱两可之处。

无论是哪一类文章,要使主题鲜明,很大程度上都取决于文章的针对性。如果一篇文章没有靶心,无的放矢,自然无鲜明可言。同样,文章针对性不强,似褒似贬,似扬似抑,含混不明,使人理不出头绪,看不准目标,也谈不上鲜明。好的文章,应该像镜子,鲜明地反映出特定时代的思想与生活,而不该像湖水,虽然也能映出倒影,但总是叫人认不真切。

第三,提炼主题要集中。集中是要求主题单一,重点突出。一篇文章只能有一个主题,一个中心,这是必须遵循的原则。一篇文章谈了好多观点,势必重点不突出,冲淡主题。虽然有的文章涉及面广,内容丰富,其中有许多分论点,特别是一些并列式结构的文章,分论点之间常常是并列齐行的,但这不等于必然形成多中心,它们总该围绕一个大的中心思想来说明。必须把握住一个中心,敲在一个点子上。篇章不论材料多少,篇幅长短,每一部分的材料内涵意义都必须轮辐向心、众星捧月、紧扣主题、突现主题。高等院校教师指导学生论文选题,多提倡从较为宽泛的范围中选取某一个方面立意,从小题目中发掘出大道理,也是为了使文章涉及的范围小一些,以集中笔力于一个问题或一个方面。

文章主题是否集中,与作者的认识水平和综合能力有直接关系。对材料本身的意义认识深刻,能透过现象找出它们的内在联系,又有较高的概括综合能力,提炼出的主题就容易做到集中突出;如果认识水平很低,又思绪混乱,只能从现象到现象,提炼出的主题，就难以做到集中单一。

第四，提炼主题要深刻。深刻是指准确地揭示客观事物的本质和发展规律的深度，就是要尽量透彻地揭示出事物的本质，有透辟的认识和独到的见解，使文章表现出深刻的思想性，从而使读者受到最大的感染和教育。这就要求作者要善于发掘事物的思想意义、社会意义，论事析理，剖析矛盾，从事实材料中概括总结出本质性、规律性的东西来。

主题的深刻与否，关键取决于作者认识事物的深度。作者有什么样的见识，文章就有什么样的主题。我们要提炼出深刻的主题，最重要的就是加强思想的锻炼。要不畏艰辛，反复观察和认识事物，思想有了深刻的认识，主题才能有深度。

第五，提炼主题要新颖。新颖就是要有新的思想、见解，能够给人以启迪。这并非要追求怪诞奇异，而是讲求有自己的独到见地。即使借鉴前人的观点，也必须从中翻出新意。

新颖的主题常常得力于提炼主题时所取的角度。作者要多角度、多层次地看问题，在反复认识、精心比较的基础上，选择最佳的切入点，把握事物的个性特征，提出“人人心中皆有，个个笔下俱无”的新见解，从而体现出新意。

思考

1. 什么是主题的来源？具体形成主题有哪些途径？

2. 怎样概括评估文章主题的客观标准？这一标准可分为哪几个方面？

3. 从写作角度来说，提炼主题有哪些基本要求？

4. 所谓主题要集中，有哪几个方面的含义？

第二章 材 料

第一节 材料的含义和作用

材料是指为文章写作而搜集的及已经写入文章的一系列事实或观点。为写文章而搜集的材料，直接来自生活，尚未经过加工提炼，称为原始材料；写入文章的材料，是在原始材料的基础上选择、加工、提炼而成的，称为文章材料。“材料”在文章写作中，是一个具有普遍适用性的概念。

在文学艺术创作中，人们经常使用素材和题材的概念。素材，是指为文学创作而搜集的材料，它源于生活，是分散、零星、杂乱的自然状态的生活现象。题材，是作者对素材选择、提炼、加工之后，写入作品中用来表现主题的一组或几组生活现象。素材、题材是文学创作的术语，也都是“材料”的一种。在写作理论中，有时也要涉及这两个概念。但应用写作要囊括各种文章体裁，因此使用外延更大、也更具有普遍适用性的概念“材料”，是更为合适的。

材料在文章构成中具有十分重要的作用。在动笔写作前，材料是确立主题的基础，主题是从大量丰富的材料中产生的。没有材料，要想确立主题只是空想。在写作过程中，材料是表现主题的支柱，主题一旦确立，就需要作者用具体的、典型的材料将其表现出来。离开了材料，主题就只能是不着边际的夸夸其谈。主题和材料是构成文章的两个基本要素，两者相辅相成，缺一不可。主题靠材料来表现，材料靠主题来统帅。古往今来，凡感人至深、给人以启迪的好文章，无一不是材料丰富、思想深邃，即材料和主题完美统一的。

思考

1. 什么是材料？素材、题材、材料这三个概念之间是什么关系？

2. 材料与主题两者之间是什么关系？

第二节　材料的种类

对于材料的种类，由于角度的不同，可以有很多种划分方法。如按照材料的性质分，可以将材料划分为具体材料、概括材料；按照材料的来源分，可以将材料划分为调查材料、统计材料、实验材料、书面材料；等等。但一般都按照材料的内容分，将材料划分为事实材料、理论材料。

事实材料包括具体的现实材料和历史事实，以及经验、统计数字等。事实胜于雄辩，用事实材料来说明作者观点，是最有说服力的。但使用事实材料时要注意：一是该事实必须是客观存在的，绝对不能胡编乱造；二是应该从大量的事实材料中，选择典型材料。

理论材料包括经过确切证明了的科学道理，如科学原理、定义、法则、规律、公理、常识、成说等；总之是已经约定俗成为人们所公认的人类思想成果，即经过实践检验的正确理论。使用理论材料时要注意：一是要认真核对材料出处，必须符合哲人原著的确切含义；二是使用某一科学原理作论据时，一定要审慎分析，看看是否具有普遍意义。

思考

1. 按性质分，材料可分为____________、____________。

2. 按来源分，材料可分为____________、____________、____________和____________。

3. 按内容分，材料可分为____________、____________。

第三节 选材的标准

材料的选择是否精当,直接影响着文章的质量。因此,材料的积累要多,材料的选择要严。如何选材,也因之成为写作过程中的一个至关重要的环节。

文章选材的标准有四个:

第一,材料要真实。所谓真实,包括材料现象的真实和本质的真实。这就是说,写入文章的材料,既不能是假的、编的,也不能是偶然的、个别的表象,而应该是反映着客观事物的一定的本质。特别是在社会科学领域里,光是前面一条,还不能保证材料的真实性。

第二,材料要准确。所谓准确,就是确凿无疑,可靠无误。记人,要实有其人,姓氏籍贯、面目特征、脾气秉性、语言动作,要刻画准确;叙事,要确有其事;引文,要完整无错,作者、篇名、书名、出处,包括出版社、版次、页数等,都要摘引准确;运用数据、统计数字,都要精确无误。最好不要用那种间接转引的第二手材料,而力争用第一手材料。

准确还有另一方面的含义,就是材料要同文章的观点一致。这种一致,是内在逻辑上的一致,而不是观点加例子式的简单比附。

第三,材料要新颖。材料的新颖主要是指那些新近出现或尚不为读者所熟知的事实及观点。另一方面,材料的新颖还包括那些虽已为读者所熟知、但作者能从中翻出新意的材料。材料新颖,能给人以清新感,是写作生动活泼的文章的基础。有了新颖的材料,文章才能写出新意,才能吸引人、感动人,给人以新的知识、新的启迪。

能否选择新颖的材料,与写作者的认识水平有直接的关系。

思维敏捷，紧跟时代，善于从生活中发现和使用别人尚未用过的材料，是选择新颖材料的关键。

第四，材料要典型。典型材料是指在同类材料中，最有说服力，最具代表性，因而也最能揭示事物本质的材料。在一篇文章里，由于受篇幅和表现形式的限制，不可能把一切与主题有关的材料都塞进去，而只能选择最为典型的材料。运用典型材料，能够以少胜多，以一当十地说明问题。

典型材料是材料自身价值和材料对于写作意图价值的高度统一。它是指那些新颖、生动、最有代表性、最能表现写作意图，因而也是最有感染力或说服力的材料。

本节所讲的文章选材的几条标准，要统一起来考虑。也就是说，作者在选择材料时，要围绕写作意图，根据主题的要求，选择那些最为真实、准确、新颖、典型的材料来表现主题。

思考

1. 文章选材的标准有哪些？
2. 文章选材标准中的“新颖”，有哪几个方面的含义？
3. 文章选材标准中的“典型”，是指什么？

第三章 表达方式

表达方式，指的是写作中运用语言反映客观事物的方式。文章的表达方式多种多样，其中应用文写作常用的表达方式有：叙述、议论、说明。

第一节 叙 述

一、叙述的含义和作用

叙述就是述说，是作者通过一般性的陈述，介绍、交代人物经历、行为或事物发展变化过程的表达方法。叙述是文章最基本的表达方式，用来说明人物、事件、景观、事物的存在情况，回答"是什么"的问题。

叙述的要素是：时间、地点、人物、事件、原因、结果。这六要素是互相依存、密不可分的。人和事总要在一定的时间和空间条件下进行；事情的发展和变化，离不开人物；人物的经历、行为，也总是由若干事件构成；而这些事件的发生，又总是有某种缘故的；所以，为了使读者获得完整、清晰的印象，叙述一般都要交代清楚叙述的这六要素。新闻文体把原因、结果合二而一，称为五个 W，即何时、何地、何人、何事、何故五要素，要求这五要素缺一不可；而在其他文体中，由于文章内容、用途和文体的不同，只要不影响表达，有时可以省略其中某个要素；有些文体还有意识地略去某些要素，给读者留下回味思索的余地。

叙述的基本特点，在于陈述"过程"。人物活动开始怎样，经过怎样，后来怎样；事情的前因后果，来龙去脉，这些都是叙述所要交代和介绍的主要内容。由于所有的过程都表现出一定的顺序性和持续性，亦即都在一定的时间条件下进行，离开时间这一要素，就无法讲清过程，因此，在表达方式中，叙述与时间的关系最为密切。许多叙述的方法和技巧，也是在时间的先后、起讫和断续上下功夫。

叙述是一种适用范围广泛、使用频率很高的表达方式。记叙文、议论文和其他应用文体，都要用到叙述这种主要表达方式。归纳起来，叙述有三个主要作用：第一，介绍人物的经历和事迹；第二，介绍事件的发生、发展过程；第三，在论说文中表述论据，在应用文中转述事实。

二、叙述的类型

从语言详略的程度而言，叙述可分为概括叙述和具体叙述两大类。概括叙述又叫简述、略述，就是用简单的笔墨，对人物经历、行为或事物发展变化过程中的要素加以介绍，只给读者一个大概的印象；具体叙述又叫详述、细述，就是用详尽的笔墨，对人物经历、行为或事物发展变化过程作详细、具体的交代述说。

概括叙述和具体叙述各有所长。概括叙述长于总体情况的介绍，可以避免文章冗长的毛病，使整篇文章中的叙述得以正常进行；具体叙述可以避免文章空泛和概念化的弊病，使整个叙述生动感人。因此，人们写作时常常将两者有机地结合起来，交互使用。具体用法，要视具体文章需要而定。

三、叙述的方法

从方式方法而言，叙述可以分为顺叙、倒叙、插叙、平叙。

1.顺叙

顺叙就是按照事物发生、发展、变化、结束的时间先后过程或者人物经历的自然顺序进行的叙述。顺叙是最常见的叙述方法。作者按照事情发展的顺序进行叙述，从开端、发展、高潮，写到变化、结局，文章的层次、段落和事情发展的过程基本上是一致的。这是叙述最基本的一种方法，其他叙述方法是在这种叙述方法的基础上产生的变化。

顺叙这种叙述方法的优点,是符合人们的一般认识习惯。它将事情的来龙去脉依次叙来,把文章结构的安排与事件发展的过程自然统一起来,最能反映事物发展的全过程,也最易为人们所理解。运用这种方法叙述,文章的思路,包括层次段落的先后顺序,与所写事物发展变化的先后顺序一致,脉络分明,条理清楚,易于将人和事叙述完整。

但是,顺叙也容易给读者造成呆板的感觉,使文章显得平直单调。所以,在运用顺叙这种叙述方法时,一是要注意材料的取舍和详略的安排,突出重点,处理好主次关系,不能平均使用笔墨,否则,就会成为平铺直叙的"流水账",使读者感到乏味;二是要注意叙述手法上的变换,不宜单纯使用顺叙。顺叙虽然是重要的、基本的叙述方式,但它毕竟不能满足表现内容的多种需要。只用顺叙,会造成文章内容单一,结构难于变化;还会因缺少必要的背景交代,给读者理解带来困难。所以,为了讲清头绪纷繁的故事,或者追求文章的波澜,还需要穿插使用其他几种叙述方法。

2.倒叙

倒叙就是把事件、人物的结局或者发展过程中最精彩感人的片断提到前面来叙述,然后再从头按事件发展的先后次序进行叙述。所谓倒叙,并不是整个叙述逆行上去,那种叙述是没有的,也是不能进行的。倒叙也是从头到尾地叙述,在这一点上与顺叙没有区别;所不同的,只是把事件的结局或某个突出的片断提到开始来,使文章多一层波澜。也就是说,使用倒叙时,除了把事件过程中的某个部分提出前置之外,叙述方法的主体仍是顺叙。这种叙述的方法,在我国传统上称为"倒插笔"。

倒叙有三种,一是结局提前,即把结尾提到开始,因为某些事件的结局包含有发人深省的特殊意义,作者将结局移到开头,能够使读者受到灵魂上的震撼,这种方法比较常见。二是片断提前,即把中间极为扣人心弦的片断提到前面来叙述，因为事件中的某个片断特征突出，与一般情况明显不同，作者将其放到开头，可以一下子就把读者的注意力吸引到即将展开叙述的中心事件上来，所以有些故事情节紧张、曲折的作品，常把那惊人的部分放到开始，造成悬念，引人入胜。三是用回忆、回想的方式，将作者的感受用叙述的方式在文章前面先表述出来。

倒叙的用意，在于引动读者的第一注意。它的优点是一开篇，就使文章奇峰突出，波澜忽起，能够一下子抓住读者。使用倒叙手法，便于突出矛盾，强调重点，制造悬念，可以促成故事波澜，使文章结构富有变化，引起读者强烈的阅读兴趣，使读者顿受吸引，急不可耐地读下去，从中受到感染和启发。在新闻文体的通讯中常用倒叙方法。

使用倒叙方法，一是要注意交代清楚倒叙与顺叙衔接转换的交接之处，作一些必要的过渡，使倒叙与顺叙衔接的地方界限分明，自然巧妙。既不要使行文突兀，产生脱节；又不要断续含糊，交代不清；要让读者清楚地意识到由倒叙回到顺叙的转换点。二是要处理好顺叙与倒叙的照应关系，对于所倒叙的结局，在文章结尾时要用顺叙方法重新提到，做到首尾照应；对于所倒叙的片断，也要在顺叙的相关部分做出简要交代，使读者在完整了解事件全过程的同时，也清楚地了解倒叙的片断在事件整体中所占的位置。三是要从内容表达的需要出发，不要为了制造悬念，而使倒叙变成一种公式，给读者造成故弄玄虚的感觉。

3.插叙

插叙就是暂时中断原来的叙述线索，插入与此有关的另外一段叙述。插入的部分只是一个片断，完后仍然回到原来的中心事件的叙述上去。插叙的优点，一是可以根据内容需要灵活使用，及时有效地扩大叙述的跨度，丰富叙述的内容，帮助读者更好地理解中心事件；二是可以改变单一顺叙容易产生的平淡感，使文章紧凑丰满,断续起伏,曲折有致。

由于插叙的目的和内容的不同,细分起来又有这样五种:一是追叙,即插叙的内容是与所叙述内容有关的先前发生的事情。对往事的追叙,是为了帮助和推动眼前主要事件的发展。二是补叙,即事情虽然发生在原中心事件叙述的时间内,但正面未做叙述,过后才做交代补充。三是诠叙,即插叙内容是对人、事、物进行说明性的解释,诠叙一般不包含时间因素,不发展原来的情节,不扩大原叙述的过程,仅仅起丰富原来叙述的作用。四是逆叙,即插进来的内容在表述顺序上与原叙述的表述顺序相反。其他插叙,插入的部分是顺叙的,而逆叙却是逆行的,即由近及远,由今及古。逆叙一般为文学创作时使用,可以由近而及远,符合内容表达的需要,使叙述内容更为丰满。五是预叙,即插叙内容是对以后发生的事情的预先叙述。如果以正在叙述着的事件作为中线,预叙的内容就是时间在这中线之后,提前叙述以后的事情。

使用插叙法应该注意的问题,一是不可滥用,以免失去插叙所具有的使主要事件中的某些重要环节得到突出的作用,同时也容易使叙述事件的主体因枝节太多,进展缓慢,而导致读者厌烦;二是不可太长,插叙毕竟只是一种片断性的叙述,目的主要在于帮助读者更好地理解所叙述的主要事件。插叙如果太长,就会喧宾夺主,模糊叙述中的主次界限。

4.分叙

分叙也叫平叙,即平行并列地叙述同一时间在不同地点发生的两件或几件事情。顺叙、倒叙和插叙是在持续时间上,向纵的方向叙述,分叙在这一点上与它们没有不同,也是按照事件发展的先后顺序进行叙述;分叙与其他叙述方法的不同点在于,分叙的对象都是一些复杂事件,主要事件由同时进行的几个平行事件构成,要把主要事件交代清楚,就需要使用分叙,对这些平行事件依照其相互关系来进行叙述。这几件同一时间发生的事情在情节上紧密相连，为了让读者从空间的角度了解情况，分叙采取齐头并进的方法，向横的方向，分别叙述同时发生的每一件事。我国古代小说中所谓“花开两朵，各表一枝”，“水到山尖分两股，话到嘴边分两头”，指的就是这种叙述方法。当事情非单线发展而又需要同时表现的时候，运用分叙的方法，可以把各方都表达得比较充分，使进程错综复杂而又头绪清楚。

使用分叙法时也要注意，一是分叙的这些平行事件在时间的进展上一定要大体一致，这样才能使读者感到是在同时叙述两个或多个事件；二是要善于利用地点这个因素，将由一事向另一事叙述的转换，及其平行关系和相互联系交代清楚，以免因叙述内容的齐头并进，造成叙述的平行事件纠缠不清的情况。

四、叙述的要求

1. 头绪清楚

叙述的头绪很重要，如果理不清楚，就会使读者看不明白。叙述要抓住主要线索，安排好各条次要线索，这样才能使叙述层次井然地进行。好的叙述，首先应该确定一定的线索，无论是多么复杂的情况，都要展开得有条不紊，完整清晰。要做到这样，就需要了解所叙述内容的全局，还必须在构思上下功夫。叙述的线索最常用的是时间，大量的文章是按时间线索来组织叙述的。由于题材的千差万别和作者思路的千变万化，许多文章也用别的东西作为叙述的线索。组织叙述要做到胸有成竹，很好地安排了全文的各部分，才能使叙述头绪清楚。

2. 交代明白

叙述要达到告诉读者“是什么”的目的，就要注意把握叙述的六要素，将时间、地点、人物、事件、原因、结果这些要素或直接、或间接地交代明白，读者才会得到一个完整、清晰的印象，这六个要素要交代得清楚、完全，即使由于表达效果的需要省略某些要素，也以不影响读者对事物的了解为限度。作者交代时要注意叙述的人称,即叙述客观事物或人物活动时所确定的出发点和所选择的角度。第一人称和第三人称转换的地方,第二人称代词出现的地方,既要交代清楚起点和终点,又要过渡自然。

3.详略得当

叙述一件事,对事物发展过程的各个阶段,不能平均使用笔墨。叙述几件事,也要有所侧重,不能同等对待,而要突出主题和重点。写文章要做到详略得当,既要肯下功夫深入挖掘,对能够突出主题的地方具体叙述,又要舍得割爱,对与突出主题关系不大的地方概括叙述。

4.波澜起伏

好的叙述应该波澜起伏,引人入胜。要善于运用扬抑、快慢、断续、离合等技巧手法,使叙述峰峦起伏、跌宕多姿。

思考

1.什么叫叙述?

2.叙述的要素是什么?

3.叙述的基本特点是什么?

4.叙述的主要作用有哪些?

5.插叙又有________、________、________、________、________五种方式。

6.叙述有哪些要求?

第二节　议　论

一、议论的含义和作用

议论,是作者分析评论客观事物,表明自己的观点和态度的表达方法。议论就是说理和评断,是作者通过事实材料和逻辑推理,来明辨是非、阐发道理、表明见解的文字表述。议论主要运用概念、判断、推理、证明等逻辑思维手段，阐明客观事理，揭示事物的本质特征。议论可以用来增强文章的表达效果，提高战斗性；明确文章的主题，揭示蕴含的思想意义；贯通文脉，紧凑篇章结构。

议论具有鲜明的针对性。它往往直接迅速地反映社会现实，态度鲜明地评说是非曲直。古往今来，善于议论的大家、名家，莫不如此。战国末年，秦国贵族借韩国水工事件哄闹驱逐客卿，处在被驱逐之列的客卿李斯据理力争，写作《谏逐客书》，抓住秦王想统一中国的最大欲望，用无可辩驳的事实说话，终于说服秦王收回成命，扭转了危局，表现出李斯独到的胆识。

议论还有深刻的说理性。它必须以理服人，运用摆事实、讲道理的方式，来明辨正误，阐发道理。我国先秦时期诸子百家的议论文中，就已经表现出这一特征。如孟子《寡人之于国》章，针对梁惠王自以为尽心而居功的情绪，批评梁惠王之满足于搞“移民”、“移粟”的小恩小惠，而未从根本上改变百姓处境的错误，抑扬兼施，说理形象，在一定程度上揭示了阶级对立和不平等的社会现实。

在应用写作中，议论运用得相当普遍。不仅议论文体要用议论作为主要表达方式，行政公文、业务文书中的大多数文体，也经常要在叙述、说明的基础上，表明对人物、事件、问题的评价，以便更正确、鲜明地表达观点，贯彻上级的意图，更好地教育群众。

议论与叙述相结合，即为夹叙夹议；议论与描述相结合，就是借端生议；议论与抒情相结合，叫做寓理于情。

二、议论的要素

议论有三个要素，即论点、论据和论证。议论的根本在于说理。文章作者所说的这个“理”，在议论中称为论点；以理服人时举出的那番理由，就是论据；而说理的过程，叫做论证。

在使用议论手法的时候，还有一个主要因素必须考虑，就是论题。论题，是议论时所要讨论的问题；论点，是文章作者对这个问题所持的观点和主张。现实社会生活中方方面面都存在着各种各样的问题,这些问题被作者感受和捕捉到,并准备发表文章加以议论,就是所谓的论题。作者选择论题时,要从实际出发,审时度势,抓住广大读者关注的关键问题;对于那些尚处于萌芽状态的问题,或者是长期以来被人忽视的问题,透过现象看到本质,为后面写作文章展开议论,打下良好的基础。

1.论点

论点也叫观点,就是作者对所论述的问题提出的主张、看法和表示的态度。在议论文中,论点是全文论述的中心,担负着回答"要证明什么"的任务。

按照论点在文章中的地位、作用的不同,又分为中心论点和分论点。

中心论点,也称基本论点,它是作者对论题持有的总观点,是论述的中心,是所有分论点的集中和概括,起着统率全篇、统摄分论点的作用。一篇文章只能有一个中心论点。它既是选择材料和组织材料的依据,又是论证的出发点和落脚点。议论文各因素的配置,各部位的安排,都取决于中心论点的需要。

分论点也称从属论点,是从不同角度、不同层次支持、证明中心论点的一些观点。分论点是中心论点的分支,服务于中心论点。分论点本身也需要论证,经过论证的分论点,对于中心论点来说,它们又可以成为有力的论据。分论点与中心论点有内在的逻辑联系,是推理过程中的若干前提。

2.论据

论据是证明论点正确性的理由和根据,它是为论点服务的。在议论文中,论据担负着"用什么证明"的任务。

论据分为事实论据和理论论据两种。确凿的事实本身,就具有很强的说服力。如李斯《谏逐客书》,通过铺陈秦国发展史上四位君王重用客卿而取得重大成就的事实,说明没有客卿的功劳,就没有秦国今天的富庶和强大。由于这些事实为读者所熟悉,因而强化了说理的依据和分量，也使读者易于理解和接受。经过实践检验的正确理论，也能够有力地证明论点。在论证过程中，事实论据和理论论据往往结合起来使用。

3.论证

论证是运用论据来证明论点，也就是揭示论点和论据之间内在的逻辑联系的过程。根据议论在文章中的不同作用，论证又分为立论和驳论两大类。

立论又叫证明，它以建立正面论点为目的，是运用论据确立自己论点的方法。常见的有演绎推理证明、归纳推理证明、类比推理证明等。

演绎推理证明，也叫演绎论证、演绎法，就是根据演绎推理的原理来组织论证的方法。它运用演绎推理由一般性前提推出特殊或个别性结论的形式，用已知的一般道理作为论据，来证明一个个别性论点，也就是人们所说的用大道理求小道理的方法。

演绎论证既可用于论证中心论点，也可用于论证分论点。它的特点，是环环紧扣，说理深透。它有很强的逻辑力量，可以引导读者进行严谨的思维，把抽象的理论与社会实践相结合，是理论指导实践的基本论证方法。它又叫分析法，即用已知的事理作论据，来证明论点，人们习惯上把这叫做“从理论上论述”。这种方法由于逻辑力量强，可以把问题谈得很深入。使用时要注意引证的准确、推理的严谨，安排好论证的详略。倘若原原本本地罗列推理层次，当简略时不简略，貌似严谨，实则冗杂，就会影响议论的效果。

归纳推理证明，也叫归纳论证、归纳法，就是根据归纳推理的原理来组织论证的方法。它运用归纳推理由若干特殊的个别性前提推出一般性、规律性结论的形式，用典型事例做论据，来证明论点。这是一种运用得较为普遍的立论方法。它又叫做例证法，即举一两个典型事例，用典型的具体事实作论据，来证明论点，也就是通常所说的“摆事实”。

归纳论证的特点，在于例证丰富，说理通俗。它便于启发读者思维，达到晓之以事、明之以理的效果。这种方法易于掌握，说理平易，但运用时要注意深刻性。局部使用效果较好，通篇使用如不加强分析，往往会“观点加例子”，失于肤浅。

归纳论证与演绎论证的相同点，是既可用于论证中心论点，也可用于论证分论点。两者的区别是，归纳推理证明是由个别到一般，演绎推理证明是由一般到个别。

类比推理证明，也叫类比论证、类比法，就是根据类比推理的原理来组织论证的方法。它运用类比推理由两个或两类对象在一些属性上相同，推出它们在另外属性上也相同的结论的形式，用喻体来比喻本体，通过解释它们的相似之处，来论证文章的观点。类比法是运用比喻证明论点的方法，因此又叫比喻法，即借助于比喻这个修辞手法来进行论证的方法。它一般是用人们比较熟悉又容易理解的具体事物，来证明人们比较生疏的抽象的道理。

类比论证的特点，在于说理灵活，深入浅出。它可以复述或引用生动的故事，也可以不再重复故事，只引用一句为广大读者所熟悉的成语，也同样可以起到类比的作用。不过，类比推理得出的结论不一定是真的，在科学领域里，这样的结论一般只用来作为进一步研究的假设。因此，在议论文中，类比论证要使用恰当，并且只能作为一种辅助性的论证方法。

以上三种证明形式各有长短。演绎推理证明虽严谨，但偏于抽象；归纳推理证明面虽广，但不易周延；类比推理证明虽生动，但难以尽理。因此，一般都是把它们结合起来运用，以取长补短，更好地达到说理的目的。

驳论又叫反驳，是通过驳倒错误论点，来建立自己的正确论点的方法。常见的有反驳论点、反驳论据、反驳论证等。

反驳论点，就是针对对方的论点进行反驳，指出它的荒谬性和虚假性，从而将它驳倒。这是反驳的根本目的，也是议论文常用的驳论方法。反驳论点包括直接驳斥和归谬法等。直接驳斥即用正确的理论和确凿的事实,指出对方错误论点的荒谬。归谬法即先假定对方的论点是对的,然后以它为前提导出错误的推断,直到充分暴露其荒唐无理,使读者一眼就看出对方论点的错误和可笑。这种方法具有引君入瓮、欲擒故纵的特点,格外具有战斗力。

反驳论据,就是通过指出对方论据的虚假和错误,来证明其论点同样虚假和错误的论证方法。因为论据是论点的基础,论点要由论据来支撑;驳倒了论敌的论据,论敌的论点自然也就站不住脚了。

反驳论证,就是揭露论敌在论证过程中论点和论据之间的逻辑关系错误,即由论敌的论据推不出该文的论点,进而指出其论点是错误的。

以上三种驳论方法,其目的都在于要驳倒对方的论点,这是驳论的主要任务。因此在写作时,要注意将三种方法结合起来使用。

立论与驳论,既有区别,又有联系,是在说理过程中用来证明论点正确性,相比较而依存的两种说理形式。在立论的过程中,往往需要批驳错误的观点;而在批驳错误观点时,又需要用正面说理的方式,来树立正确观点。因此在写作时,常常将两者结合起来使用。

三、议论的要求

1.论点要正确、鲜明、深刻

议论的论点,要如实反映客观事物的本质、规律、内在联系,经得起实践的检验。论点的表述要毫不含糊,赞成什么、反对什么,都要旗帜鲜明地明确表示出来。要有自己独到的认识和感受,给读者以一定的启迪。

2.论据要充分、可靠、有力

要下功夫搜集可以用作论据的事实和理论,从不同的角度对这些论据的典型性进行推敲,使论据能够恰如其分、妥帖入理地证明论点。

3. 论证要周密、严谨、合乎逻辑

论点和论据应具有本质上的一致性。论据要能够揭示论点的内涵,论点要能够概括论据的全部,分析推理要概念明确、判断恰当、合乎逻辑规律。

思考

1. 什么叫议论?
2. 议论有哪些要素?
3. 什么叫中心论点和分论点?
4. 论据可分为哪两类?
5. 立论有几种方法?
6. 驳论有几种方法?
7. 议论有哪些要求?

第三节 说 明

一、说明的含义

说明,是用简洁明白的语言,解说客观事物和阐释抽象事理的表达方式。它可以用于介绍人物经历、状况;解说事物的形状、质地、特征、构造、功能及其发展变化;表述事理的本质、规律、因由、关系;介绍背景材料;作诠释性的注解;等等。

说明的特点,主要表现为它的知识性、说明性和科学性。所谓知识性,是指说明的写作目的,在于介绍和传播某种知识。说明取材的对象,就是各有关方面的知识。它通过对各种事物和事理的说明,使读者了解有关的科学内容,增长读者的见识,提高读者认识事物的能力。所谓说明性,是指说明的手段,在于根据事物或事理本身所具有的条理性,来对其内容进行科学的解释,用介绍述说的示现方法，条分缕析地阐述事物的内在联系。所谓科学性，是指说明的态度，必须是科学、冷静、客观的。它首先要求所说明的内容能够准确地反映客观事物的实际及其规律性。作者要在正确认识说明对象的基础上，通过准确的定义、恰当的论断、合理的区分、明确的解说，给读者以科学的知识。作者个人的兴趣、爱好、主观倾向，都不能带到说明的内容中。

说明是说明文的主要表达方式，在记叙文、议论文和其他应用文中也常常用到。

二、说明的方法

常用的说明方法有介绍说明，描述说明，定义说明，分类说明，举例说明，比较说明，诠释说明，分解说明，数字、图表和表格说明等。

介绍说明，就是对事物作概括扼要的介绍叙说，这是说明文字中最为基本、使用范围最广泛的一种方法。为了把世界上纷纭复杂的事物解说明白，在介绍说明时，还必须借助其他说明方法，与后者结合起来使用。

描述说明，就是通过对事物的描绘，来述说事物。它可以增强说明的形象性，使被说明的事物形象具体、特征鲜明、有声有色，给人以立体感，使读者获得形象的认识。使用描述说明时，要注意务真求实、准确无误、符合科学规律，做到既形象动人、又真实可靠。

定义说明，通常称下定义，就是用简洁而明确的语言，开宗明义，概括地告诉读者“是什么”，把事物的本质属性揭示出来，增强说明的科学性和知识性，给人以清晰的概念。它通常使用科学定义法，即用种差加最邻近的属概念的方法，来说明被定义的事物。定义说明要求揭示事物本质的内涵，所下的定义与被定义事物的外延应是相等的。本书中，对众多概念进行的说明，就使用了定义说明的方法。

分类说明，就是根据事物的性质、形状、成因、功用等属性的差别,按照一个统一的标准,把事物分成若干类别,然后逐类进行说明。分类说明使读者更易于认识同类或不同类事物之间的联系和区别,把它们的多种关系梳理清楚,使读者可以一目了然。这是说明复杂事物经常运用的方法。进行分类说明时,应注意所使用的分类标准要统一,所分类的对象不仅要同属于一个大的类型,而且要同处一个逻辑层面,内容要能够包举被划分事物的各个小类,以求全面说明该事物。

举例说明,就是列举某种事物、现象中最有代表性的实例,说明该事物、现象的共同点和规律性,通过个别认识一般,把复杂的事物说得具体、实在。运用这种说明方法时,要注意选择具有真实性和代表性的典型事例,与其他说明方法结合起来使用,才能收到令人信服的效果。

比较说明,就是按照事物的本质区别,将两个或数个截然不同的事物放在一起,把这两种或数种事物加以比较,用比较的方法说明事物,从而使各自的本质、特征显示得更为突出。采用这种方式,做比较的事物与要说明的事物之间,要有相同点或者类似点,不能毫不相干;要善于抓住基础相近、条件相仿的同类事物的不同本质,形成鲜明对照,从比较中揭示事物的特点,把握事物的本质。

诠释说明,就是对被说明的事物进行必要的解释,使读者对该事物的性质、特点等有更为准确、明晰的认识。要了解事物的具体情况,光靠下定义是不够的,还需要对定义作进一步的解释。诠释说明是定义说明的展开,它使定义说明具体化,将定义说明只概括其本质的事物的内涵和基本特征,展开来进行解说。

分解说明,就是把一个事物分成若干部分,对每一部分逐一进行说明,使读者获得具体的认识。

数字、图表、表格说明,就是运用精确的数据,或按一定的内在联系列成表格,或画出准确的图表,从量的方面说明事物的本质特征,给读者以直观的认识。

三、说明的要求

1. 客观、科学

说明文的写作目的，在于使读者直接获得某些方面的知识。作者在写作时，应站在公正的立场，以客观的态度，对事物或事理做冷静的介绍和解释，一般不带有强烈的感情色彩。

2. 准确、清楚

作者在具体说明事物或事理时，语言表达要准确，用词要精当，要精确地运用专门术语和概括性词语，抓住被说明事物的主要特征，解说清楚，使人易于理解。

3. 巧妙、灵活

要巧妙地运用引用、对照、比喻、比拟等方式方法，增强说明的形象性和生动性。

思考

1. 什么叫说明？
2. 说明有哪些特点？
3. 说明有哪些方法？
4. 说明有哪些要求？

第四章　篇章结构

第一节　结构的含义

写文章，并不是将搜集来的材料杂乱无章地堆砌在一起，而是要精心考虑，合理安排，顺理成章。结构，就是文章内部的构造，亦即作者安排文章内容的方式。

结构一词，本意是指建筑房屋所立起的间架，是建筑学的专用术语。本书把它借用来，是为了说明文章的组织形式。文章写作，不但要“言之有物”，即占有充实的材料；“言之成理”，即具备明确的主题；还必须“言之有序”，即讲究篇章结构。这就要考虑如何开头结尾，如何过渡照应，怎样安排段落层次等问题。通常把这种为表现文章内容所作的对材料的组织和安排，叫做文章的结构。这也就是古人所说的“布局”、“谋篇”。

结构是一种排列组合的艺术，也是作者思路的表现。思路是写作者的思想脉络，是写作者认识所反映的客观事物的顺序和过程。写作者在对事物观察、理解和认识的过程中，逐渐形成对事物的某种感受、认识和评价，并将其中包含的思想内容进行整理，使其符合并能体现客观事物的内在规律，这就是思路。谋篇布局，就是作者思路的具体化。

结构不仅在形式上要和谐统一，给人以美感，而且要表现出文章的整体与部分、部分与部分、部分本身的联系和变化。所以，写文章时要寻求一个好的结构方式，就不能只是在写作技巧上花样翻新，而是要正确反映客观事物的发展规律和内在联系，要符合表现主题的需要，要适应文章体裁的特点和要求。只有遵循了这样一些原则，才能较为完美地将文章内容组织成一个有机的整体，真正做到谋篇布局。

思考

1.什么叫结构？

2.什么叫思路？

3.结构同文章内容有何关系？

第二节 开头和结尾

文章的开头和结尾，是文章的起和止的明显形式，也是文章的组成部分。凡文章都必须有开头和结尾。我国古代文人历来讲求文章的开头和结尾，白居易主张“首句标其目，卒章显其志”(《新乐府序》)，就是指开头和结尾的作用；谢榛认为“起句当如爆竹，骤响易彻；结句当如撞钟，清音有余”(《四溟诗话》)，就是对开头和结尾的要求。这些论述，形象地概括了开头和结尾的作用和写法。

一、开头

开头如同乐队的定音鼓，是作者为全篇定下的基调，也是文章给读者的第一印象。它对全篇的内容和形式起着领起的作用，也体现着作者的写作动因和意图。开头实际上是解决文章从何起笔的问题，对文章内容的表达和发挥，影响甚大。高尔基说：“最难的是开头，也就是第一句。就像在音乐中一样，第一句可以给整篇作品定一个调子，通常要费很长时间去寻找它。”(《我怎样写作》)高尔基所说的“第一句”，就是开头。第一句写得好，不仅可以文思如涌，滔滔汩汩源源不绝，为后面文章的行文打下良好的基础；更重要的，是能够紧紧地抓住读者的心，使读者产生不忍释卷，急欲阅读全文的心理冲动。反之，第一句推敲得欠火候，作者的文思就会枯涩混乱，腹中虽有千言万语，却一时不知从何说起，即使写作能力很强,也难以成篇。

开头的写法没有一定的模式,常见的有下列两大类型。

1. 开门见山式

这类写法是我国文章的一种传统的开头方法。它的好处是,入题迅速,开篇便接触到文章的实质内容,直截了当地接触文章主题或主要问题,便于读者把握全篇要领。采用这类写法,最容易体现文章结构要求开头的内容与全文息息相通的特点。写作时,根据文章具体需要,可以或开宗明义,揭示文章主题;或落笔入题,提示全篇内容;或单刀直入,锋芒直指谬说;或直接交代,说明写作动机;等等。使用这类写法,应格外注意语言的科学性,措辞要准确、精炼,能够有力地概括文章的内容。

2. 引人入胜式

这类写法运用一定的修辞手法,或叙述故事,或借用成语,或描写,或抒情,以文学笔法在开篇造成一种气氛或境界,唤起读者的阅读欲望。它的优点,是不拘一格,别开生面,饶有风趣,具有吸引和感染读者的艺术魅力。采用这类写法,更为符合文章结构要求开头内容应精美别致、生动感人的特点。写作时样式较多,常见的有:描写景物,由景入情;渲染气氛,烘托情感;设置文章悬念,激发读者探究;利用典型事例,引出文章主题;借用名人格言、成语典故,引起议论抒情;引用神话传说,增添文学色彩;等等。这类写法倘若运用得体,可以在文章开头产生委婉曲折、"曲径通幽"的艺术效果。使用这类写法写作时应注意的是,开头内容要单纯专一,与全篇内容有明确、有机的内在联系,不可任意挥洒,脱离文章主题。

二、结尾

结尾是全文的收束,是文章的最后终止。它的作用是,归纳、深化和总结全文的思想内容,突出中心,强化主题。结尾要自然、有力、留有余地。乔吉提出结构应有"豹尾"(陶宗仪《南村辍耕录》),王骥德认为"尾声以结束一篇之曲,须是愈著精神,末句更得一极俊语收之，方妙。”（《曲律》）好的结尾，清音有余，能使全文生辉；反之，生硬或啰嗦的结尾，则会成为文章的赘疣，使文章减色。因此，写作者在收束全文时，应更加精心地构思，不可掉以轻心。

结尾的写作方法很多，常见的有下列几种类型。

1. 总结全文

总结全文即在篇末再一次点明主题，进一步明确文章的中心思想。使用这种写法，能使主题突出，给读者以更为深刻的印象，所以又叫“卒章显志”。

2. 展望未来

展望未来即作者为了指出今后努力方向，鼓舞读者斗志，在篇末发出号召，提出希望。这种结尾多讲究语言句势的排列，在语势上有回环之力。

3. 抒发情怀

这是一种以情传理的结尾，作者在文章收束时直接抒情，目的在于以文章本身的炽热情感感染读者，使读者在感情的陶冶中，增强对于作者所要表达的主题的信念。这种结尾讲究写法、格调、语言，能够起到深化主题的作用。

4. 发人深省

发人深省即使用含蓄蕴藉、饱含哲理的语言收尾。这种结尾能够产生清音有余的效果，言已尽而意无穷，促使读者深思冥想。

5. 顺其自然

有时文章内容写完，主意已尽，这种情况无须再画蛇添足，生硬地加上一条不该有的尾巴，可以顺其自然，就势收尾，同样可以起到良好的效果。

文无定法。上述种种开头和结尾的写法，均指一般常见的写作方式。在实际写作过程中，开头与结尾的方法很多，初学者平时可多注意搜集，写作时根据实际需要灵活运用，不必拘泥于某一种固定的形式。

思考

1. 开头的作用是什么?
2. 开头的写法可分为几大类型?
3. 结尾的作用是什么?
4. 结尾的写法有哪几种常见的方式?

第三节　层次和段落

层次和段落是文章思想内容顺序的体现和外在形式。

一、层次

层次是文章内容的表现次序。它代表着作者思想展开的步骤,是客观事物发展的各个侧面和作者认识事物、表达思想观点的思维进程在文章中的反映。层次与文章线索有着密不可分的紧密联系,层次依照线索串联,线索依靠层次体现。文章所反映的客观事物往往头绪纷繁,各种矛盾盘根错节地纠缠在一起,层次的任务,就是整理出线索,分清主要矛盾和次要矛盾,从纷繁中求条理。层次是文章线索的具体表现形式,体现着事物发展的阶段性和人们认识事物的顺序性。因此,层次也叫"部分"、"大段"、"意义段"、"结构段"。

划分层次时,要着眼于文章的思想内容,体现出作者对全文发展阶段性的布局安排。记叙文可以按照作者认识的发展顺序、材料性质分类、时间推移次序、空间变换方位、时空纵横交叉等方式安排层次;议论文常用层次之间并列齐行的并列式、文章意思表现渐进深入的递进式、先总述后分述或者先分述后总述的总分式的方式来安排层次。无论采用哪种方式安排层次,都要遵循这样几个基本原则:一是要合乎事物发生、发展和结束的自然过程,合乎人们思维的发展过程和阐述问题的逻辑顺序;二是要考虑到各种文章体裁的特点;三是要体现出层次与内容之间和各层次之间有机的内在联系。

二、段落

段落是构成文章的基本单位，是文章思想内容在表达时因转折、强调、间歇等情况造成的文字上的停顿，具有换行另起的明显标志。段落的作用，主要是逻辑地表现笔者思维进程的每一个间歇、转折，清晰地反映文章的层次。而间歇和转折，目的是为了形成停顿，给读者留出思索的时间和空间。段落分明，能够逻辑地表现文章的层次，使文章眉目清楚，有行有止，便于读者阅读、理解。有些特殊段落，还能起某种强调作用，达到突出重点、加深印象、传递特定情感的目的。

划分段落时，一要注意到内容的单一，即一个段落要重点讲清楚一个意思，不要贪多务得，造成内容芜杂，重点不突出，条理也不分明；二要注意到内容的完整，即一个意思要在一个段落里表述完整，给人以完整的印象，不要顾此失彼，造成思绪紊乱，使读者不得要领；三要注意到段落之间内容的连贯，各个段落之间在内容上要有逻辑上的内在联系，要体现出下一段是上一段意思的必然发展，每个段落都要成为文章有机的组成部分；四要注意到形式上的匀称、和谐、优美，各个段落在文章中的比例应基本相当，不要划分得过宽或过于零碎，应长短相谐，粗细相间，给人以形式美。

层次与段落，既有联系，又有区别。层次主要反映的是文章内容的表现次序，段落则代表着作者思路的一个较小的步骤。层次着重于思想内容的划分，是段落的内涵；段落则侧重文字的表达，是层次的外在形式。

思考

1. 什么是层次？

2. 划分层次时有哪些常见方式？

3. 划分层次要遵循哪些原则？

4. 什么是段落?

5. 划分段落时要注意些什么?

6. 层次与段落的区别在哪里?

第四节　过渡和照应

过渡和照应是使文章前后连贯、脉络畅通的重要手段。要把各段文字和各层意思衔接得严丝合缝，浑然一体，就必须巧妙地安排过渡和照应。

一、过渡

过渡是指上下文之间的衔接和转换，好比在文章意思之间摆渡的船只和架设起的桥梁，它把相邻的层次和段落自然地衔接起来，使文章结构严谨，上下文内容贯通一气，引导读者思路顺利前行，而不致发生阻隔和脱节，在文章中起着承上启下、联系和揭示文章内容的作用。

文章里并非每句都要使用过渡，有些文章上下文之间本来就存在着递进、衔接关系，就不需要过渡。但过渡仍很常用，不仅当思想内容出现由一层意思转入另一层意思、论述问题由总述到分述、由分述到总述时需要过渡，而且当表现手法、表达方式转换时，如行文中由叙述转为议论、或者由议论转为叙述，以及倒叙与顺叙、顺叙与插叙相转接的地方，都要使用过渡。

过渡常见的方法，归纳起来大致有三种类型：一是用关联词、转折词之类过渡词语；二是用过渡句，即在上一部分的结尾或下一部分的开端安排一个过渡性的句子；三是用过渡段，即安排一个使上下两部分连接或转折的过渡性的段落。具体运用哪种过渡方法，要视文章需要而定。但不论运用哪种过渡方法，都要注意自然、恰当，不留痕迹，不能牵强附会，生拼硬凑，勉强过渡。当文章里有不同内容，上下文之间没有必然的内在联系时，不能强行过渡，而应采取分章节或加小标题的方法来区分。还要注意简明，过渡应顺势而下，张弛有序，生动自如，不要节外生枝，作不必要的解释，以免使行文臃肿累赘，流于繁琐。

二、照应

照应是指文章前后内容上的关照、呼应。它能够使文章前面提到的问题，在后面有着落；后面交代的事物，在前面有暗示。使用照应方法，既能够使文章内容前后一致，结构严谨，线索清楚，重点突出，有助于主题的表达；又能够唤起读者的联想、回味，帮助读者准确理解文章主题和把握文章脉络。

不同内容性质的文章照应的方式有不同。常见的照应方法有这样几种：一是行文与题目照应，即行文中屡次照应题目，或者围绕主要问题和论点，多处反复发挥，以加深读者印象，突出表现主题，以行文切题，使文章的中心思想更加鲜明；二是首尾照应，即开头和结尾遥相呼应，互为补充，以使文章首尾圆合，结构完整，中心突出；三是前后照应，即文章前后内容之间的相互照应，如前有伏笔，后有呼应；前有悬念，后有揭示；前有包袱，后有打开；等等。

照应并不是简单的重复。每次照应，都应该能够使文章内容深入一层，以更好地表现主题。照应还应该根据内容表达的需要决定，不可故弄玄虚，节外生枝，硬作照应，以免影响文章的简洁。

思考

1.什么是过渡？

2.文章在哪些情况下需要使用过渡？

3.过渡有哪些方法？

4.过渡时应注意些什么？

5.什么是照应？

6.常用的照应方法有哪些？

7.照应时应注意些什么？

第五节　结构的原则和要求

文章结构,虽无一定不变的框框,却也并非毫无章法可以遵循,而任人随意堆砌、拼凑。结构的目的,是为了表现文章的内容。要出色地达到这一目的,表现得文情并茂,无懈可击,应该遵循一些基本的原则和要求。

一、结构的原则

1. 结构要为表现主题服务

形式是为表现内容服务的,结构是文章的表现形式,要服从于表现和突出主题的需要。结构为表现主题服务,一是要围绕主题布局,二是要围绕主题剪裁,三是结构的各个环节都要受命于主题。诸如如何安排层次段落,设置过渡照应,谋划开头结尾,都必须以主题的需要为前提,为表现主题服务。布局精当,安排得体,收放自然,使完美的形式服务于正确的思想,深刻的内涵附丽于精湛的艺术,这应该成为每个写作者追求的目标。

2. 结构要正确反映客观事物的发展规律

文章是客观事物的反映,而客观事物总是有着其自身的发展规律。人们对客观事物的认识,也总是遵循着一定的认识规律。两者是相生相长、辩证统一的。文章要准确地反映客观事物,就必须以客观事物的发展规律作为结构的依据,而不能不顾事物自身的发展规律,任意切割事物的内部联系。文章在反映客观事物时,必须按照事物发展的进程,有层次、有条理地安排结构。结构的逻辑性,要与客观事物自身的规律性和人们认识客观事物的自然程序相一致。只有这样做,才能符合人们的认识规律,有利于读者准确理解文章内容。

例如,社会生活中的任何事件,都有其发生、发展、结局的变化过程,记叙类文体为了准确地反映它们,一般都有序幕、开端、发展、高潮、结局、尾声等环节。作者考虑文章结构时可以调整某些环节的次序,乃至取消个别次要环节,但作为事件主干的开端、发展、高潮、结局等主要环节,却一个也不能取消。哪怕取消了一个主要环节,作者将无法完整、准确地反映整个事件的全貌。又如,生活中的任何问题,总有其矛盾的特殊性质、矛盾各方面的现状和解决矛盾的途径,有着它的起因、冲突和解决的过程,综合、分析这些问题,指明问题的性质,指出解决的办法,这是议论文体的任务。议论文体便依据这一情况,形成了提出问题、分析问题、解决问题这样较为常见的结构。其他类型的文章,也概莫能外。

结构要正确反映客观事物的发展规律,符合人们的认识规律,是就其实质意义而言的。但这并不是要刻板地按照客观事物的原始顺序来安排文章结构,照描客观事物。客观事物错综复杂,具有多样性,并时有偶然现象发生;人们的思维和认识,也有种种情况。文章结构只要原则上符合事物本身发展的逻辑和人们的思维习惯,就都是可行的。写作是一种创造性的劳动,作者在反映客观事物的发展规律的前提下,应该根据表达的需要,在篇章结构上多下功夫,以精湛的结构艺术,更好地反映客观事物的发展规律。

3. 结构要适应不同体裁的特点

按照反映客观事物的方式方法的不同,人们把文章划分为各种不同的体裁。各种体裁在长期的写作实践中,逐渐形成了自己结构的规律和特点。文章体裁是在特定的交际领域中,通过有目的地选择而产生的表现手段和表现方式的总体。体裁不同,表现手段和结构形态自然也就不尽相同。如记叙类文体以叙述为主要表达方式来反映社会生活,其结构以事件发生的时间、地点、进程为依据,一般按照事物发展的自然顺序或人物活动的时空转换次序来安排。议论文体偏重议论说理,主要通过论据对论点进行合乎逻辑的论证,其结构如前所述,一般以论点为线索,根据绪论、本论、结论的论证规律,按照提出问题、分析问题、解决问题的顺序来安排。行政公文、业务文书等也有其特定的结构。文章结构要适应不同体裁的特点,这样才能更好地反映社会生活。

二、结构的要求

文章结构尽管形式多样,但总的来说,仍有着一些基本要求。

1.结构要完整

完整,是指文章线索连贯,有头有尾,有过渡有照应,没有主干不显、残缺不全的毛病。结构要把文章的内容表现得充分、完整,没有遗漏现象;结构的各个环节俱全,没有疏忽之处。亚里士多德在《诗学》里论戏剧结构时讲道:"我所谓完整,是指一件事物有头、有中段、有尾。"这不仅是对戏剧的要求,而且也应成为对文章写作的要求。写作者要注意文章的格局和通篇的整体性,使文章成为一个完整、有机的整体,成为有一股生气贯注其中的有生命的东西,使文章脉络相承、首尾相通。朱光潜打过一个形象的比喻:"兵家有所谓'常山蛇阵',它的特点是'击首则尾应,击尾则首应,击腹则首尾俱应。'""一个好的阵形如此,一篇好的文章布局也应如此。"(《选择与安排》)文章结构完整,首尾圆合,无残缺现象,就会增强文章的整体感。

2.结构要严谨

严谨,是指文章层次、段落划分要合理,组织要严密,文章各部分内容之间的逻辑联系要紧密,没有颠三倒四、顾此失彼、前后脱节、松懈散乱的缺点。写文章时要仔细推敲各个层次、段落的位置和所起到的作用,"一段话如果丢去仍于全文无害,那段话就是赘疣;一段话如果搬动位置仍于全文无害,那篇文章的布局就欠斟酌。布局愈松懈,文章的活力就愈薄弱"(《选择与安排》)。文章的层次、段落划分恰当,针线细密,组织周严,就会产生无懈可击之感。

3.结构要自然

自然,是指行止自如,顺理成章,既不是牵强附会的拼凑,也没有刻意雕琢的痕迹，没有矫揉造作之处。苏轼评论写作时提出文章写作“大略如行云流水，初无定质，但常行于所当行，常止于所不可不止，文理自然，姿态横生”（《答谢民师书》），这是文章写作的高水平和高境界。结构自然，让文章的思想内容通过各个结构环节自然流畅地表露出来，方有水到渠成之妙。

4.结构要匀称

匀称，是指划分层次段落要适度，详略搭配相当，既无分配不均之感，又无上下乖违的毛病，避免比例失调、臃肿庞杂的现象。结构的匀称，不仅见之于文章形式的优美饱满，通篇一贯，而且见之于层次、段落连接得浑然一体，全文和谐一致。

思考

1.结构有哪些基本原则？

2.结构有哪些要求？

第五章　语言与写作过程

第一节　语　言

语言是文学的要素。高尔基在《和青年作家谈话》中指出："文学就是用语言来创造形象、典型和性格，用语言来反映现实事件、自然景象和思维过程。""文学的第一个要素是语言。语言是文学的主要工具，它和各种事实、生活现象一起，构成了文学的材料。"语言的优劣，将直接影响到文章形式的完美与否。为了把文章思想内容表达好，就要用美的语言。虽然由于文体、内容、风格的不同，文章会表现出不同的语言特色，但总的说来，文章对语言的基本要求还是一致的。

1.语言要准确

准确，就是说要运用最确切、最恰当的字、词和句子，表述概念和判断，准确无误地反映客观事物的实际情况，恰如其分地表达作者的认识和理解。作者在写作时，不仅要认真辨析词义，对词义的范围大小、含义轻重、适用对象、词语的感情色彩及词与词的搭配审慎从事；而且要注意用词应规范，不生造词语，不滥用简缩词语，尽量少用方言土语；做到句子成分完整，语序顺畅。

2.语言要简练

简练，就是说运用语言要简洁、精炼，用最经济的文字，表达尽量多的内容，做到要言不烦，言约意丰。写作者不仅应在认识客观事物上下功夫，对现实事物了解深透，而且应认真炼字、炼词、炼句，在语言的概括精炼和文章的删繁就简上精益求精，尽量选用容量大、表现力强的词语，用自然朴实的语言来表情达意，真正做到言简意赅。

3.语言要生动

生动,就是说语言要有活力和感染力,富于形象性、音乐性、幽默感和新鲜感。写作者要运用形象化的语言,注意句式的变化,巧用修辞手段,使语言具有立体感,能够将所表达的人物事件具体真切地展现在眼前;声调搭配和谐优美,音韵铿锵,抑扬顿挫,有音乐般的旋律;句式多样化,有一定的节奏感;长短形式交错穿插,使语言别有风韵,力求在文章中发新鲜之辞,写出客观事物的微情妙旨。

要使语言优美,能够淋漓酣畅地表达作者的思想,必须下苦功夫学习语言。既要博采口语,注意积累生活的词汇,掌握通俗的语言句式形式,向群众学习有生气的语言,又要博览群书,向古今中外的文学巨匠学习有生命力的语言。只有取人之长,为我所用,才能逐步提高自己的语言表达能力。

思考

写文章对语言有哪些基本要求?

第二节 准备与构思

写作过程因人而异。但一般地说来,总要经过准备、构思、起草、修改这样几个阶段。

一、准备

写作的准备阶段有平时的准备和临时的准备。

平时的准备包括作者的思想修养、心理素质、生活积累、学识储备、写作经验以及语言表达能力等。

写作者的思想修养如何,对于他所写的文章的质量水平,可以说是具有决定性的意义。思想修养的基本内涵,既有包括共同理想、爱国精神、政治热情、科学思想在内的共同性思想修养,也有包括文章道德、作者人品、写作文风在内的个体性思想修养。加强思想修养的正确方法，主要可以通过这样一些途径：首先，要努力学习经过实践检验的正确理论，使自己具有先进的世界观和科学的思想方法。其次，要积极参加社会实践，在如火如荼的社会实践中，自觉地运用正确理论的立场、观点和方法去分析问题，培养对社会问题的洞察力，在解决现实问题的实践过程中，获取真知灼见。再次，还要有自我批评精神，注意内在品德的修养，勤于内省，勇于改正自己思想上的弱点，使自己对个人与社会的思想认识逐步深化。

心理素质的内涵更为丰富。它包括写作者的观察能力，即进行观察活动时，指向一定事物的有意识的集中注意和捕捉客观事物特征的能力；写作者的感受能力，即对于客观事物的综合反映能力；还有记忆能力、想象能力、逻辑思维、形象思维、灵感思维能力；以及包括口头言语、书面言语、内部言语在内的言语能力等。包括诸多心理能力在内的心理素质，是写作者在长期的社会生活和写作实践中逐步形成的，我们可以有意识地通过多种途径，加强心理素质的锻炼和培养，将对写作的爱好与主观上的勤奋努力相结合，接受必要的思想教育和专业教育，学会自我调节心理态势，对不良心理进行自我治疗，采取有力的措施培养良好的心理素质。

生活积累，包括作者从个人生活阅历、生活经验等社会实践中获取的直接生活积累和从书本中获得的间接生活积累。它与写作的关系十分密切，是作者从事写作时必不可少的基础。每一个作者都必须重视生活的积累，下决心深入生活，要培养自己对生活和写作的热爱，时时系念着人民的苦乐、国家的安危、人类的祸福，立志做生活的主人；要注意做生活中的有心人，经过对生活从陌生到熟悉的过程，逐步洞察生活的本质；还要勤于记录，获取素材，不断丰富自己的生活积累。只有努力扩大生活领域，才能在写作时左右逢源，畅通无阻。

学识储备，即学问知识的储备，包括书本知识的储备和作者从社会实践、日常生活、人际交往、个人遭遇等方面获取的活的知识储备。渊博的学识储备，既可以强化作者的思想意识和感情，又可以多方面地增进作者文化科学知识的素养，提高作者的学识水平，同时还可以积累大量的素材，以备写作时的需要。作者应该是学者，他的学识既要博，也要专。初学写作的人，就应将学识方面的储备作为自己努力的目标，尽量丰富科学文化知识的储存，不断深化自己的专业知识，为今后的写作打下扎实的基础。

写作经验以及语言表达能力对于写作的重要意义，前面已经谈到，兹不赘述。以上这些，都属于平时的准备，它们在作者还没有接受写作任务，还没有产生写作的动机和愿望之前，就已经存在了。

临时的准备指的是开始动笔之前的材料准备，包括观察体验、采访调查、阅读书刊等。

对于材料准备来说，观察是最重要的，不但文章材料大部分要靠它来积累，而且它还是其他临时准备手段的基础，所以，要学写作，先须学会观察。而观察先须选好角度，这既指三维空间和时间推移中的角度，也指政治、经济、文化、道德等认识上的角度；观察不仅要眼观六路，耳听八方，而且要弄清思路，掌握顺序，揭示事物内部及事物之间的内在联系，由此及彼、由表及里地认识事物；要捕捉到事物的外部特征和内部本质特征，身心投入，深入、细致、全面地进行观察。在此基础上还要更进一步，以身体力行的直接体验和设身处地的间接体验，在更大的底蕴和更深刻的意义上，把握真理的精髓，求取事物的真谛。

采访是作者为了获得某一信息，某一新闻事实而进行的一种突击性考察；调查是作者为了了解某一方面的情况、解决某一方面的问题，而进行的有明确目的的专门性考察。它们都具有明确的目的性和双向交流的特点。采访要善于察言观色，细致把握采访对象的心理，架设感情交流的桥梁，创造良好的交谈情境，视具体情况的不同，有的放矢地提出精当、精彩的问题；调查时要有正确的立场和观点，态度要端正，要有实事求是的精神，并具有一定的政策水平和专业知识，对调查所得的材料，要经过严格的核实，从中得出客观、符合事实、经得起现实检验的结论。

阅读书刊就是查阅有关的资料，这是每个写作者动笔前的必经之路。阅读时要目的明确，有所选择，广博与专攻相结合，学习与创造相结合，还要掌握文献检索的基本技能。

写作的准备工作十分重要，切不可掉以轻心。只有准备充分，写作起来才能得心应手，意到笔随；反之，“急时抱佛脚”，仓促动笔，随想随写，就很难写出好的文章。

二、构思

构思，是作者在动笔之先，在脑海中对全文的规划与设计，所以又叫打腹稿。在这一阶段，作者要对文章主题和行文思路反复斟酌，根据文章中心思想即主题的需要，对前一阶段所搜集到的材料进行整理加工、剔留组合，从众多的原始材料中选择出那些能够较好地表达主题的材料，并在此基础上酝酿出文章的大体框架。

构思既是作者将客观事物升华为自己的主观认识的过程，也是作者将自己的主观认识物化为具体的文字表述的过程，还是在心理层面上展开的双重转换的心理操作过程。它首先是一种目的性思维，具有鲜明的目的指向性，作者在这个过程中要提炼、确立主题，考虑读者的兴趣爱好和接受程度，在选定文本的整体规范下尽量出新；它又是一种文体思维，以一定文体的形式和色彩、情调为思维的条件和内容；它又是一种创造性思维，要生产出新颖、鲜活、独创的精神劳动产品，构思才算成功。

构思的方式可谓五花八门，其中最为基本的方式有：

长期积累，遇到契机而发的“十月怀胎，一朝分娩”式。有的作者在长期的社会生活实践中，积累了大量的感受和经验。一旦遇到某种契机，原来埋藏在心底的那些感受和认识，就会突然迸发，形成杰作佳构。实际上，这是作者长期积累的突然发作。这个积累素材、孕育主题的过程，好比“十月怀胎”；而久积勃发，挥笔成文，则像是"一朝分娩"。

临时接受任务，限期完成的"被逼上马，昼夜兼程"式。应用文写作以这种形式居多。写作者往往是临时接受了指令性任务，上级催促交稿，时间安排得又紧；紧迫的任务造成思想上的压力，转化成激发思维的条件，成为点燃思绪的火花，文章的构思就在上级的催促下，由作者自己昼夜兼程冥思苦索地被"挤"出来了。

有充裕的时间和幽静的环境，聚精会神认真思索的"凝思结想，打好腹稿"式。这当然是比较理想的构思方式。作者多愿意自己创造一个幽静、自在的环境，可以集中全部精神深入思索文章主题，直到全文的大体框架在胸中酝酿成熟之后，才从容展纸，挥笔成文。这种构思方式在写作时常常是一气呵成，有所谓"文不加点，一挥而就"之妙。

写作小组集体讨论，集思广益商量筹划的"多方斟酌，集体筹划"式。有些事关重大问题的重要文章，若由某一个作者单独构思，很难考虑周全。这时往往由有关领导牵头，成立一个写作组，整个小组集体讨论，集思广益，多方斟酌，进行构思。直到构思成熟之后，再由一人或数人分头执笔写作。

思考

1. 写作的准备工作包括哪些？
2. 什么叫构思？
3. 构思的基本方式有哪些？

第三节　起草与修改

一、起草

当准备充分，构思成熟，就可以动笔行文，进入起草阶段了。起草，就是打草稿，写初稿。它既是作者对于文章从内容到形式将所做的准备和构思一一记录下来的过程，也是作者思想认识和主观感受进一步深化的过程。

在起草之先,要养成编写提纲的好习惯。写作提纲就像设计蓝图,写作者心中若无提纲,笔下文章的结构就难以搭配好。提纲有粗细之分。粗纲只描画出文章结构的大体轮廓,显示出文章的主要思想、论据内容的层次安排和大体脉络;细纲则要连段落意思和过渡形式都写进去,有的细纲本身已是文章的雏形。

起草方式有个人起草和集体分工分头起草两种。其步骤为:

(1)明确主题,拟制标题;

(2)确定体裁,选择结构形式;

(3)理清思路,列出提纲;

(4)认真动笔,从容成文。

在起草过程中应注意:尽可能地按照提纲规定的范围去写作,不要轻易地更改提纲的内容;尽量在思维最活跃的时候动笔;在写不出来的时候就不要硬写;最好是一气呵成,不要中途总是删删改改,写写停停。

二、修改

修改,一般是指初稿写就到定稿完成这个过程中的加工工作。修改是文章写作的最后环节,它有助于增强文章的准确性、鲜明性和生动性。

修改的范围十分广泛,大致包括:主题的校正,变动或者深化主题;观点的订正,改正那些不妥当、偏颇乃至错误的观点;材料的增删,或充实丰润,或删繁就简,或求真凿实;结构的调整,打散架子,重新组合,或者局部调整;语言的润色,把不够确切的改准确,把啰嗦冗繁的改简洁,把行文平庸的改生动;每一个标点符号,都要反复推敲,改到用得恰到好处为止。

修改的方法有很多,其中最为基本的方法有这样几种:

初稿写就,趁热打铁,立即修改的“热改法”。文章初稿刚刚写就,作者尚有余兴未尽;此时不妨立即回过头来,对全文重新修改一遍。这时全文的整体构思还萦绕于作者胸中，作者对刚刚完成的文章可谓极其谙熟，此时趁热打铁，立即动手修改，往往可以收到使文章思路更顺畅、总体更完美的效果。

搁它几天，再来修改的“冷改法”。某些暂时不急着发表的稿子，写就之后，不要急于拿出来，先搁它一段时间。在这段时间里，可以干脆不去想它，或者对所写事物再进行深入调查，以及广泛阅读与该文章有关的材料，等等。等过一段时间之后，再把文章拿出来修改，由于随着时间的推移，作者的思想又有了提高和进步，这时再看以前所写的文章，往往能发现很多需要修改的地方，修改时能够进一步提高文章质量。

广开言路，博采意见的“求助法”。写作者往往因对自己写的文章有所偏爱，怎么看都是好的，而舍不得下笔修改。即使有想修改的愿望，在具体操作时也会发现改不动。这时不妨去征求一下别人或者内行专家的意见，因为旁人能够从比较客观的角度去评价文章，帮助我们发现那些我们自己发现不了的问题。同时，广泛征求别人意见，还可以检验一下自己文章被别人接受的程度。

自吟自读，不顺则改的“读改法”。文章写就，找一风景幽雅、空旷无人之处，自己大声朗读一遍至数遍。在朗读的过程中，自然不难发现哪些地方语气顺畅，哪些地方读来拗口，哪些地方安排欠妥，等等。凡语气顺畅处，则留；不顺，则改。用这种方法修改文章，还可以使文章铿锵有力，读来朗朗上口。

思考

1. 什么叫起草？
2. 起草的方式有哪两种？
3. 起草的步骤是什么？
4. 修改的范围包括哪些？
5. 修改的方法有哪几种？

第六章　应用写作的特点和分类

第一节　应用写作的特点

一、实用性

应用写作的目的在于实用。从内容上讲，它不是一般的有感而发，而是针对社会活动和工作中具体的实际问题，以文字形式做出的适当反映和处理。它有明确、定向的目的和固定的使用对象，与实际的工作、学习、生活联系紧密，具有“实用”的特点。撰写任何一种应用文，都是为着解决某个具体问题，因事而写，有很强的针对性。如告知对方要处理什么事情；或说明处理的办法、措施、步骤；或磋商问题，提出要求；等等。“有用”，正是应用写作最基本的特点。

为了实现这一基本特点的要求，应用写作的目的应十分明确，它通常有明确、具体的行文对象，要提出切合实际的办法、措施、意见、要求等；它的观点也必须正确，内容要符合经过实践检验的正确理论，符合实际工作的规律性；它所使用的材料也必须准确，引用的事例、数字等都要确凿无误。

二、程式性

由应用写作内容的实用性特点所决定，它必须尽可能地做到写作形式上便于掌握，内容安排上便于理解，以便更好地为实际工作和日常生活服务。为适应这一要求，应用写作在长期的发展中，逐渐形成了一套习惯的、约定俗成的写法，在文体格式和层次安排上具有程式性。

应用写作之所以具有这样的特点，是以实用为前提的。广大撰写者在长期的写作实践中，感到这些程式能够比较完善地表达文章内容，而且容易被社会所理解和接受，在日常处理和留存中也有长处，就逐渐相沿成习地固定下来，目的是为了方便应用和提高效率。目前，这些文体格式和层次安排上的程式性，大多已经成为习惯和定型化。虽然某些格式在写作实践中根据实际需要，还可稍有变化，但这种变化不是无限制的。写作者切不可随心所欲，故意标新立异，以免造成认识上的混乱，给工作带来不必要的损失。

三、时限性

应用写作面对的是亟待处理的日常工作和具体事物，所以有着强烈的时限性。有些问题往往迫在眉睫，贻误时机就会给工作带来损失；有些应用文在一定的时间内有效，时过境迁作用就会大打折扣乃至消失，时间上的限制就更为重要。

由这一特点所决定，应用写作要求撰写者的时间观念一定要强，有些紧急事物有明确的时间要求，必须及时撰写，不能延缓拖拉；文中要求解决问题的办法也要有明确的时间规定，何时开始，何时结束，都应有具体的时间规定，这样才便于落实和检查。

四、简明性

应用写作的实用性特点规定了它以办理实际事物为目的，尤其是在办事格外讲求时间和效率的现代社会里，应用写作的特点更突出地表现为它的简明性。

应用写作一般采用以说明为主的表达方式。其语言要精练、准确、平实、得体，要求应直截了当，干净利落；切合实际，恰如其分；通俗易懂，实实在在；切合行文关系和文体特点。

思考

应用写作有哪些基本特点？

第二节　应用写作的分类

应用文的种类繁多,分类的方法也各异。本书根据撰写者的写作实践和人们在实际工作中的需要,分为机关公文、事务文书和学术论文三大类。

以上就是本书下面所要展开的内容。

思考

应用写作如何分类?

第二篇　机关公文写作

第一章　机关公文概述

第一节　机关公文的含义、作用和特点

一、什么是机关公文

机关公文，又叫公务文书，简称公文。它是法定机关与组织在公务活动中，按照特定的体式，经过一定的处理程序形成和使用的书面文字材料。党政机关公文是中国共产党机关和国家行政机关实施领导、履行职能、处理公务的具有特定效力和规范体式的文书，是传达贯彻党和国家方针政策，公布法规和规章，指导、布置和商洽工作，请示和答复问题，报告、通报和交流情况等的重要工具。

党政机关、社会团体、企事业单位为了传达贯彻党和国家的方针、政策，发布行政法规和规章，施行行政措施，请示和答复问题，布置、指导和商洽工作，报告情况，交流经验，都要使用公文。公文是中国共产党机关和国家行政机关在党务和行政管理过程中形成的具有法定效力和规范体式的文书，是依法行政和进行公务活动的重要工具，在教育群众、规范行为、指导工作、商洽问题的过程中具有重要的作用，是机关、团体、单位处理公务、实施管理时的一种不可缺少的、有效的管理手段。

二、机关公文的作用

公文的作用主要体现在以下五个方面。

1. 法规作用

国家机关颁布的法律、法规、规章，都是通过公文的形式公布的。公文是体现法律规范的重要载体，具有明显的法规作用。

2. 指导作用

机关公文是上级机关对下级机关进行指导的重要工具。上级机关通过下达公文,对下级机关的工作实施指导。

3. 沟通作用

公文是上下级机关及平级机关之间进行公务联系的重要手段。党政机关主要通过公文来沟通信息、交流经验、商洽工作、处理问题,在公务活动中达到加强联系、办成事情的作用。

4. 教育作用

公文要传达贯彻党和国家的各项方针政策,落实于收文机关的实际行动,其内容要起到教育作用,以便统一思想认识,使收文机关自觉贯彻执行。一些政策性公文,本身就是宣传教育的教材。

5. 凭据作用

公文是处理公务的依据与凭证,也是公务活动的真实记载。这是公文转化为档案的基础。档案的查考利用价值,即来源于公文的记载和凭据作用。

三、机关公文的特点

1. 公文作者的特定性

机关公文是由特定的作者制作和发布的公文。它的作者,必须是依法成立,并能以自己的名义行使职权和承担义务的组织和领导人。如国家的权力机关全国人民代表大会及其常务委员会,各省、自治区、直辖市、市、县级人民代表大会及其常务委员会和行政机关国务院、各省、自治区、直辖市、市、县人民政府制作和发布的公文,其作者都是特定的组织和机关。这些组织和机关,是依据《中华人民共和国宪法》、《中华人民共和国地方各级人民代表大会和地方各级人民政府组织法》等有关法律规定组织建立的。人民团体、企事业单位,也都是依据有关的条例、章程、决定,并经过批准组建的。公文的作者,是以这些法定机关的名义,在法律规定的范围内行文处理公务。

公文的作者一般都是特定的组织和机关，但有时在某些特殊情况下，也以该组织或机关领导人的名义行文。这种以机关领导人名义制发公文的作者，并非以他们个人的身份出现，而是以他们所在的党政机关的名义在行文。经他们签署发布的公文，代表了法定的组织，体现了法定组织的意图。

国家不允许个人假冒机关、团体、企事业单位的名义，撰写和发布公文。伪造公文是触犯刑律的行为，将受到法律的追究和制裁。

2. 效力作用的权威性

与公文作者的特定性紧密相关，公文在执行过程中具有法定的权威性和约束力，有关收文机关必须执行，受它约束。机关公文是由各级党政机关和企事业单位，为了特定的管理目的制发的，它代表了中国共产党机关和国家行政机关的意志，需要有关收文机关严格遵照执行。机关公文都具有权威的效力，即使请示一类的上行文，收文机关也不能置之不理，必须给予明确答复。有的公文还具有强制执行处理事务的约束力。所以机关公文具有效力作用的权威性，要求有关收文机关必须严格遵照执行，按规章要求办事。

公文担负着行使中国共产党机关和国家行政机关的权力，组织和推动各项公务活动的任务，其内容反映着各级党组织和人民政府的职权，具有党政领导和指挥的法定权威。任何单位或个人，不得以任何借口歪曲、篡改或拒不执行。违者要追究法律和行政责任。

3. 行文方向的针对性

由于公文反映了党政机关的意志，目的是为了推动工作的顺利开展，解决一定范围内的实际工作问题，所以，在行文方向上有着明确的针对性。撰写公文时，要按照行政工作中的隶属关系，确定相应的行文方向；并严格遵守确定的行文方向，有针对性地行文。

4.制发格式的规定性

机关公文在制发格式上,有着统一规定的格式要求。不允许脱离规定格式,另起炉灶,随意发挥。这也就是本篇下面所要展开的内容。

思考

1.什么是机关公文?

2.机关公文有哪些作用?

3.机关公文有哪些特点?

第二节 机关公文的种类和格式

一、机关公文的种类

公文种类,简称文种。

根据中共中央办公厅、国务院办公厅2012年4月16日发布,自2012年7月1日起施行的《党政机关公文处理工作条例》(本篇均根据此),中国共产党机关和国家行政机关的公文种类主要有十五种,即:①决议;②决定;③命令(令);④公报;⑤公告;⑥通告;⑦意见;⑧通知;⑨通报;⑩报告;⑪请示;⑫批复;⑬议案;⑭函;⑮纪要。

拟制公文时,应当根据行文目的、发文机关的职权以及与主送机关的行文关系来确定公文的文种。在公文处理的实践中,为了适应实际工作的需要,党政机关通常要对上述文种按其来源、机密等级、缓急程度、行文方向进行分类。

1.按来源划分,公文可分为收文和发文

收文是指本机关收进的上级、平级和下级机关的公文。

发文是指本机关发送给上级、平级和下级机关的公文。

按公文来源进行分类,是公文处理最基础的工作。在公文处理中，收文和发文在办理目的、行文要求、处理程序上，均不相同。

2.按机密等级划分，公文可分为秘密公文和普通公文

秘密公文是指内容涉及党和国家机密的公文。它按涉密程度分为绝密、机密、秘密三个密级，限制在指定人员范围内阅读。公文处理必须严格执行国家保密法律、法规和其他有关规定，确保国家秘密的安全。

普通公文是指内容不涉及机密的公文。普通公文在党政机关内部运转，一般工作人员可根据工作需要，随时查阅，以便参照执行。一些需要人民群众直至国内外周知的公文，还要通过新闻媒体予以公布。

3.按缓急程度划分，公文可分为紧急公文和普通公文

紧急公文是指根据该公文在发送和处理程序上的时间要求而定，分为“特急”、“加急”。发文机关拟制紧急公文，应当表明紧急的原因，并根据实际需要确定紧急程度。收文机关对有紧急程度标志的公文，要按其规定的时间要求做紧急处理。

普通公文是指没有紧急程度标志的公文。普通公文虽然没有紧急标志，收文机关还是应当按照公文处理程序及时处理，不要过于拖沓。

4.按行文方向划分，公文可分为上行文、平行文和下行文

上行文是指向所属上级机关报送的公文，有报告、请示等。上行文体现了接受上级领导、请求上级指示的关系。

平行文是指平级机关或不相隶属机关之间来往的公文，有议案、函等。平行文体现了平级机关之间互相协作、相互平等的商洽、支持与合作关系。

下行文是指向所属下级机关发送的公文，有决议、决定、命令(令)、公告、通告、通知、通报、批复、纪要等。下行文体现了党政机关对下级机关实施行政指挥的职能。

公文的行文方向是由其发文机关和收文机关之间的隶属关系

决定的。它体现了党政机关的组织系统、职权范围和公文授受关系。虽然少数文种的行文方向偶有交叉,如通知、函、纪要等文种既可用于下行,又可用于平行;但大多数文种都有规定的行文方向,不能混淆使用。下行文和平行文绝不能用于上行,上行文和平行文也不能用于下行,上行文、下行文都不能用于平行。

二、机关公文的格式

为了维护公文的严肃性,使中国共产党机关和国家行政机关的公文处理工作规范化、制度化、科学化,公文在制发格式上,有着统一规定的格式要求。

公文的格式,一般由份号、密级和保密期限、紧急程度、发文机关标志、发文字号、签发人、标题、主送机关、正文、附件说明、发文机关署名、成文日期、印章、附注、附件、抄送机关、印发机关和印发日期、页码等部分组成。

按照中华人民共和国国家质量监督检验检疫总局和国家标准化管理委员会 2012 年 6 月 29 日发布,2012 年 7 月 1 日实施的中华人民共和国国家标准 GB/T 9704—2012《党政机关公文格式》,将版心内的公文格式各要素划分为版头、主体和版记三部分。

公文首页红色分隔线以上的部分称为版头。版头部分,在公文首页上端,包括份号、密级和保密期限、紧急程度、发文机关标志、发文字号、签发人。

例文

浙江省人民政府文件

浙政发〔2013〕11 号

这是一份普通公文,因此没有份号、密级和保密期限、紧急程

度、签发人。发文字号之下 4 mm 处居中印一条与版心等宽的红色分隔线，将版头部分与主体部分间隔开，既鲜明庄重，又美观大方。

版头部分需要说明的是：

(1)涉及国家秘密的公文应当标注份号，即公文印制份数的顺序号。份号一般用 6 位 3 号阿拉伯数字，顶格编排在版心左上角第一行。

(2)涉密公文应当根据涉密程度分别标注“绝密”、“机密”、“秘密”等公文的秘密等级和保密的期限。密级和保密期限一般用 3 号黑体字，顶格编排在版心左上角第二行；保密期限中的数字用阿拉伯数字标注。

(3)紧急公文应当根据紧急程度即根据公文送达和办理的时限要求，分别标注“特急”、“加急”。其中电报应当分别标注“特提”、“特急”、“加急”、“平急”。紧急程度一般用 3 号黑体字，顶格编排在版心左上角。如需同时标注份号、密级和保密期限、紧急程度，按照份号、密级和保密期限、紧急程度的顺序自上而下分行排列。

(4)发文机关标志，由发文机关全称或者规范化简称加“文件”两字组成，如例文的“浙江省人民政府文件”。也可以使用发文机关全称或者规范化简称。发文机关标志居中排布，上边缘至版心上边缘为 35mm，推荐使用小标宋体字，颜色为红色，以醒目、美观、庄重为原则。联合行文时，发文机关标志可以并用联合发文机关名称，也可以单独用主办机关名称。如需同时标注联署发文机关名称，一般应当将主办机关名称排列在前；如有“文件”两字，应当置于发文机关名称右侧，以联署发文机关名称为准上下居中排布。发文机关标志一般套红印刷，人们常把公文称作“红头文件”，即由此而来。

(5)发文字号是同一年度公文排列的顺序号，由发文机关代字、年份、发文顺序号组成。联合行文时,使用主办机关的发文字号。如例文的发文字号,“浙政发”是发文机关浙江省人民政府的代字,“2013”是发文年份,“11 号”为序号,表明这份公文是由浙江省人民政府 2013 年发的第 11 号文件。联合行文,只标注主办机关发文字号。发文字号编排在发文机关标志下空两行的位置,居中排布。年份、发文顺序号用阿拉伯数字标注;年份应标全称,用六角括号“〔 〕”括入;发文顺序号不加“第”字,不编虚位(即 1 不编为 01),在阿拉伯数字后加“号”字。上行文的发文字号居左空一字编排,与最后一个签发人姓名处在同一行。

(6)上行文应当标注签发人姓名。由“签发人”三字加全角冒号和签发人姓名组成,居右空一字,编排在发文机关标志下空二行位置。“签发人”三字用 3 号仿宋体字,签发人姓名用 3 号楷体字。如有多个签发人,签发人姓名按照发文机关的排列顺序从左到右、自上而下依次均匀编排,一般每行排两个姓名,回行时与上一行第一个签发人姓名对齐。其中,“请示”应当在附注处注明联系人的姓名和电话。

公文首页红色分隔线以下、公文末页首条分隔线以上的部分称为主体。主体部分,包括标题、主送机关、正文、附件说明、发文机关署名、成文日期、印章、附注、附件。

例文

浙江省人民政府关于下达 2013 年浙江省国民经济和社会发展计划的通知

各市、县(市、区)人民政府,省政府直属各单位:

2013 年浙江省国民经济和社会发展计划已经省十二届人大一次会议审议批准,现印发给你们,请认真组织实施。有关专业计划由省发改委另行组织下达。

2013 年是全面贯彻落实党的十八大和省第十三次党代会精神的开局之年，是实施“十二五”规划承前启后的关键一年。做好今年的经济社会发展工作，要按照省十二届人大一次会议的要求，深入实施“八八战略”，以科学发展为主题，以加快转变经济发展方式为主线，以富民强省、社会和谐为根本目的，稳中求进、转中求好，大力推进“四大国家战略举措”、“四大建设”和“四化同步发展”，着力在深化改革开放、强化创新驱动、优化经济结构、改善发展环境、保障改善民生等方面取得新突破，增强经济发展的内生活力和动力，保持经济持续健康较快发展和社会和谐稳定，为实现“四个翻一番”、加快“两富”现代化浙江建设奠定坚实基础。

2013 年全省国民经济和社会发展主要预期目标是：

……

附件：2013 年浙江省国民经济和社会发展计划主要指标

浙江省人民政府（印章）

2013 年 2 月 22 日

（此件公开发布）

主体部分需要说明的是：

(1)标题由发文机关名称、事由和文种组成。公文标题一般应当标注发文机关，事由应当准确简要地概括公文的主要内容，并标注公文种类，如浙政发〔2013〕11 号文件的标题是“浙江省人民政府关于下达 2013 年浙江省国民经济和社会发展计划的通知”，准确地概括说明发文机关是浙江省人民政府，公文的主要内容是关于下达2013年浙江省国民经济和社会发展计划的事宜,文种是"通知"。公文标题中除法规、规章名称加书名号外,一般不用标点符号。一般用2号小标宋体字,编排于红色分隔线下空二行位置,分一行或多行居中排布;回行时,要做到词意完整,排列对称,长短适宜,间距恰当,标题排列应当使用梯形或菱形。

(2)主送机关是指公文的主要受理机关。主送机关负有公文处理责任,应当使用机关全称、规范化简称或者同类型机关统称。如浙政发〔2013〕11号文件的主送机关是"各市、县(市、区)人民政府,省政府直属各单位:"。上行文一般只能有一个主送机关,如果还需要其他上级机关了解情况,可以采取抄报的方式。专门解决某一问题的下行文的主送机关也只能有一个。需要向多个机关下发的普发性下行文的主送机关不止一个,这种情况在排列主送机关名称时,要确定一个合理的顺序。例如一些普发性公文常用的"各省、自治区、直辖市人民政府,国务院各部委、各直属机构:",及以上例文,均如此。主送机关编排于标题下空一行位置,居左顶格,回行时仍顶格,最后一个机关名称后标全角冒号。如主送机关名称过多导致公文首页不能显示正文时,应当将主送机关名称移至版记。一些公开发布的普发性公文,可以不写主送机关。

(3)公文首页必须显示正文。正文是公文的主体,用来表述公文的内容。行文时要情况确实,观点明确,表述准确,结构严谨,条理清楚,直述不曲,字词规范,标点正确,篇幅力求简短。人名、地名、数字、引文,都要准确。引用公文,应当先引标题,后引发文字号。引用外文,应当注明中文含义。日期应当写明具体的年、月、日。一般用3号仿宋体字,编排于主送机关名称下一行,每个自然段左空两字,回行顶格。文中结构层次序数依次可以用"一、""(一)""1.""(1)"标注,第一层为"一、",第二层为"(一)",第三层为"1.",第四层为"(1)"。一般第一层用黑体字、第二层用楷体字、第三层和第四层用仿宋体字标注。应当使用国家法定计量单位。

文内使用非规范化简称，应当先用全称并注明简称。使用国际组织外文名称或其缩写形式，应当在第一次出现时注明准确的中文译名。公文中的数字，除成文日期、部分结构层次序数和在词、词组、惯用语、缩略语、具有修辞色彩语句中作为词素的数字必须使用汉字外，应当使用阿拉伯数字。

(4)公文如有附件，应当注明附件的顺序号和名称。在正文下空一行左空两字编排"附件"两字，后标全角冒号和附件名称。如浙政发〔2013〕11号文件即注明"附件：2013年浙江省国民经济和社会发展计划主要指标"。如有多个附件，使用阿拉伯数字标注附件顺序号(如"附件：1. ×××××")；附件名称后不加标点符号。附件名称较长需回行时，应当与上一行附件名称的首字对齐。

(5)发文机关署名，署发文机关全称或者规范化简称。如浙政发〔2013〕11号文件署名"浙江省人民政府"。

(6)成文日期，署会议通过或者发文机关负责人签发的日期。如浙政发〔2013〕11号文件的成文日期是"2013年2月22日"。联合行文时，署最后签发机关负责人签发的日期。成文日期一般右空四字编排。成文日期中的数字用阿拉伯数字将年、月、日标全，年份应标全称，月、日不编虚位(即1不编为01)。

(7)印章。公文中有发文机关署名的，应当加盖发文机关印章，并与署名机关相符。如浙政发〔2013〕11号文件，即加盖"浙江省人民政府"印章。加盖印章的公文，印章用红色，不得出现空白印章。

①单一机关行文时，一般在成文日期之上、以成文日期为准居中编排发文机关署名，印章端正、居中下压发文机关署名和成文日期，使发文机关署名和成文日期居印章中心偏下位置，印章顶端应当上距正文(或附件说明)一行之内。

②联合上报的公文，由主办机关加盖印章；联合下发的公文，发文机关都应当加盖印章。联合行文时，一般将各发文机关署名

按照发文机关顺序整齐排列在相应位置,并将印章一一对应、端正、居中下压发文机关署名,最后一个印章端正、居中下压发文机关署名和成文日期,印章之间排列整齐、互不相交或相切,每排印章两端不得超出版心,首排印章顶端应当上距正文(或附件说明)一行之内。

③加盖签发人签名章的公文,单一机关制发的公文加盖签发人签名章时,在正文(或附件说明)下空两行右空四字加盖签发人签名章,签名章左空两字标注签发人职务,以签名章为准上下居中排布。在签发人签名章下空一行右空四字编排成文日期。联合行文时,应当先编排主办机关签发人职务、签名章,其余机关签发人职务、签名章依次向下编排,与主办机关签发人职务、签名章上下对齐;每行只编排一个机关的签发人职务、签名章;签发人职务应当标注全称。签名章一般用红色。当公文排版后所剩空白处不能容下印章或签发人签名章、成文日期时,可以采取调整行距、字距的措施解决。

④有特定发文机关标志的普发性公文和电报可以不加盖印章。不加盖印章的公文,单一机关行文时,在正文(或附件说明)下空一行右空两字编排发文机关署名,在发文机关署名下一行编排成文日期,首字比发文机关署名首字右移两字,如成文日期长于发文机关署名,应当使成文日期右空两字编排,并相应增加发文机关署名右空字数。联合行文时,应当先编排主办机关署名,其余发文机关署名依次向下编排。

(8)公文如有附注,即公文印发传达范围等需要说明的事项,应当加括号标注。如浙政发〔2013〕11 号文件的附注是“此件公开发布”。附注居左空两字加圆括号,编排在成文日期下一行。

(9)附件即公文正文的说明、补充或者参考资料。附件应当另面编排,并在版记之前,与公文正文一起装订。“附件”两字及附件顺序号用 3 号黑体字顶格编排在版心左上角第一行。附件标题居中编排在版心第三行。附件顺序号和附件标题应当与附件说明的表述一致。附件格式要求同正文。如附件与正文不能一起装订，应当在附件左上角第一行顶格编排公文的发文字号并在其后标注“附件”两字及附件顺序号。

公文末页首条分隔线以下、末条分隔线以上的部分称为版记。版记中的分隔线与版心等宽，首条分隔线和末条分隔线用粗线（推荐高度为 0.35mm），中间的分隔线用细线（推荐高度为 0.25mm）。首条分隔线位于版记中第一个要素之上，末条分隔线与公文最后一面的版心下边缘重合。

版记部分，由抄送机关、印发机关和印发日期、页码组成。

例文

抄送：省委各部门，省人大常委会、省政协办公厅，省
　　　军区，省法院，省检察院。

浙江省人民政府办公厅　　　2013 年 2 月 26 日印发

版记部分需要说明的是：

(1)抄送机关是指除主送机关外需要执行或者知晓公文内容的其他机关，应当使用机关全称、规范化简称或者同类型机关统称。如浙政发〔2013〕11 号文件的抄送机关是“省委各部门，省人大常委会、省政协办公厅，省军区，省法院，省检察院”。如有抄送机关，一般用 4 号仿宋体字，在印发机关和印发日期之上一行、左右各空一字编排。“抄送”两字后加全角冒号和抄送机关名称，回行时与冒号后的首字对齐，最后一个抄送机关名称后标句号。如需把主送机关移至版记，除将“抄送”两字改为“主送”外，编排方法同抄送机关。既有主送机关又有抄送机关时，应当将主送机关置

于抄送机关之上一行,之间不加分隔线。

(2)印发机关和印发日期,即公文的送印机关和送印日期。如浙政发〔2013〕11号文件的印发机关是"浙江省人民政府办公厅",印发日期是"2013年2月26日"。印发机关和印发日期一般用4号仿宋体字,编排在末条分隔线之上,印发机关左空一字,印发日期右空一字,用阿拉伯数字将年、月、日标全,年份应标全称,月、日不编虚位(即1不编为01),后加"印发"两字。版记中如有其他要素,应当将其与印发机关和印发日期用一条细分隔线隔开。

(3)页码,即公文页数顺序号。页码位于版心外,一般用4号半角宋体阿拉伯数字,编排在公文版心下边缘之下,数字左右各放一条一字线;一字线上距版心下边缘7 mm。单页码居右空一字,双页码居左空一字。公文的版记页前有空白页的,空白页和版记页均不编排页码。公文的附件与正文一起装订时,页码应当连续编排。

以上是公文的一般格式。此外公文还有特定格式,包括函格式、命令(令)格式、纪要格式。

函格式,发文机关标志使用发文机关全称或者规范化简称,居中排布,上边缘至上页边为30mm,推荐使用红色小标宋体字。联合行文时,使用主办机关标志。发文机关标志下4mm处印一条红色双线(上粗下细),距下页边20mm处印一条红色双线(上细下粗),线长均为170mm,居中排布。如需标注份号、密级和保密期限、紧急程度,应当顶格居版心左边缘编排在第一条红色双线下,按照份号、密级和保密期限、紧急程度的顺序自上而下分行排列,第一个要素与该线的距离为3号汉字高度的7/8。发文字号顶格居版心右边缘编排在第一条红色双线下,与该线的距离为3号汉字高度的7/8。标题居中编排,与其上最后一个要素相距二行。第二条红色双线上一行如有文字,与该线的距离为3号汉字高度的7/8。首页不显示页码。版记不加印发机关和印发日期、分隔线，位于公文最后一面版心内最下方。

命令(令)格式，发文机关标志由发文机关全称加“命令”或“令”字组成，居中排布，上边缘至版心上边缘为20mm，推荐使用红色小标宋体字。发文机关标志下空两行居中编排令号，令号下空两行编排正文。签发人职务、签名章和成文日期的编排见加盖签发人签名章的公文。

纪要格式，纪要标志由“×××××纪要”组成，居中排布，上边缘至版心上边缘为35mm，推荐使用红色小标宋体字。标注出席人员名单，一般用3号黑体字，在正文或附件说明下空一行左空两字编排“出席”两字，后标全角冒号，冒号后用3号仿宋体字标注出席人单位、姓名，回行时与冒号后的首字对齐。标注请假和列席人员名单，除依次另起一行并将“出席”两字改为“请假”或“列席”外，编排方法同出席人员名单。纪要格式可以根据实际制定。

公文格式，还应包括公文页面安排的外观形式，如文字、纸张等。

公文文字从左至右横写、横排。如无特殊说明，公文格式各要素一般用3号仿宋体字。公文中文字的颜色均为黑色。一般每面排22行，每行排28个字，并撑满版心。特定情况可以作适当调整。在民族自治地方，可以并用汉字和当地通用的少数民族文字，按当地民族习惯书写、排版。

公文用纸，一般采用国际标准A4型(210mm×297mm)，左侧装订。张贴的公文用纸大小，根据实际需要确定。

思考

1. 机关公文的种类有哪些？

2. 解释下列概念：

收文　发文　秘密公文　紧急公文　普通公文　上行文　平行文　下行文

3. 公文格式由哪些部分构成?

第三节 机关公文的行文规则

公文在行文规则上有着明确的规定。不同的行文关系,在行文时有不同的要求。严格按行文规则办事,是公文写作的重要前提。

一、准确选择文种

拟制公文,要按照拟制意图和行文方向,准确选择文种。不同的文种在撰写时,规定、要求均有所不同。拟制者不仅从行文方向上,要分清上行文、平行文、下行文,而且在同一行文方向中,也要确定合适的文种。目前要纠正上行文中请示与报告不分、报告中夹带请示事项和下行文中滥用公告的现象。

二、明确行文关系

行文应当确有必要,讲求实效,注重针对性和可操作性。这就要求拟制者对行文关系十分明确,严格按照行文关系行文。行文关系是根据党政机关的隶属关系和职权范围确定的,属于主管部门职权范围内的具体问题,应当直接报送主管部门处理,一般不得越级行文,特殊情况需要越级行文的,应当同时抄送被越过的机关。

向上级机关行文,应当遵循上行文规则,即原则上主送一个上级机关,根据需要同时抄送相关上级机关和同级机关,不抄送下级机关。党委、政府的部门向上级主管部门请示、报告重大事项,应当经本级党委、政府同意或者授权;属于部门职权范围内的事项应当直接报送上级主管部门。下级机关的请示事项,如需以本机关名义向上级机关请示,应当提出倾向性意见后上报,不得原文转报上级机关。请示应当一文一事。不得在报告等非请示性公文中夹带请示事项。除上级机关负责人直接交办事项外,不得以本机关名义向上级机关负责人报送公文，不得以本机关负责人名义向上级机关报送公文。受双重领导的机关向一个上级机关行文，必要时抄送另一个上级机关。

向下级机关行文，应当遵循下行文规则，即主送受理机关，根据需要抄送相关机关。重要行文应当同时抄送发文机关的直接上级机关。党委、政府的办公厅、办公室根据本级党委、政府授权，可以向下级党委、政府行文，其他部门和单位不得向下级党委、政府发布指令性公文或者在公文中向下级党委、政府提出指令性要求。需经政府审批的具体事项，经政府同意后可以由政府职能部门行文，文中须注明已经政府同意。党委、政府的部门在各自职权范围内可以向下级党委、政府的相关部门行文。涉及多个部门职权范围内的事务，部门之间未协商一致的，不得向下行文；擅自行文的，上级机关应当责令其纠正或者撤销。上级机关向受双重领导的下级机关行文，必要时抄送该下级机关的另一个上级机关。

党委、政府的部门依据职权可以相互行文。也可以向下一级政府的相关业务部门行文，但除以函的形式商洽工作、询问和答复问题、审批事项外，一般不得向下一级政府正式行文。政府各部门内设机构，除办公厅、办公室外，不得对外正式行文。

同级党政机关、党政机关与其他同级机关必要时可以联合行文。属于党委、政府各自职权范围内的工作，不得联合行文。

三、党政分开行文

党组织和行政机关具有不同的性质和职能，在公文中必须坚持党政分开行文。党组织与党的领导机关不应向国家行政机关、企事业单位行文作指示、交任务；国家行政机关也不能向党组织下命令、发通知。当然，这并不排除党政机关在必要时的联合行文。

思考

机关公文有哪些行文规则？

第四节 机关公文的处理工作

机关公文的处理工作是指公文拟制、办理、管理等一系列相互关联、衔接有序的工作。

机关公文处理工作应当坚持实事求是、准确规范、精简高效、安全保密的原则。各级党政机关的负责人应当高度重视公文处理工作,模范遵守《党政机关公文处理工作条例》,加强对本机关公文处理工作的领导和检查。各级党政机关的办公厅、办公室是公文处理的管理机构,主管本机关的公文处理工作,并指导下级机关的公文处理工作。各级党政机关的办公厅、办公室应当设立文秘部门,或者配备专职人员,负责公文处理工作。

公文处理工作可分为公文拟制、公文办理、公文管理三个大的环节。

一、公文拟制

公文拟制包括公文的起草、审核、签发等程序。

起草。起草公文是件极其严肃的事情,绝不可掉以轻心。起草人要深入调查研究,充分进行论证,广泛听取意见。机关负责人应当主持、指导重要公文起草工作。公文要符合国家法律法规和党的路线方针政策,完整准确地体现发文机关意图,并同现行有关公文相衔接。一切从实际出发,分析问题实事求是,所提政策措施和办法切实可行。如提出新的政策、规定等,要加以说明。公文应内容简洁,主题突出,观点鲜明,结构严谨,表述准确,文字精练,文种正确,格式规范。公文涉及其他地区或者部门职权范围内的事项,起草单位必须征求相关地区或者部门意见,主动与有关部门协商,取得一致意见后方可行文。如有分歧,主办部门的主要负责人应当出面协调。仍不能取得一致时,主办部门可以列明各方理据,提出建设性意见,并与有关部门会签后报请上级机关协调或裁定。

审核。公文文稿签发前，应当由发文机关办公厅、办公室进行审核。审核的重点是：行文理由是否充分，行文依据是否准确，是否确需行文；内容是否符合国家法律法规和党的路线方针政策；是否完整准确地体现发文机关意图；是否同现行有关公文相衔接；所提政策措施和办法是否切实可行，行文方式是否妥当，是否符合行文规则和拟制公文的有关要求，文种是否正确，格式是否规范；人名、地名、时间、数字、段落顺序、引文等是否准确；文字、数字、计量单位和标点符号等用法是否规范；公文格式是否符合《党政机关公文处理工作条例》的规定，涉及有关地区或者部门职权范围内的事项是否经过充分协商并达成一致意见。需要发文机关审议的重要公文文稿，审议前由发文机关办公厅或者办公室进行初核。经审核不宜发文的公文文稿，应当退回起草单位并说明理由；符合发文条件但内容需作进一步研究和修改的，由起草单位修改后重新报送。

签发。公文应当经本机关负责人审批签发。重要公文和上行文由机关主要负责人签发。以本机关名义制发的下行文或平行文，由主要负责人或者由主要负责人授权的其他负责人签发。党委、政府的办公厅、办公室根据党委、政府授权制发的公文，由受权机关主要负责人签发或者按照有关规定签发。签发人签发公文，应当签署意见、姓名和完整日期；圈阅或者签名的，视为同意。联合发文由所有联署机关的负责人会签。

二、公文办理

公文办理包括收文办理、发文办理和整理归档。

1. 收文办理

收文办理是指对收到公文的办理过程，包括签收、登记、初审、承办、传阅、催办、答复等程序。

签收。对收到的公文应当逐件清点，核对无误后签字或者盖章，并注明签收时间。

登记。对公文的主要信息和办理情况应当详细记载。

初审。对收到的公文应当进行初审。初审的重点是:是否应当由本机关办理,是否符合行文规则,文种、格式是否符合要求,涉及其他地区或者部门职权范围内的事项是否已经协商、会签,是否符合公文起草的其他要求。经初审不符合规定的公文,应当及时退回来文单位并说明理由。

承办。承办部门收到交办的公文后,应及时办理,不得延误、推诿。紧急公文应当按时限要求办理,确有困难的,应当及时予以说明。对不属于本单位职权范围、或者不宜由本单位办理的,应当及时退回交办的文秘部门,并说明理由。阅知性公文应当根据公文内容、要求和工作需要确定范围后分送。批办性公文应当提出拟办意见报本机关负责人批示或者转有关部门办理;需要两个以上部门办理的,应当明确主办部门。公文办理中,遇有涉及其他部门职权的事项,主办部门应当主动与有关部门协商;如有分歧,主办部门主要负责人要出面协调,如仍不能取得一致,可以报请上级机关协调或裁定。紧急公文应当明确办理时限。承办部门对交办的公文应当及时办理,有明确办理时限要求的应当在规定时限内办理完毕。

传阅。根据领导批示和工作需要将公文及时送传阅对象阅知或者批示。审批公文时,对有具体请示事项的,主批人应当明确签署意见、姓名和审批日期。其他审批人圈阅视为同意;没有请示事项的,圈阅表示已阅知。办理公文传阅应当随时掌握公文去向,不得漏传、误传、延误。

催办。及时了解掌握公文的办理进展情况,督促承办部门按期办结。紧急公文或者重要公文应当由专人负责催办。送负责人批示或者交有关部门办理的公文,文秘部门要负责催办。紧急公文,要跟踪催办;重要公文,要重点催办;一般公文,要定期催办。

答复。公文的办理结果应当及时答复来文单位,并根据需要告知相关单位。

2.发文办理

发文办理是指发文机关以本机关的名义制发公文的过程,包括复核、登记、印制、核发等程序。

复核。已经发文机关负责人签批的公文,印发前应当对公文的审批手续、内容、文种、格式等进行复核;需作实质性修改的,应当报原签批人复审。

登记。对复核后的公文,应当确定发文字号、分送范围和印制份数并详细记载。

印制。公文印制必须确保质量和时效。涉密公文应当在符合保密要求的场所印制。

核发。公文印制完毕,应当对公文的文字、格式和印刷质量进行检查后分发。

3.整理归档

公文办理完毕后,需要归档的公文及有关材料,应当根据《中华人民共和国档案法》等有关档案法律法规以及机关档案管理规定,及时收集齐全、整理立卷、归档。个人不得保存应当归档的公文。归档范围内的公文,应当根据其相互联系、特征和保存价值等整理立卷,要保证归档公文的齐全、完整,能正确反映本机关的主要工作情况,便于保管和利用。

两个以上机关联合办理的公文,原件由主办机关整理立卷、归档,其他相关机关保存复制件或其他形式的公文副本。本机关负责人兼任其他机关职务,在履行所兼职务过程中形成的公文,由其兼职机关整理立卷、归档。

归档范围内的公文应当确定保管期限,按照有关规定定期向档案部门移交。拟制、修改和签批公文,书写及所用纸张和字迹材料必须符合存档要求。

三、公文管理

公文由文秘部门或专职人员统一收发、审核、用印、归档和销毁。各级党政机关应当建立健全本机关公文管理制度,确保管理严格规范,充分发挥公文效用。党政机关公文由文秘部门或者专人统一管理。设立党委、党组的县级以上单位应当建立机要保密室和机要阅文室,并按照有关保密规定配备工作人员和必要的安全保密设施设备。

公文确定密级前,应当按照拟定的密级先行采取保密措施。确定密级后,应当按照所定密级严格管理。绝密级公文应当由专人管理。公文的密级需要变更或者解除的,由原确定密级的机关或者其上级机关决定。

公文的印发传达范围应当按照发文机关的要求执行;需要变更的,应当经发文机关批准。涉密公文公开发布前应当履行解密程序。公开发布的时间、形式和渠道,由发文机关确定。经批准公开发布的公文,同发文机关正式印发的公文具有同等效力。

复制、汇编机密级、秘密级公文,应当符合有关规定并经本机关负责人批准。绝密级公文一般不得复制、汇编,确有工作需要的,应当经发文机关或者其上级机关批准。复制、汇编的公文视同原件管理。复制件应当加盖复制机关戳记。翻印件应当注明翻印的机关名称、日期。汇编本的密级按照编入公文的最高密级标注。汇编,确有工作需要的,应当经发文机关或者其上级机关批准。

公文的撤销和废止,由发文机关、上级机关或者权力机关根据职权范围和有关法律法规决定。公文被撤销的,视为自始无效;公文被废止的,视为自废止之日起失效。

涉密公文应当按照发文机关的要求和有关规定进行清退或者销毁。不具备归档和保存价值的公文,经批准后可以销毁。销毁涉密公文必须严格按照有关规定履行审批登记手续,确保不丢失、不漏销。个人不得私自销毁、留存涉密公文。

机关合并时，全部公文应当随之合并管理；机关撤销时，需要归档的公文经整理后按照有关规定移交档案管理部门。工作人员离岗离职时，所在机关应当督促其将暂存、借用的公文按照有关规定移交、清退。

新设立的机关应当向本级党委、政府的办公厅、办公室提出发文立户申请。经审查符合条件的，列为发文单位，机关合并或者撤销时，相应进行调整。

思考

1. 公文发文有哪些程序？
2. 公文收文有哪些程序？
3. 公文归档有哪些要求？
4. 公文管理有哪些要求？

第二章 决议、决定、命令(令)

第一节 决 议

决议适用于会议讨论通过的重大决策事项。

决议是记载党的领导机关按照民主集中制的原则，通过一定的程序，对事关全局的重要问题、重大事项进行集体讨论作出决策和安排的公文文种。决议适用于党的中央和地方领导机关，主要内容是党的方针政策、重要工作部署、重大事项决策等。

决议与决定的不同，在于决议涉及的一般都是全局性、原则性的重大问题，而决定涉及的往往是局部性的具体事项；决议必须经过特定的会议讨论、表决，获得法定的多数票通过后方才有效，而决定既可提交会议讨论通过，也可由领导班子集体研究后作出。

决议在写作格式上，由标题、通过的会议和日期、正文三部分组成。

决议的标题要写明发文机关或会议的名称和文种。这两个要素都不能省略。

决议通过的会议和日期，在标题下面，括号内注明该决议由什么会议在什么时间通过。

决议的正文一般写三方面内容：对被批准的议案等，给予充分肯定和恰当的评价；对会议报告中提出的工作要点表明支持态度；对下级干部群众发出号召。

例文

中国共产党第十八次全国代表大会关于《中国共产党章程(修正案)》的决议

（2012 年 11 月 14 日中国共产党第十八次全国代表大会通过）

中国共产党第十八次全国代表大会审议并一致通过十七届中央委员会提出的《中国共产党章程(修正案)》，决定这一修正案自通过之日起生效。

大会认为，十六大以来，以胡锦涛同志为主要代表的中国共产党人，坚持以邓小平理论和“三个代表”重要思想为指导，根据新的发展要求，深刻认识和回答了新形势下实现什么样的发展、怎样发展等重大问题，形成了以人为本、全面协调可持续发展的科学发展观。科学发展观，是同马克思列宁主义、毛泽东思想、邓小平理论、“三个代表”重要思想既一脉相承又与时俱进的科学理论，是马克思主义关于发展的世界观和方法论的集中体现，是马克思主义中国化最新成果，是中国共产党集体智慧的结晶，是党必须长期坚持的指导思想。大会一致同意在党章中把科学发展观同马克思列宁主义、毛泽东思想、邓小平理论、“三个代表”重要思想一道确立为党的行动指南。大会要求全党同志更加深入地学习科学发展观，进一步增强贯彻落实科学发展观的自觉性和坚定性，不断完善贯彻落实科学发展观的体制机制，把科学发展观贯彻到我国现代化建设全过程、体现到党的建设各方面。

大会认为，中国特色社会主义道路，中国特色社会主义理论体系，中国特色社会主义制度，是党和人民长期奋斗、创造、积累的根本成就。全面建成小康社会,加快推进社会主义现代化,实现中华民族伟大复兴,必须坚定不移走中国特色社会主义道路。把中国特色社会主义制度同中国特色社会主义道路、中国特色社会主义理论体系一道写入党章,有利于全党深化对中国特色社会主义的认识、全面把握中国特色社会主义的内涵。大会强调,全党同志要倍加珍惜、长期坚持和不断发展党历经艰辛开创的这条道路、这个理论体系、这个制度,坚定道路自信、理论自信、制度自信,奋力夺取中国特色社会主义新胜利。

大会认为,建设生态文明,是关系人民福祉、关乎民族未来的长远大计。必须把生态文明建设放在突出地位,融入经济建设、政治建设、文化建设、社会建设各方面和全过程,坚持生产发展、生活富裕、生态良好的文明发展道路,努力建设美丽中国,实现中华民族永续发展。大会同意将生态文明建设写入党章并作出阐述,使中国特色社会主义事业总体布局更加完善,使生态文明建设的战略地位更加明确,有利于全面推进中国特色社会主义事业。促进工业化、信息化、城镇化、农业现代化同步发展,是我国经济社会发展面临的重大课题,是全面建成小康社会的一项重大战略举措;发展更加广泛、更加充分、更加健全的人民民主,完善中国特色社会主义法律体系,是坚持走中国特色社会主义政治发展道路、积极稳妥推进政治体制改革、加强社会主义法治国家建设的客观需要;建设社会主义文化强国,加强社会主义核心价值体系建设,是推动社会主义文化大发展大繁荣、提高国家文化软实力的必然要求;构建社会主义和谐社会,必须保障和改善民生,使发展成果更多更公平惠及全体人民,加强和创新社会管理。将这些内容写入党章，丰富了社会主义经济建设、政治建设、文化建设、社会建设的内容，对全党同志更加自觉、更加坚定地贯彻党的基本理论、基本路线、基本纲领、基本经验、基本要求，全面推进社会主义市场经济、社会主义民主政治、社会主义先进文化、社会主义和谐社会、社会主义生态文明建设，团结带领全国各族人民不断夺取中国特色社会主义新胜利具有十分重要的作用。

大会认为，改革开放是强国之路，是新时期最鲜明的特点。我国过去30多年的快速发展靠的是改革开放，未来发展也必须坚定不移依靠改革开放。只有改革开放，才能发展中国、发展社会主义、发展马克思主义。把这方面内容写入党章，有利于全党更加深刻地认识坚持改革开放的重大意义，更加自觉、更加坚定地推进改革开放。

大会认为，十七大以来，随着党的建设实践发展，我们党对马克思主义执政党建设规律的认识不断深化，正视党面临的考验和风险，重视加强党的执政能力建设、先进性和纯洁性建设，整体推进党的思想建设、组织建设、作风建设、反腐倡廉建设、制度建设，全面提高党的建设科学化水平。根据实践发展，党的十八大提出建设学习型、服务型、创新型的马克思主义执政党的新要求。适应新的形势，全党要用邓小平理论、"三个代表"重要思想、科学发展观和党的基本路线统一思想、统一行动，切实做到求真务实，尊重党员主体地位，加强对主要领导干部的监督。大会同意把这些新成果、新认识、新要求充实到党章关于党的建设总体要求中，使党的建设的主线、总体布局、总体目标更加完善，有利于全面推进党的建设新的伟大工程。

大会认为,总结吸收近年来党的建设的成功经验,并与总纲部分的修改相衔接,对党章部分条文作适当修改十分必要。认真学习马克思列宁主义、毛泽东思想、邓小平理论、“三个代表”重要思想和科学发展观,是广大党员应尽的义务;积极创先争优,组织党员认真学习马克思列宁主义、毛泽东思想、邓小平理论、“三个代表”重要思想和科学发展观,是党的基层组织的基本任务;选拔干部要按照德才兼备、以德为先的原则,坚持五湖四海、任人唯贤;党要更加重视监督干部;党的各级领导干部要坚持原则,讲党性、重品行、作表率。把这些内容写入党章,有利于全党同志坚持党的指导思想、增强学习贯彻科学发展观的自觉性和坚定性;有利于更好坚持公道正派的用人作风、树立正确用人导向、提高选人用人公信度,促进干部健康成长;有利于推动干部队伍特别是主要领导干部进一步提高各方面素质,更好发挥表率作用。

大会要求,党的各级组织和全党同志高举中国特色社会主义伟大旗帜,以马克思列宁主义、毛泽东思想、邓小平理论、“三个代表”重要思想和科学发展观为指导,更好学习党章、遵守党章、贯彻党章、维护党章,坚持党要管党、从严治党,进一步加强党的执政能力建设、先进性和纯洁性建设,以改革创新精神全面推进党的建设新的伟大工程,全面提高党的建设科学化水平,坚定不移沿着中国特色社会主义道路前进,为全面建成小康社会而奋斗。

党的十八大审议通过了《中国共产党章程(修正案)》,这次代表大会把科学发展观和马克思列宁主义、毛泽东思想、邓小平理论、“三个代表”重要思想一道确立为我们党的指导思想,这是十八大的历史性贡献,具有划时代的意义。这份决议真实地反映出这一历史进程。

思考

1. 决议的作用是什么？

2. 决议有哪些写作要求？

第二节　决　定

决定适用于对重要事项作出决策和部署、奖惩有关单位和人员、变更或者撤销下级机关不适当的决定事项。

决定是一种具有指挥性和议决性的下行文，可由上级机关在法定权限内作出，也可由重要会议作出。决定用于提出重大的工作任务，其内容都是有影响的重大问题，比一般的通知和通报更严肃和郑重，其约束力更强，影响作用也更大。上级机关的决定一经下达，下级机关就要贯彻执行。

决定按其内容，可分为部署指挥性决定、奖惩决定和公布知照性决定等。

决定在写作格式上，由标题、正文两部分组成。

决定的标题，由作出决定的机关名称、事由、文种构成。

在决定的标题之下，有题注，位于标题下方括号内，注明作出决定的日期，以及作出决定的机关或会议的名称。如果是会议通过决定，要写明何时何会议通过；如果通过日期与发布日期不一致，还要写上发布日期；有时为了给执行该决定留出准备时间，同时还写上生效日期。

决定的正文，一般由决定依据、决定事项、执行要求三部分构成。

决定依据，要写明作出决定的原因、理由、目的和根据，要写得文字精当，简洁有力。

在决定依据之后，常用“特作如下决定”、“现决定如下”等承启语,过渡到下面决定事项部分。

决定事项,这是决定正文的主体,要写明决定的具体内容、原则、办法、措施、要求、规定等。在行文时要做到条理清楚,一目了然。由于内容比较多,这部分一般都采用分条陈述的写法。

执行要求,是决定事项的延伸,为了更有效地贯彻决定精神,一般在这部分有针对性地重点提出一些希望和要求。行文时要注意与决定依据前后呼应。

例文

中共中央关于深化文化体制改革推动社会主义文化大发展大繁荣若干重大问题的决定

(2011年10月18日中国共产党第十七届中央委员会第六次全体会议通过)

中国共产党第十七届中央委员会第六次全体会议全面分析形势和任务,认为总结我国文化改革发展的丰富实践和宝贵经验,研究部署深化文化体制改革、推动社会主义文化大发展大繁荣,进一步兴起社会主义文化建设新高潮,对夺取全面建设小康社会新胜利、开创中国特色社会主义事业新局面、实现中华民族伟大复兴具有重大而深远的意义。全会作出如下决定。

一、充分认识推进文化改革发展的重要性和紧迫性,更加自觉、更加主动地推动社会主义文化大发展大繁荣

文化是民族的血脉,是人民的精神家园。在我国五千多年文明发展历程中,各族人民紧密团结、自强不息,共同创造出源远流长、博大精深的中华文化,为中华民族发展壮大提供了强大精神力量，为人类文明进步作出了不可磨灭的重大贡献。

中国共产党从成立之日起，就既是中华优秀传统文化的忠实传承者和弘扬者，又是中国先进文化的积极倡导者和发展者。我们党历来高度重视运用文化引领前进方向、凝聚奋斗力量，团结带领全国各族人民不断以思想文化新觉醒、理论创造新成果、文化建设新成就推动党和人民事业向前发展，文化工作在革命、建设、改革各个历史时期都发挥了不可替代的重大作用。

改革开放特别是党的十六大以来，我们党始终把文化建设放在党和国家全局工作重要战略地位，坚持物质文明和精神文明两手抓，实行依法治国和以德治国相结合，促进文化事业和文化产业同发展，推动文化建设不断取得新成就，走出了中国特色社会主义文化发展道路。我们坚持解放思想、实事求是、与时俱进，不断推进马克思主义中国化时代化大众化，形成和发展了中国特色社会主义理论体系，为开辟和拓展中国特色社会主义道路、确立和完善中国特色社会主义制度提供了科学理论指导；坚持推进社会主义核心价值体系建设，用马克思主义中国化最新成果武装全党、教育人民，用中国特色社会主义共同理想凝聚力量，用以爱国主义为核心的民族精神和以改革创新为核心的时代精神鼓舞斗志，用社会主义荣辱观引领风尚，巩固了全党全国各族人民团结奋斗的共同思想道德基础；坚持为人民服务、为社会主义服务的方向和百花齐放、百家争鸣的方针，发扬广大人民群众和文化工作者的创造精神，推动优秀文化产品大量涌现，丰富了人民精神文化生活；坚持推进文化体制改革，创新文化发展理念，解放和发展文化生产力，推动文化事业全面繁荣、文化产业健康发展,大幅度提高了人民基本文化权益保障水平,大幅度提高了文化在经济社会发展中的地位和作用;坚持发展多层次、宽领域对外文化交流格局,借鉴吸收人类优秀文明成果,实施文化走出去战略,不断增强中华文化国际影响力,向世界展示了我国改革开放的崭新形象和我国人民昂扬向上的精神风貌。我国文化改革发展,显著提高了全民族思想道德素质和科学文化素质、促进了人的全面发展,显著增强了国家文化软实力,为坚持和发展中国特色社会主义提供了强大精神力量。

当今世界正处在大发展大变革大调整时期,世界多极化、经济全球化深入发展,科学技术日新月异,各种思想文化交流交融交锋更加频繁,文化在综合国力竞争中的地位和作用更加凸显,维护国家文化安全任务更加艰巨,增强国家文化软实力、中华文化国际影响力要求更加紧迫。当代中国进入了全面建设小康社会的关键时期和深化改革开放、加快转变经济发展方式的攻坚时期,文化越来越成为民族凝聚力和创造力的重要源泉、越来越成为综合国力竞争的重要因素、越来越成为经济社会发展的重要支撑,丰富精神文化生活越来越成为我国人民的热切愿望。我国仍处于并将长期处于社会主义初级阶段,人民日益增长的物质文化需要同落后的社会生产之间的矛盾仍然是社会主要矛盾。全面建成惠及十几亿人口的更高水平的小康社会,既要让人民过上殷实富足的物质生活,又要让人民享有健康丰富的文化生活。我们必须抓住和用好我国发展的重要战略机遇期,在坚持以经济建设为中心的同时,自觉把文化繁荣发展作为坚持发展是硬道理、发展是党执政兴国第一要务的重要内容,作为深入贯彻落实科学发展观的一个基本要求，进一步推动文化建设与经济建设、政治建设、社会建设以及生态文明建设协调发展，更好满足人民精神需求、丰富人民精神世界、增强人民精神力量，为继续解放思想、坚持改革开放、推动科学发展、促进社会和谐提供坚强思想保证、强大精神动力、有力舆论支持、良好文化条件。

我国文化领域正在发生广泛而深刻的变革，推动文化大发展大繁荣既具备许多有利条件，也面临一系列新情况新问题。我国文化发展同经济社会发展和人民日益增长的精神文化需求还不完全适应，突出矛盾和问题主要是：一些地方和单位对文化建设重要性、必要性、紧迫性认识不够，文化在推动全民族文明素质提高中的作用亟待加强；一些领域道德失范、诚信缺失，一些社会成员人生观、价值观扭曲，用社会主义核心价值体系引领社会思潮更为紧迫，巩固全党全国各族人民团结奋斗的共同思想道德基础任务繁重；舆论引导能力需要提高，网络建设和管理亟待加强和改进；有影响的精品力作还不够多，文化产品创作生产引导力度需要加大；公共文化服务体系不健全，城乡、区域文化发展不平衡；文化产业规模不大、结构不合理，束缚文化生产力发展的体制机制问题尚未根本解决；文化走出去较为薄弱，中华文化国际影响力需要进一步增强；文化人才队伍建设急需加强。推进文化改革发展，必须抓紧解决这些矛盾和问题。

全党必须深刻认识到，社会主义先进文化是马克思主义政党思想精神上的旗帜，文化建设是中国特色社会主义事业总体布局的重要组成部分。没有文化的积极引领，没有人民精神世界的极大丰富，没有全民族精神力量的充分发挥，一个国家、一个民族不可能屹立于世界民族之林。物质贫乏不是社会主义,精神空虚也不是社会主义。没有社会主义文化繁荣发展,就没有社会主义现代化。在新的历史起点上深化文化体制改革、推动社会主义文化大发展大繁荣,关系实现全面建设小康社会奋斗目标,关系坚持和发展中国特色社会主义,关系实现中华民族伟大复兴。我们要准确把握我国经济社会发展新要求,准确把握当今时代文化发展新趋势,准确把握各族人民精神文化生活新期待,增强责任感和紧迫感,解放思想,转变观念,抓住机遇,乘势而上,在全面建设小康社会进程中、在科学发展道路上奋力开创社会主义文化建设新局面。

二、坚持中国特色社会主义文化发展道路,努力建设社会主义文化强国

坚持中国特色社会主义文化发展道路,深化文化体制改革,推动社会主义文化大发展大繁荣,必须全面贯彻党的十七大精神,高举中国特色社会主义伟大旗帜,以马克思列宁主义、毛泽东思想、邓小平理论和“三个代表”重要思想为指导,深入贯彻落实科学发展观,坚持社会主义先进文化前进方向,以科学发展为主题,以建设社会主义核心价值体系为根本任务,以满足人民精神文化需求为出发点和落脚点,以改革创新为动力,发展面向现代化、面向世界、面向未来的,民族的科学的大众的社会主义文化,培养高度的文化自觉和文化自信,提高全民族文明素质,增强国家文化软实力,弘扬中华文化,努力建设社会主义文化强国。

建设社会主义文化强国,就是要着力推动社会主义先进文化更加深入人心,推动社会主义精神文明和物质文明全面发展,不断开创全民族文化创造活力持续迸发、社会文化生活更加丰富多彩、人民基本文化权益得到更好保障、人民思想道德素质和科学文化素质全面提高的新局面，建设中华民族共有精神家园，为人类文明进步作出更大贡献。

按照实现全面建设小康社会奋斗目标新要求，到2020年，文化改革发展奋斗目标是：社会主义核心价值体系建设深入推进，良好思想道德风尚进一步弘扬，公民素质明显提高；适应人民需要的文化产品更加丰富，精品力作不断涌现；文化事业全面繁荣，覆盖全社会的公共文化服务体系基本建立，努力实现基本公共文化服务均等化；文化产业成为国民经济支柱性产业，整体实力和国际竞争力显著增强，公有制为主体、多种所有制共同发展的文化产业格局全面形成；文化管理体制和文化产品生产经营机制充满活力、富有效率，以民族文化为主体、吸收外来有益文化、推动中华文化走向世界的文化开放格局进一步完善；高素质文化人才队伍发展壮大，文化繁荣发展的人才保障更加有力。全党全国要为实现这些目标共同努力，不断提高文化建设科学化水平，为把我国建设成为社会主义文化强国打下坚实基础。

实现上述奋斗目标，必须遵循以下重要方针：

——坚持以马克思主义为指导，推进马克思主义中国化时代化大众化，用中国特色社会主义理论体系武装头脑、指导实践、推动工作，确保文化改革发展沿着正确道路前进。

——坚持社会主义先进文化前进方向，坚持为人民服务、为社会主义服务，坚持百花齐放、百家争鸣，坚持继承和创新相统一，弘扬主旋律、提倡多样化，以科学的理论武装人，以正确的舆论引导人，以高尚的精神塑造人，以优秀的作品鼓舞人,在全社会形成积极向上的精神追求和健康文明的生活方式。

——坚持以人为本,贴近实际、贴近生活、贴近群众,发挥人民在文化建设中的主体作用,坚持文化发展为了人民、文化发展依靠人民、文化发展成果由人民共享,促进人的全面发展,培育有理想、有道德、有文化、有纪律的社会主义公民。

——坚持把社会效益放在首位,坚持社会效益和经济效益有机统一,遵循文化发展规律,适应社会主义市场经济发展要求,加强文化法制建设,一手抓繁荣、一手抓管理,推动文化事业和文化产业全面协调可持续发展。

——坚持改革开放,着力推进文化体制机制创新,以改革促发展、促繁荣,不断解放和发展文化生产力,提高文化开放水平,推动中华文化走向世界,积极吸收各国优秀文明成果,切实维护国家文化安全。

三、推进社会主义核心价值体系建设,巩固全党全国各族人民团结奋斗的共同思想道德基础

社会主义核心价值体系是兴国之魂,是社会主义先进文化的精髓,决定着中国特色社会主义发展方向。必须强化教育引导,增进社会共识,创新方式方法,健全制度保障,把社会主义核心价值体系融入国民教育、精神文明建设和党的建设全过程,贯穿改革开放和社会主义现代化建设各领域,体现到精神文化产品创作生产传播各方面,坚持用社会主义核心价值体系引领社会思潮,在全党全社会形成统一指导思想、共同理想信念、强大精神力量、基本道德规范。

(一)坚持马克思主义指导地位。马克思主义深刻揭示了人类社会发展规律,坚定维护和发展最广大人民根本利益，是指引人民推动社会进步、创造美好生活的科学理论。要毫不动摇地坚持马克思主义基本原理，紧密结合中国实际、时代特征、人民愿望，用发展着的马克思主义指导新的实践。坚持不懈用中国特色社会主义理论体系武装全党、教育人民，推动学习实践科学发展观向深度和广度拓展，引导党员、干部深入学习贯彻党的基本理论、基本路线、基本纲领、基本经验，学习马克思主义经典著作，系统掌握马克思主义立场、观点、方法。科学分析世情、国情、党情新变化，深入研究解决改革开放和社会主义现代化建设新课题，不断深化对共产党执政规律、社会主义建设规律、人类社会发展规律的认识，不断把党带领人民创造的成功经验上升为理论，不断赋予当代中国马克思主义鲜明的实践特色、民族特色、时代特色。坚持以领导班子和领导干部为重点，以提高思想政治素养为根本，以建设学习型党组织为抓手，大力推进马克思主义学习型政党建设。深入推进马克思主义理论研究和建设工程，实施中国特色社会主义理论体系普及计划，加强重点学科体系和教材体系建设，推动中国特色社会主义理论体系进教材、进课堂、进头脑，加强和改进学校思想政治教育。

(二)坚定中国特色社会主义共同理想。中国特色社会主义是当代中国发展进步的根本方向，集中体现了最广大人民根本利益和共同愿望。要深入开展理想信念教育，引导干部群众深刻认识中国共产党领导和中国特色社会主义制度的历史必然性和优越性，深刻认识中国特色社会主义道路既是实现社会主义现代化和中华民族伟大复兴的必由之路，也是创造人民美好生活的必由之路，自觉把个人理想融入中国特色社会主义共同理想之中，最大限度把广大人民团结和凝聚在中国特色社会主义伟大旗帜之下。紧密结合中国特色社会主义成功实践,联系干部群众思想实际,针对社会热点难点问题,从理论和实践结合上作出有说服力的回答,引导干部群众在重大思想理论问题上划清是非界限、澄清模糊认识,有力抵制各种错误和腐朽思想影响。深入开展形势政策教育、国情教育、革命传统教育、改革开放教育、国防教育,组织学习中国近现代史特别是党领导人民进行革命、建设、改革的历史,坚定广大干部群众对中国特色社会主义的信心和信念。

(三)弘扬以爱国主义为核心的民族精神和以改革创新为核心的时代精神。爱国主义是中华民族最深厚的思想传统,最能感召中华儿女团结奋斗;改革创新是当代中国最鲜明的时代特征,最能激励中华儿女锐意进取。要广泛开展民族精神教育,大力弘扬爱国主义、集体主义、社会主义思想,增强民族自尊心、自信心、自豪感,激励人民把爱国热情化作振兴中华的实际行动,以热爱祖国和贡献自己全部力量建设祖国为最大光荣、以损害祖国利益和尊严为最大耻辱。广泛开展时代精神教育,引导干部群众始终保持与时俱进、开拓创新的精神状态,永不自满、永不僵化、永不停滞,以思想不断解放推动事业持续发展。大力弘扬一切有利于国家富强、民族振兴、人民幸福、社会和谐的思想和精神,大力发扬艰苦奋斗、劳动光荣、勤俭节约的优良传统。加强民族团结进步教育,增进对伟大祖国和中华民族的认同,促进各民族共同团结奋斗、共同繁荣发展。加强爱国主义教育基地建设,用好红色旅游资源,使之成为弘扬培育民族精神和时代精神的重要课堂。

（四）树立和践行社会主义荣辱观。社会主义荣辱观体现了社会主义道德的根本要求。要深入开展社会主义荣辱观宣传教育，弘扬中华传统美德，推进公民道德建设工程，加强社会公德、职业道德、家庭美德、个人品德教育，评选表彰道德模范，学习宣传先进典型，引导人民增强道德判断力和道德荣誉感，自觉履行法定义务、社会责任、家庭责任，在全社会形成知荣辱、讲正气、作奉献、促和谐的良好风尚。深化群众性精神文明创建活动，广泛开展志愿服务，拓展各类道德实践活动，倡导爱国、敬业、诚信、友善等道德规范，形成男女平等、尊老爱幼、扶贫济困、扶弱助残、礼让宽容的人际关系。全面加强学校德育体系建设，构建学校、家庭、社会紧密协作的教育网络，动员社会各方面共同做好青少年思想道德教育工作。深入开展学雷锋活动，采取措施推动学习活动常态化。深化政风、行风建设，开展道德领域突出问题专项教育和治理，坚决反对拜金主义、享乐主义、极端个人主义，坚决纠正以权谋私、造假欺诈、见利忘义、损人利己的歪风邪气。把诚信建设摆在突出位置，大力推进政务诚信、商务诚信、社会诚信和司法公信建设，抓紧建立健全覆盖全社会的征信系统，加大对失信行为惩戒力度，在全社会广泛形成守信光荣、失信可耻的氛围。加强法制宣传教育，弘扬社会主义法治精神，树立社会主义法治理念，提高全民法律素质，推动人人学法遵法守法用法，维护法律权威和社会公平正义。加强人文关怀和心理疏导，培育自尊自信、理性平和、积极向上的社会心态。弘扬科学精神，普及科学知识，倡导移风易俗、抵制封建迷信。深入开展反腐倡廉教育，推进廉政文化建设。

四、全面贯彻“二为”方向和“双百”方针,为人民提供更好更多的精神食粮

创作生产更多无愧于历史、无愧于时代、无愧于人民的优秀作品,是文化繁荣发展的重要标志。必须全面贯彻为人民服务、为社会主义服务的方向和百花齐放、百家争鸣的方针,立足发展先进文化、建设和谐文化,激发文化创作生产活力,提高文化产品质量,发挥文化引领风尚、教育人民、服务社会、推动发展的作用。

(一)坚持正确创作方向。正确创作方向是文化创作生产的根本性问题,一切进步的文化创作生产都源于人民、为了人民、属于人民。必须牢固树立人民是历史创造者的观点,坚持以人民为中心的创作导向,热情讴歌改革开放和社会主义现代化建设伟大实践,生动展示我国人民奋发有为的精神风貌和创造历史的辉煌业绩。要引导文化工作者牢记为人民服务、为社会主义服务的神圣职责,坚持正确文化立场,认真对待和积极追求文化产品社会效果,弘扬真善美,贬斥假恶丑,把学术探索和艺术创作融入实现中华民族伟大复兴的事业之中。坚持发扬学术民主、艺术民主,营造积极健康、宽松和谐的氛围,提倡不同观点和学派充分讨论,提倡体裁、题材、形式、手段充分发展,推动观念、内容、风格、流派积极创新。把创新精神贯穿文化创作生产全过程,弘扬民族优秀文化传统和五四运动以来形成的革命文化传统,学习借鉴国外文化创新有益成果,兼收并蓄、博采众长,增强文化产品时代感和吸引力。

(二)繁荣发展哲学社会科学。坚持和发展中国特色社会主义,必须大力发展哲学社会科学,使之更好发挥认识世界、传承文明、创新理论、咨政育人、服务社会的重要功能。要巩固发展马克思主义理论学科，坚持基础研究和应用研究并重，传统学科和新兴学科、交叉学科并重，结合我国实际和时代特点，建设具有中国特色、中国风格、中国气派的哲学社会科学。坚持以重大现实问题为主攻方向，加强对全局性、战略性、前瞻性问题研究，加快哲学社会科学成果转化，更好地服务经济社会发展。实施哲学社会科学创新工程，发挥国家哲学社会科学基金示范引导作用，推进学科体系、学术观点、科研方法创新，重点扶持立足中国特色社会主义实践的研究项目，着力推出代表国家水准、具有世界影响、经得起实践和历史检验的优秀成果。整合哲学社会科学研究力量，建设一批社会科学研究基地和国家重点实验室，建设一批具有专业优势的思想库，加强哲学社会科学信息化建设。

（三）加强和改进新闻舆论工作。舆论导向正确是党和人民之福，舆论导向错误是党和人民之祸。要坚持马克思主义新闻观，牢牢把握正确导向，坚持团结稳定鼓劲、正面宣传为主，壮大主流舆论，提高舆论引导的及时性、权威性和公信力、影响力，发挥宣传党的主张、弘扬社会正气、通达社情民意、引导社会热点、疏导公众情绪、搞好舆论监督的重要作用，保障人民知情权、参与权、表达权、监督权。以党报党刊、通讯社、电台电视台为主，整合都市类媒体、网络媒体等宣传资源，构建统筹协调、责任明确、功能互补、覆盖广泛、富有效率的舆论引导格局。加强和改进正面宣传，加强社会主义核心价值体系宣传，加强舆情分析研判，加强社会热点难点问题引导，从群众关注点入手，科学解疑释惑，有效凝聚共识。做好重大突发事件新闻报道，完善新闻发布制度，健全应急报道和舆论引导机制，提高时效性，增加透明度。加强和改进舆论监督,推动解决党和政府高度重视、群众反映强烈的实际问题,维护人民利益,密切党群关系,促进社会和谐。新闻媒体和新闻工作者要秉持社会责任和职业道德,真实准确传播新闻信息,自觉抵制错误观点,坚决杜绝虚假新闻。

(四)推出更多优秀文艺作品。文学、戏剧、电影、电视、音乐、舞蹈、美术、摄影、书法、曲艺、杂技以及民间文艺、群众文艺等各领域文艺工作者都要积极投身到讴歌时代和人民的文艺创造活动之中,在社会生活中汲取素材、提炼主题,以充沛的激情、生动的笔触、优美的旋律、感人的形象,创作生产出思想性艺术性观赏性相统一、人民喜闻乐见的优秀文艺作品。实施精品战略,组织好"五个一工程"、重大革命和历史题材创作工程、重点文学艺术作品扶持工程、优秀少儿作品创作工程,鼓励原创和现实题材创作,不断推出文艺精品。扶持代表国家水准、具有民族特色和地方特色的优秀艺术品种,积极发展新的艺术样式。鼓励一切有利于陶冶情操、愉悦身心、寓教于乐的文艺创作,抵制低俗之风。

(五)发展健康向上的网络文化。加强网上思想文化阵地建设,是社会主义文化建设的迫切任务。要认真贯彻积极利用、科学发展、依法管理、确保安全的方针,加强和改进网络文化建设和管理,加强网上舆论引导,唱响网上思想文化主旋律。实施网络内容建设工程,推动优秀传统文化瑰宝和当代文化精品网络传播,制作适合互联网和手机等新兴媒体传播的精品佳作,鼓励网民创作格调健康的网络文化作品。支持重点新闻网站加快发展,打造一批在国内外有较强影响力的综合性网站和特色网站,发挥主要商业网站建设性作用,培育一批网络内容生产和服务骨干企业。发展网络新技术新业态，占领网络信息传播制高点。广泛开展文明网站创建，推动文明办网、文明上网，督促网络运营服务企业履行法律义务和社会责任，不为有害信息提供传播渠道。加强网络法制建设，加快形成法律规范、行政监管、行业自律、技术保障、公众监督、社会教育相结合的互联网管理体系。加强对社交网络和即时通信工具等的引导和管理，规范网上信息传播秩序，培育文明理性的网络环境。依法惩处传播有害信息行为，深入推进整治网络淫秽色情和低俗信息专项行动，严厉打击网络违法犯罪。加大网上个人信息保护力度，建立网络安全评估机制，维护公共利益和国家信息安全。

（六）完善文化产品评价体系和激励机制。坚持把遵循社会主义先进文化前进方向、人民群众满意作为评价作品最高标准，把群众评价、专家评价和市场检验统一起来，形成科学的评价标准。要建立公开、公平、公正评奖机制，精简评奖种类，改进评奖办法，提高权威性和公信度。加强文艺理论建设，培养高素质文艺评论队伍，开展积极健康的文艺批评，褒优贬劣，激浊扬清。加大优秀文化产品推广力度，运用主流媒体、公共文化场所等资源，在资金、频道、版面、场地等方面为展演展映展播展览弘扬主流价值的精品力作提供条件。设立专项艺术基金，支持收藏和推介优秀文化作品。加大知识产权保护力度，依法惩处侵权行为，维护著作权人合法权益。

五、大力发展公益性文化事业，保障人民基本文化权益

满足人民基本文化需求是社会主义文化建设的基本任务。必须坚持政府主导，按照公益性、基本性、均等性、便利性的要求,加强文化基础设施建设,完善公共文化服务网络,让群众广泛享有免费或优惠的基本公共文化服务。

(一)构建公共文化服务体系。加强公共文化服务是实现人民基本文化权益的主要途径。要以公共财政为支撑,以公益性文化单位为骨干,以全体人民为服务对象,以保障人民群众看电视、听广播、读书看报、进行公共文化鉴赏、参与公共文化活动等基本文化权益为主要内容,完善覆盖城乡、结构合理、功能健全、实用高效的公共文化服务体系。把主要公共文化产品和服务项目、公益性文化活动纳入公共财政经常性支出预算。采取政府采购、项目补贴、定向资助、贷款贴息、税收减免等政策措施鼓励各类文化企业参与公共文化服务。鼓励国家投资、资助或拥有版权的文化产品无偿用于公共文化服务。加强文化馆、博物馆、图书馆、美术馆、科技馆、纪念馆、工人文化宫、青少年宫等公共文化服务设施和爱国主义教育示范基地建设并完善向社会免费开放服务,鼓励其他国有文化单位、教育机构等开展公益性文化活动,各类公共场所要为群众性文化活动提供便利。统筹规划和建设基层公共文化服务设施,坚持项目建设和运行管理并重,实现资源整合、共建共享。加强社区公共文化设施建设,把社区文化中心建设纳入城乡规划和设计,拓展投资渠道。完善面向妇女、未成年人、老年人、残疾人的公共文化服务设施。引导和鼓励社会力量通过兴办实体、资助项目、赞助活动、提供设施等形式参与公共文化服务。推进国家公共文化服务体系示范区创建。制定公共文化服务指标体系和绩效考核办法。

(二)发展现代传播体系。提高社会主义先进文化辐射力和影响力，必须加快构建技术先进、传输快捷、覆盖广泛的现代传播体系。要加强党报党刊、通讯社、电台电视台和重要出版社建设，进一步完善采编、发行、播发系统，加快数字化转型，扩大有效覆盖面。加强国际传播能力建设，打造国际一流媒体，提高新闻信息原创率、首发率、落地率。建立统一联动、安全可靠的国家应急广播体系。完善国家数字图书馆建设。整合有线电视网络，组建国家级广播电视网络公司。推进电信网、广电网、互联网三网融合，建设国家新媒体集成播控平台，创新业务形态，发挥各类信息网络设施的文化传播作用，实现互联互通、有序运行。

（三）建设优秀传统文化传承体系。优秀传统文化凝聚着中华民族自强不息的精神追求和历久弥新的精神财富，是发展社会主义先进文化的深厚基础，是建设中华民族共有精神家园的重要支撑。要全面认识祖国传统文化，取其精华、去其糟粕，古为今用、推陈出新，坚持保护利用、普及弘扬并重，加强对优秀传统文化思想价值的挖掘和阐发，维护民族文化基本元素，使优秀传统文化成为新时代鼓舞人民前进的精神力量。加强文化典籍整理和出版工作，推进文化典籍资源数字化。加强国家重大文化和自然遗产地、重点文物保护单位、历史文化名城名镇名村保护建设，抓好非物质文化遗产保护传承。深入挖掘民族传统节日文化内涵，广泛开展优秀传统文化教育普及活动。发挥国民教育在文化传承创新中的基础性作用，增加优秀传统文化课程内容，加强优秀传统文化教学研究基地建设。大力推广和规范使用国家通用语言文字，科学保护各民族语言文字。繁荣发展少数民族文化事业，开展少数民族特色文化保护工作，加强少数民族语言文字党报党刊、广播影视节目、出版物等译制播出出版。加强同香港、澳门的文化交流合作,加强同台湾的各种形式文化交流,共同弘扬中华优秀传统文化。

(四)加快城乡文化一体化发展。增加农村文化服务总量,缩小城乡文化发展差距,对推进社会主义新农村建设、形成城乡经济社会发展一体化新格局具有重大意义。要以农村和中西部地区为重点,加强县级文化馆和图书馆、乡镇综合文化站、村文化室建设,深入实施广播电视村村通、文化信息资源共享、农村电影放映、农家书屋等文化惠民工程,扩大覆盖、消除盲点、提高标准、完善服务、改进管理。加大对革命老区、民族地区、边疆地区、贫困地区文化服务网络建设支持和帮扶力度。深入开展全民阅读、全民健身活动,推动文化科技卫生“三下乡”、科教文体法律卫生“四进社区”、“送欢乐下基层”等活动经常化。引导企业、社区积极开展面向农民工的公益性文化活动,尽快把农民工纳入城市公共文化服务体系。建立以城带乡联动机制,合理配置城乡文化资源,鼓励城市对农村进行文化帮扶,把支持农村文化建设作为创建文明城市基本指标。鼓励文化单位面向农村提供流动服务、网点服务,推动媒体办好农村版和农村频率频道,做好主要党报党刊在农村基层发行和赠阅工作。扶持文化企业以连锁方式加强基层和农村文化网点建设,推动电影院线、演出院线向市县延伸,支持演艺团体深入基层和农村演出。中央、省、市三级设立农村文化建设专项资金,保证一定数量的中央转移支付资金用于乡镇和村文化建设。

六、加快发展文化产业，推动文化产业成为国民经济支柱性产业

发展文化产业是社会主义市场经济条件下满足人民多样化精神文化需求的重要途径。必须坚持社会主义先进文化前进方向，坚持把社会效益放在首位、社会效益和经济效益相统一，按照全面协调可持续的要求，推动文化产业跨越式发展，使之成为新的经济增长点、经济结构战略性调整的重要支点、转变经济发展方式的重要着力点，为推动科学发展提供重要支撑。

（一）构建现代文化产业体系。加快发展文化产业，必须构建结构合理、门类齐全、科技含量高、富有创意、竞争力强的现代文化产业体系。要在重点领域实施一批重大项目，推进文化产业结构调整，发展壮大出版发行、影视制作、印刷、广告、演艺、娱乐、会展等传统文化产业，加快发展文化创意、数字出版、移动多媒体、动漫游戏等新兴文化产业。鼓励有实力的文化企业跨地区、跨行业、跨所有制兼并重组，培育文化产业领域战略投资者。优化文化产业布局，发挥东中西部地区各自优势，加强文化产业基地规划和建设，发展文化产业集群，提高文化产业规模化、集约化、专业化水平。加大对拥有自主知识产权、弘扬民族优秀文化的产业支持力度，打造知名品牌。发掘城市文化资源，发展特色文化产业，建设特色文化城市。发挥首都全国文化中心示范作用。规划建设各具特色的文化创业创意园区，支持中小文化企业发展。推动文化产业与旅游、体育、信息、物流、建筑等产业融合发展，增加相关产业文化含量，延伸文化产业链，提高附加值。

（二）形成公有制为主体、多种所有制共同发展的文

化产业格局。加快发展文化产业,必须毫不动摇地支持和壮大国有或国有控股文化企业,毫不动摇地鼓励和引导各种非公有制文化企业健康发展。要培育一批核心竞争力强的国有或国有控股大型文化企业或企业集团,在发展产业和繁荣市场方面发挥主导作用。在国家许可范围内,引导社会资本以多种形式投资文化产业,参与国有经营性文化单位转企改制,参与重大文化产业项目实施和文化产业园区建设,在投资核准、信用贷款、土地使用、税收优惠、上市融资、发行债券、对外贸易和申请专项资金等方面给予支持,营造公平参与市场竞争、同等受到法律保护的体制和法制环境。加强和改进对非公有制文化企业的服务和管理,引导他们自觉履行社会责任。

(三)推进文化科技创新。科技创新是文化发展的重要引擎。要发挥文化和科技相互促进的作用,深入实施科技带动战略,增强自主创新能力。抓住一批全局性、战略性重大科技课题,加强核心技术、关键技术、共性技术攻关,以先进技术支撑文化装备、软件、系统研制和自主发展,重视相关技术标准制定,加快科技创新成果转化,提高我国出版、印刷、传媒、影视、演艺、网络、动漫等领域技术装备水平,增强文化产业核心竞争力。依托国家高新技术园区、国家可持续发展实验区等建立国家级文化和科技融合示范基地,把重大文化科技项目纳入国家相关科技发展规划和计划。健全以企业为主体、市场为导向、产学研相结合的文化技术创新体系,培育一批特色鲜明、创新能力强的文化科技企业,支持产学研战略联盟和公共服务平台建设。

(四)扩大文化消费。增加文化消费总量,提高文化消费水平,是文化产业发展的内生动力。要创新商业模式，拓展大众文化消费市场，开发特色文化消费，扩大文化服务消费，提供个性化、分众化的文化产品和服务，培育新的文化消费增长点。提高基层文化消费水平，引导文化企业投资兴建更多适合群众需求的文化消费场所，鼓励出版适应群众购买能力的图书报刊，鼓励在商业演出和电影放映中安排一定数量的低价场次或门票，鼓励网络文化运营商开发更多低收费业务，有条件的地方要为困难群众和农民工文化消费提供适当补贴。积极发展文化旅游，促进非物质文化遗产保护传承与旅游相结合，发挥旅游对文化消费的促进作用。

七、进一步深化改革开放，加快构建有利于文化繁荣发展的体制机制

文化引领时代风气之先，是最需要创新的领域。必须牢牢把握正确方向，加快推进文化体制改革，建立健全党委领导、政府管理、行业自律、社会监督、企事业单位依法运营的文化管理体制和富有活力的文化产品生产经营机制，发挥市场在文化资源配置中的积极作用，创新文化走出去模式，为文化繁荣发展提供强大动力。

（一）深化国有文化单位改革。以建立现代企业制度为重点，加快推进经营性文化单位改革，培育合格市场主体。科学界定文化单位性质和功能，区别对待、分类指导，循序渐进、逐步推开，推进一般国有文艺院团、非时政类报刊社、新闻网站转企改制，拓展出版、发行、影视企业改革成果，加快公司制股份制改造，完善法人治理结构，形成符合现代企业制度要求、体现文化企业特点的资产组织形式和经营管理模式。创新投融资体制，支持国有文化企业面向资本市场融资，支持其吸引社会资本进行股份制改造。着眼于突出公益属性、强化服务功能、增强发展活力，全面推进文化事业单位人事、收入分配、社会保障制度改革，明确服务规范，加强绩效评估考核。创新公共文化服务设施运行机制，吸纳有代表性的社会人士、专业人士、基层群众参与管理。推动党报党刊、电台电视台进一步完善管理和运行机制。推动一般时政类报刊社、公益性出版社、代表民族特色和国家水准的文艺院团等事业单位实行企业化管理，增强面向市场、面向群众提供服务能力。

(二)健全现代文化市场体系。促进文化产品和要素在全国范围内合理流动，必须构建统一开放竞争有序的现代文化市场体系。要重点发展图书报刊、电子音像制品、演出娱乐、影视剧、动漫游戏等产品市场，进一步完善中国国际文化产业博览交易会等综合交易平台。发展连锁经营、物流配送、电子商务等现代流通组织和流通形式，加快建设大型文化流通企业和文化产品物流基地，构建以大城市为中心、中小城市相配套、贯通城乡的文化产品流通网络。加快培育产权、版权、技术、信息等要素市场，办好重点文化产权交易所，规范文化资产和艺术品交易。加强行业组织建设，健全中介机构。

(三)创新文化管理体制。深化文化行政管理体制改革，加快政府职能转变，强化政策调节、市场监管、社会管理、公共服务职能，推动政企分开、政事分开，理顺政府和文化企事业单位关系。完善管人管事管资产管导向相结合的国有文化资产管理体制。健全文化市场综合行政执法机构，推动副省级以下城市完善综合文化行政责任主体。加快文化立法，制定和完善公共文化服务保障、文化产业振兴、文化市场管理等方面法律法规，提高文化建设法制化水平。坚持主管主办制度，落实谁主管谁负责和属地管理原则，严格执行文化资本、文化企业、文化产品市场准入和退出政策，综合运用法律、行政、经济、科技等手段提高管理效能。深入开展“扫黄打非”，完善文化市场管理，坚决扫除毒害人们心灵的腐朽文化垃圾，切实营造确保国家文化安全的市场秩序。

（四）完善政策保障机制。保证公共财政对文化建设投入的增长幅度高于财政经常性收入增长幅度，提高文化支出占财政支出比例。扩大公共财政覆盖范围，完善投入方式，加强资金管理，提高资金使用效益，保障公共文化服务体系建设和运行。落实和完善文化经济政策，支持社会组织、机构、个人捐赠和兴办公益性文化事业，引导文化非营利机构提供公共文化产品和服务。加大财政、税收、金融、用地等方面对文化产业的政策扶持力度，鼓励文化企业和社会资本对接，对文化内容创意生产、非物质文化遗产项目经营实行税收优惠。设立国家文化发展基金，扩大有关文化基金和专项资金规模，提高各级彩票公益金用于文化事业比重。继续执行文化体制改革配套政策，对转企改制国有文化单位扶持政策执行期限再延长五年。

（五）推动中华文化走向世界。开展多渠道多形式多层次对外文化交流，广泛参与世界文明对话，促进文化相互借鉴，增强中华文化在世界上的感召力和影响力，共同维护文化多样性。创新对外宣传方式方法，增强国际话语权，妥善回应外部关切，增进国际社会对我国基本国情、价值观念、发展道路、内外政策的了解和认识，展现我国文明、民主、开放、进步的形象。实施文化走出去工程，完善支持文化产品和服务走出去政策措施，支持重点主流媒体在海外设立分支机构，培育一批具有国际竞争力的外向型文化企业和中介机构,完善译制、推介、咨询等方面扶持机制,开拓国际文化市场。加强海外中国文化中心和孔子学院建设,鼓励代表国家水平的各类学术团体、艺术机构在相应国际组织中发挥建设性作用,组织对外翻译优秀学术成果和文化精品。构建人文交流机制,把政府交流和民间交流结合起来,发挥非公有制文化企业、文化非营利机构在对外文化交流中的作用,支持海外侨胞积极开展中外人文交流。建立面向外国青年的文化交流机制,设立中华文化国际传播贡献奖和国际性文化奖项。

(六)积极吸收借鉴国外优秀文化成果。坚持以我为主、为我所用,学习借鉴一切有利于加强我国社会主义文化建设的有益经验、一切有利于丰富我国人民文化生活的积极成果、一切有利于发展我国文化事业和文化产业的经营管理理念和机制。加强文化领域智力、人才、技术引进工作。吸收外资进入法律法规许可的文化产业领域,保障投资者合法权益。鼓励文化单位同国外有实力的文化机构进行项目合作,学习先进制作技术和管理经验。鼓励外资企业在华进行文化科技研发,发展服务外包。开展知识产权保护国际合作。

八、建设宏大文化人才队伍,为社会主义文化大发展大繁荣提供有力人才支撑

推动社会主义文化大发展大繁荣,队伍是基础,人才是关键。要坚持尊重劳动、尊重知识、尊重人才、尊重创造,深入实施人才强国战略,牢固树立人才是第一资源思想,全面贯彻党管人才原则,加快培养造就德才兼备、锐意创新、结构合理、规模宏大的文化人才队伍。

(一)造就高层次领军人物和高素质文化人才队伍。

高层次领军人物和专业文化工作者是社会主义文化建设的中坚力量。要继续实施“四个一批”人才培养工程和文化名家工程，建立重大文化项目首席专家制度，造就一批人民喜爱、有国际影响的名家大师和民族文化代表人物。加强专业文化工作队伍、文化企业家队伍建设，扶持资助优秀中青年文化人才主持重大课题、领衔重点项目，抓紧培养善于开拓文化新领域的拔尖创新人才、掌握现代传媒技术的专门人才、懂经营善管理的复合型人才、适应文化走出去需要的国际化人才。创新人才培养模式，实施高端紧缺文化人才培养计划，搭建文化人才终身学习平台。鼓励和扶持高等学校和中等职业学校优化专业结构，与文化企事业单位共建培养基地。完善人才培养开发、评价发现、选拔任用、流动配置、激励保障机制，深化职称评审改革，为优秀人才脱颖而出、施展才干创造有利制度环境。重视发现和培养社会文化人才。对非公有制文化单位人员评定职称、参与培训、申报项目、表彰奖励同等对待。完善相关政策措施，多渠道吸引海外优秀文化人才。落实国家荣誉制度，抓紧设立国家级文化荣誉称号，表彰奖励成就卓著的文化工作者。

（二）加强基层文化人才队伍建设。基层文化人才队伍是文化改革发展的基础力量。要制定实施基层文化人才队伍建设规划，完善机构编制、学习培训、待遇保障等方面的政策措施，吸引优秀文化人才服务基层。配好配齐乡镇、街道党委宣传委员、宣传干事和乡镇综合文化站专职人员。设立城乡社区公共文化服务岗位，对服务期满高校毕业生报考文化部门公务员、相关专业研究生实行定向招录。重视发现和培养扎根基层的乡土文化能人、民族民间文化传承人特别是非物质文化遗产项目代表性传承人,鼓励和扶持群众中涌现出的各类文化人才和文化活动积极分子,促进他们健康成长、发挥作用。壮大文化志愿者队伍,鼓励专业文化工作者和社会各界人士参与基层文化建设和群众文化活动,形成专兼结合的基层文化工作队伍。

(三)**加强职业道德建设和作风建设。**文化工作者要成为优秀文化的生产者和传播者,必须加强自身修养,做道德品行和人格操守的示范者。要引导广大文化工作者特别是名家名人自觉践行社会主义核心价值体系,增强社会责任感,弘扬科学精神和职业道德,发扬严谨笃学、潜心钻研、淡泊名利、自尊自律的风尚,努力追求德艺双馨,坚决抵制学术不端、情趣低俗等不良风气。鼓励文化工作者特别是文化名家、中青年骨干深入实际、深入生活、深入群众,拜人民为师,增强国情了解,增加基层体验,增进群众感情。文化工作者要相互尊重、平等交流、取长补短,共同营造风清气正、和谐奋进的良好氛围。

九、加强和改进党对文化工作的领导,提高推进文化改革发展科学化水平

加强和改进党对文化工作的领导,是推进文化改革发展的根本保证,也是加强党的执政能力建设和先进性建设的内在要求。必须从战略和全局出发,把握文化发展规律,健全领导体制机制,改进工作方式方法,增强领导文化建设本领。

(一)**切实担负起推进文化改革发展的政治责任。**各级党委和政府要把文化建设摆在全局工作重要位置,深入研究意识形态和宣传文化工作新情况新特点,及时研究文化改革发展重大问题,加强和改进思想政治工作,牢牢把握意识形态工作主导权,掌握文化改革发展领导权。

把文化建设纳入经济社会发展总体规划，与经济社会发展一同研究部署、一同组织实施、一同督促检查。把文化改革发展成效纳入科学发展考核评价体系，作为衡量领导班子和领导干部工作业绩的重要依据。制定社会主义核心价值体系建设实施纲要。在全党深入开展社会主义核心价值体系学习教育，使广大党员、干部成为实践社会主义核心价值体系的模范，做共产主义远大理想和中国特色社会主义共同理想的坚定信仰者。深入做好文化领域知识分子工作，充分尊重知识分子创造性劳动，善于同知识分子特别是有影响的代表人士交朋友，把广大知识分子紧紧团结在党的周围。

（二）加强文化领域领导班子和党组织建设。坚持德才兼备、以德为先用人标准，选好配强文化领域各级领导班子，把政治立场坚定、思想理论水平高、熟悉文化工作、善于驾驭意识形态领域复杂局面的干部充实到领导岗位上来，把文化领域各级领导班子建设成为坚强领导集体。加强领导班子思想政治建设，增强政治敏锐性和政治鉴别力，筑牢思想防线，确保文化阵地导向正确。各级领导干部要高度重视并切实抓好文化工作，加强文化理论学习和文化问题研究，提高文化素养，努力成为领导文化建设的行家里手。把文化建设内容纳入干部培训计划和各级党校、行政学院、干部学院教学体系。结合文化单位特点加强和创新基层党的工作，发挥文化事业单位、国有和国有控股文化企业党组织的领导核心和政治核心作用，重视文化领域非公有制经济组织、新社会组织党的组织建设。注重在文化领域优秀人才、先进青年、业务骨干中发展党员。文化战线全体共产党员要牢固树立党的观念、党员意识，讲党性、重品行、作表率，在推进文化改革发展中创先争优、发挥先锋模范作用。

(三)健全共同推进文化建设工作机制。推动社会主义文化大发展大繁荣是全党全社会的共同责任。要建立健全党委统一领导、党政齐抓共管、宣传部门组织协调、有关部门分工负责、社会力量积极参与的工作体制和工作格局,形成文化建设强大合力。文化领域各部门各单位要自觉贯彻中央决策部署,落实文化改革发展目标任务,发挥文化建设主力军作用。支持人大、政协履行职能,调动各部门积极性,支持民主党派、无党派人士和人民团体发挥作用,共同推进文化改革发展。推动文联、作协、记协等文化领域人民团体创新管理体制、组织形式、活动方式,履行好联络协调服务职能,加强行业自律,依法维护文化工作者权益。全面贯彻党的宗教工作基本方针,发挥宗教界人士和信教群众在促进文化繁荣发展中的积极作用。

(四)发挥人民群众文化创造积极性。人民是推动社会主义文化大发展大繁荣最深厚的力量源泉。要牢固树立马克思主义群众观点,自觉贯彻党的群众路线,为广大群众成为社会主义文化建设者提供广阔舞台。广泛开展群众性文化活动,提高社区文化、村镇文化、企业文化、校园文化等建设水平,引导群众在文化建设中自我表现、自我教育、自我服务。积极搭建公益性文化活动平台,依托重大节庆和民族民间文化资源,组织开展群众乐于参与、便于参与的文化活动。支持群众依法兴办文化团体,精心培育植根群众、服务群众的文化载体和文化样式。及时总结来自群众、生动鲜活的文化创新经验,推广大众文化优秀成果,在全社会营造鼓励文化创造的良好氛围,让蕴藏于人民中的文化创造活力得到充分发挥。

中国人民解放军和中国人民武装警察部队文化建设工作，由中央军委根据本决定精神作出部署。

中华民族伟大复兴必然伴随着中华文化繁荣兴盛。全党要紧密团结在以胡锦涛同志为总书记的党中央周围，满怀信心带领全国各族人民在坚持和发展中国特色社会主义的伟大实践中进行文化创造，为把我国建设成为社会主义文化强国而努力奋斗！

这是中国共产党第十七届中央委员会第六次全体会议通过的《中共中央关于深化文化体制改革、推动社会主义文化大发展大繁荣若干重大问题的决定》。正文勾勒出建设社会主义文化强国的辉煌前景，并围绕建设社会主义文化强国和实现到2020年的奋斗目标，从社会主义核心价值体系建设、公共文化服务体系建设、文化产业、文化体制改革、文化队伍建设等方面提出了一系列具有针对性和可操作性的重大举措，标志着我国文化领域的改革与发展将进入一个新的历史阶段。第一部分为作出此决定的依据，说明文化体制问题已经引起全社会的普遍关注，接着决定事项部分作出一系列重要决定，提出具体执行要求，最后发出号召呼应开头。这一决定决策果断，部署得当，措施要求具体，便于执行，为社会主义文化大发展大繁荣，提供了行动方针和政策保障。

思考

1.决定的作用是什么？

2.决定有哪些写作要求？

第三节 命令(令)

命令(令)适用于公布行政法规和规章、宣布施行重大强制性措施、批准授予和晋升衔级、嘉奖有关单位和人员。

命令(令)作为一种指挥性公文,其发文机关有严格的限定。根据《中华人民共和国宪法》规定,国家主席、国务院及所属各部、委、县级以上地方各级人民政府,在法定权限内,可以发布命令(令)。其他机关和组织不得随意发布。

命令(令)按其内容,可具体划分为发布令、行政令、嘉奖令、惩戒令、特赦令、戒严令、动员令等。

命令(令)在写作格式上,包括标题、正文、落款三个部分。

命令(令)的标题,一般由发布机关名称、事由、文种构成。可以省略发布机关名称,只写事由和文种;也可以省略事由,由发布机关和文种构成。但不能只写文种作为标题。

命令(令)的正文,一般包括命令缘由和命令事项两个部分。命令缘由,要写明发布本命令的原因、理由和依据。命令事项,即命令正文主体,要写明要求下级机关或有关人员必须遵照执行的使命的具体内容。

命令(令)一般以机关主要领导人的名义签署发布,落款由发布机关主要领导人签字或盖章。发布日期标注于领导人签字的下方。

例文

中华人民共和国主席令

第三号

《中华人民共和国旅游法》已由中华人民共和国第十二届全国人民代表大会常务委员会第二次会议于2013年4月25日通过,现予公布,自2013年10月1日起施行。

中华人民共和国主席　习近平

2013年4月25日

这是颁布法律的命令，由国家主席签署发布。命令行文严肃庄重，措辞简明准确。《中华人民共和国旅游法》的颁布，是中国旅游业发展史上的里程碑，是改革开放和科学发展的结晶，是实现旅游业发展“国民经济战略性支柱产业和人民群众更加满意的现代服务业”两大战略目标的制度基石，是维护旅游者和旅游经营者权益、规范旅游市场的法律保证，标志着中国旅游业进入了全面依法兴旅、依法治旅的新阶段。

思考

1. 命令（令）的作用是什么？

2. 命令（令）的写作要求是什么？

第三章　公报、公告、通告

第一节　公　报

公报适用于公布重要决定或者重大事项。

公报按其内容可分为三类：党的重要会议就会议情况和重要决策事项公开发布的会议公报；党政领导机关或授权新闻单位就某些重大事件、重要情况发布的新闻公报；政府统计部门公布某一时期国民经济和社会发展基本情况和主要数据的统计公报。

公报的写作格式一般由标题、题注、正文三部分组成。

公报的标题由发文机关加事由或会议名称和文种组成。

在标题正下方，括号内写明会议通过和发布公报的日期。

公报正文涉及重要决定和重大决策，有着很强的庄严性，一经发布，即在国内外引起强烈反响。如会议公报的正文，包括会议概况、议决事项及主要精神、意义、号召和希望。

例文

中国共产党第十七届中央委员会第六次全体会议公报

（2011 年 10 月 18 日中国共产党第十七届中央委员会第六次全体会议通过）

中国共产党第十七届中央委员会第六次全体会议，于 2011 年 10 月 15 日至 18 日在北京举行。

出席这次全会的有，中央委员202人，候补中央委员163人。中央纪律检查委员会常务委员会委员和有关方面负责同志列席了会议。党的十七大代表中部分基层文化工作者和从事文化研究的专家学者也列席了会议。

全会由中央政治局主持。中央委员会总书记胡锦涛作了重要讲话。

全会听取和讨论了胡锦涛受中央政治局委托作的工作报告，审议通过了《中共中央关于深化文化体制改革、推动社会主义文化大发展大繁荣若干重大问题的决定》。李长春就《决定(讨论稿)》向全会作了说明。

全会充分肯定党的十七届五中全会以来中央政治局的工作。一致认为，面对风云变幻的国际形势和艰巨繁重的国内改革发展稳定任务，中央政治局全面贯彻党的十七大和十七届三中、四中、五中全会精神，高举中国特色社会主义伟大旗帜，以邓小平理论和“三个代表”重要思想为指导，深入贯彻落实科学发展观，团结带领全党全军全国各族人民，隆重庆祝中国共产党成立90周年，制定实施“十二五”规划纲要，着力稳物价、调结构、保民生、促和谐，推动国民经济继续朝着宏观调控的预期方向发展，全面推进社会主义经济建设、政治建设、文化建设、社会建设以及生态文明建设，全面推进党的建设新的伟大工程，各项工作取得新进展，为实现“十二五”时期良好开局打下了坚实基础。

全会研究了深化文化体制改革、推动社会主义文化大发展大繁荣若干重大问题，认为总结我国文化改革发展的丰富实践和宝贵经验，研究部署深化文化体制改革、推动社会主义文化大发展大繁荣，进一步兴起社会主义文化建设新高潮，对夺取全面建设小康社会新胜利、开创中国特色社会主义事业新局面、实现中华民族伟大复兴具有重大而深远的意义。

全会指出,中国共产党从成立之日起,就既是中华优秀传统文化的忠实传承者和弘扬者,又是中国先进文化的积极倡导者和发展者。我们党历来高度重视运用文化引领前进方向、凝聚奋斗力量,团结带领全国各族人民不断以思想文化新觉醒、理论创造新成果、文化建设新成就推动党和人民事业向前发展,文化工作在革命、建设、改革各个历史时期都发挥了不可替代的重大作用。

全会指出,改革开放特别是党的十六大以来,我们党始终把文化建设放在党和国家全局工作重要战略地位,坚持物质文明和精神文明两手抓,实行依法治国和以德治国相结合,促进文化事业和文化产业同发展,推动文化建设不断取得新成就,走出了中国特色社会主义文化发展道路。我国文化改革发展,显著提高了全民族思想道德素质和科学文化素质、促进了人的全面发展,显著增强了国家文化软实力,为坚持和发展中国特色社会主义提供了强大精神力量。

全会指出,当今世界正处在大发展大变革大调整时期,文化在综合国力竞争中的地位和作用更加凸显,维护国家文化安全任务更加艰巨,增强国家文化软实力、中华文化国际影响力要求更加紧迫。当代中国进入了全面建设小康社会的关键时期和深化改革开放、加快转变经济发展方式的攻坚时期,文化越来越成为民族凝聚力和创造力的重要源泉、越来越成为综合国力竞争的重要因素、越来越成为经济社会发展的重要支撑,丰富精神文化生活越来越成为我国人民的热切愿望。全面建成惠及十几亿人口的更高水平的小康社会,既要让人民过上殷实富足的物质生活，又要让人民享有健康丰富的文化生活。我们必须抓住和用好我国发展的重要战略机遇期，在坚持以经济建设为中心的同时，自觉把文化繁荣发展作为坚持发展是硬道理、发展是党执政兴国第一要务的重要内容，作为深入贯彻落实科学发展观的一个基本要求，进一步推动文化建设与经济建设、政治建设、社会建设以及生态文明建设协调发展，为继续解放思想、坚持改革开放、推动科学发展、促进社会和谐提供坚强思想保证、强大精神动力、有力舆论支持、良好文化条件。

全会强调，坚持中国特色社会主义文化发展道路，深化文化体制改革，推动社会主义文化大发展大繁荣，必须全面贯彻党的十七大精神，高举中国特色社会主义伟大旗帜，以马克思列宁主义、毛泽东思想、邓小平理论和"三个代表"重要思想为指导，深入贯彻落实科学发展观，坚持社会主义先进文化前进方向，以科学发展为主题，以建设社会主义核心价值体系为根本任务，以满足人民精神文化需求为出发点和落脚点，以改革创新为动力，发展面向现代化、面向世界、面向未来的，民族的科学的大众的社会主义文化，培养高度的文化自觉和文化自信，提高全民族文明素质，增强国家文化软实力，弘扬中华文化，努力建设社会主义文化强国。

全会认为，建设社会主义文化强国，就是要着力推动社会主义先进文化更加深入人心，推动社会主义精神文明和物质文明全面发展，不断开创全民族文化创造活力持续迸发、社会文化生活更加丰富多彩、人民基本文化权益得到更好保障、人民思想道德素质和科学文化素质全面提高的新局面，建设中华民族共有精神家园，为人类文明进步作出更大贡献。

全会按照实现全面建设小康社会奋斗目标新要求，提出了到2020年文化改革发展奋斗目标，号召全党全国为实现这个目标共同努力，不断提高文化建设科学化水平，为把我国建设成为社会主义文化强国打下坚实基础。

全会对推进文化改革发展作出了部署，强调要推进社会主义核心价值体系建设、巩固全党全国各族人民团结奋斗的共同思想道德基础，全面贯彻“二为”方向和“双百”方针、为人民提供更好更多的精神食粮，大力发展公益性文化事业、保障人民基本文化权益，加快发展文化产业、推动文化产业成为国民经济支柱性产业，进一步深化改革开放、加快构建有利于文化繁荣发展的体制机制，建设宏大文化人才队伍、为社会主义文化大发展大繁荣提供有力人才支撑。

全会提出，社会主义核心价值体系是兴国之魂，是社会主义先进文化的精髓，决定着中国特色社会主义发展方向。必须把社会主义核心价值体系融入国民教育、精神文明建设和党的建设全过程，贯穿改革开放和社会主义现代化建设各领域，体现到精神文化产品创作生产传播各方面，坚持用社会主义核心价值体系引领社会思潮，在全党全社会形成统一指导思想、共同理想信念、强大精神力量、基本道德规范。要坚持马克思主义指导地位，坚定中国特色社会主义共同理想，弘扬以爱国主义为核心的民族精神和以改革创新为核心的时代精神，树立和践行社会主义荣辱观。

全会提出，创作生产更多无愧于历史、无愧于时代、无愧于人民的优秀作品，是文化繁荣发展的重要标志。必须全面贯彻为人民服务、为社会主义服务的方向和百花齐放、百家争鸣的方针，立足发展先进文化、建设和谐文化，激发文化创作生产活力，提高文化产品质量，发挥文化引领风尚、教育人民、服务社会、推动发展的作用。要坚持正确创作方向，繁荣发展哲学社会科学，加强和改进新闻舆论工作，推出更多优秀文艺作品，发展健康向上的网络文化，完善文化产品评价体系和激励机制。

全会提出，满足人民基本文化需求是社会主义文化建设的基本任务。必须坚持政府主导，加强文化基础设施建设，完善公共文化服务网络，让群众广泛享有免费或优惠的基本公共文化服务。要构建公共文化服务体系，发展现代传播体系，建设优秀传统文化传承体系，加快城乡文化一体化发展。

全会提出，发展文化产业是社会主义市场经济条件下满足人民多样化精神文化需求的重要途径。必须坚持把社会效益放在首位、社会效益和经济效益相统一，推动文化产业跨越式发展，为推动科学发展提供重要支撑。要构建现代文化产业体系，形成公有制为主体、多种所有制共同发展的文化产业格局，推进文化科技创新，扩大文化消费。

全会提出，文化引领时代风气之先，是最需要创新的领域。必须牢牢把握正确方向，加快推进文化体制改革，发挥市场在文化资源配置中的积极作用，创新文化走出去模式，为文化繁荣发展提供强大动力。要深化国有文化单位改革，健全现代文化市场体系，创新文化管理体制，完善政策保障机制，推动中华文化走向世界，积极吸收借鉴国外优秀文化成果。

全会提出，推动社会主义文化大发展大繁荣，队伍是基础，人才是关键。要深入实施人才强国战略，牢固树立人才是第一资源思想，全面贯彻党管人才原则，加快培养造就德才兼备、锐意创新、结构合理、规模宏大的文化人才队伍。要造就高层次领军人物和高素质文化人才队伍,加强基层文化人才队伍建设,加强职业道德建设和作风建设。

全会强调,要加强和改进党对文化工作的领导。各级党委和政府要切实担负起推进文化改革发展的政治责任,把文化建设摆在全局工作重要位置、纳入经济社会发展总体规划,把文化改革发展成效纳入科学发展考核评价体系。要加强文化领域领导班子和党组织建设,发挥文化战线全体共产党员在推进文化改革发展中的先锋模范作用。要发挥人民群众文化创造积极性,在全社会营造鼓励文化创造的良好氛围,让蕴藏于人民中的文化创造活力得到充分发挥。

全会全面分析了当前形势和任务,强调必须增强忧患意识和风险意识,科学判断国际国内形势,全面把握改革发展稳定大局,保持经济平稳较快发展,加大保障和改善民生工作力度,加强和创新社会管理,维护社会和谐稳定,全面推进党的建设各项工作,着力解决经济社会发展中的突出矛盾和问题,有效防范各种潜在风险,努力实现经济社会发展预期目标。

全会审议并通过了《关于召开党的第十八次全国代表大会的决议》,决定党的十八大于2012年下半年在北京召开。这次大会,是我们党在全面建设小康社会的关键时期和深化改革开放、加快转变经济发展方式的攻坚时期召开的一次十分重要的会议,对我们党团结带领全国各族人民继续全面建设小康社会、加快推进社会主义现代化、开创中国特色社会主义事业新局面具有重大而深远的意义。党的各级组织和全体共产党员要团结带领全国各族人民继续解放思想、坚持改革开放、推动科学发展、促进社会和谐，以优异成绩迎接中国共产党第十八次全国代表大会召开。

全会号召，全党要紧密团结在以胡锦涛同志为总书记的党中央周围，满怀信心带领全国各族人民在坚持和发展中国特色社会主义的伟大实践中进行文化创造，为把我国建设成为社会主义文化强国而努力奋斗！

中国共产党的十七届六中全会从中国特色社会主义事业总体布局的高度，专门研究部署了文化体制改革与社会主义文化大发展问题，审议通过了《中共中央关于深化文化体制改革、推动社会主义文化大发展大繁荣若干重大问题的决定》。公报把会议的时间、地点、到会的人员、讨论的议题、决议的事项、会议的意义等一一交代清楚，行文简洁；其中把重点放在对会议基本观点的陈述上，主次分明，重点突出，用词准确庄重。公报强调要坚持中国特色社会主义文化发展道路，努力建设社会主义文化强国，这对于动员全党全国各族人民在党的领导下，推动各项事业不断发展，夺取全面建设小康社会新胜利，开创中国特色社会主义事业新局面，实现中华民族伟大复兴，具有重大的现实意义和深远的历史意义。

思考

公报有何写作要求？

第二节　公告、通告

一、公告

公告适用于向国内外宣布重要事项或者法定事项。

公告属于公开发布的下行文，主要用于公布国家重大事项，通常在报纸、广播、电视、网络等媒体上发布。在公开发布的公文中，公告公布的范围最为广泛,它可以在世界范围内予以公布。

公告在写作时,分为标题、正文两部分。

公告的标题,一般由发文机关名称和文种两部分构成。也有的公告由发文机关名称、事由和文种三部分构成。

公告的标题下面,一般都有题注,即在括号内注明公告发布的时间。也有的公告没有题注,而将公告发布的时间注在落款下。

公告的正文,一般由公告缘由、公告事项、公告结语三部分内容构成。

公告缘由,即公告依据,要写明发布公告的法律或政策依据,即根据什么法律或重要会议决定发布本公告的。

公告事项,这是公告的主体,要写明公告的具体内容,文字要简明、准确。如果事项内容较多,可采取分条列项的形式。

公告结语根据需要而定。如需要,结语部分常用惯用语"特此公告"、"现予公告";如不需要,也可不写结语。

例文

中华人民共和国审计署审计结果公告2013年第2号 (总第144号)

1185个县农村中小学布局调整情况专项审计调查结果

(2013年5月3日公告)

2012年5月至8月,审计署组织对27个省(自治区、直辖市,以下统称省)所辖的1185个县(市、旗,以下统称县)2006年以来义务教育阶段农村中小学布局调整情况进行了审计调查,重点调查了25127所学校(其中,初中、小学分别为6910所和18217所,寄宿制、非寄宿制学校各有12533所和12594所)、涉及在校学生1705.28万人，分别占这些县学校总数、在校学生总数的13%和25%，实地走访走读、寄宿、辍学等学生81.99万人。审计调查结果征求了地方政府及教育部的意见，并采纳了其合理意见。现将审计调查结果公告如下：

一、基本情况

为推进基础教育健康发展，国务院2001年颁布的《关于基础教育改革与发展的决定》提出，要因地制宜调整农村义务教育学校布局，明确由县级人民政府对本地农村义务教育负主要责任，抓好中小学的规划、布局调整、建设和管理；针对布局调整工作中出现的问题，教育部2006年下发通知，要求将中小学布局调整纳入地方教育发展规划统筹安排、稳妥实施。从审计调查情况看，地方各级政府及教育等主管部门认真执行国家部署和要求，加强中小学布局规划和组织管理，积极推进布局调整工作，取得积极成效。

(一)通过中小学布局调整，提高了办学规模和效益。2006年至2011年，此次审计调查的1185个县初中、小学学龄人口总量分别减少19%和11%，撤并布局分散、生源不足、师资力量薄弱的学校9.6万所(其中1.13万所变更为教学点)，新建和改扩建设施相对齐全的学校1.22万所，进一步整合了教育资源，校均学生人数增加17%，提高了办学规模和效益(具体情况见下表)。

审计调查的1185个县学校数量及在校生数变化情况表

类别	2006年学校数(万所)	撤并学校数(万所)		新建改扩建学校数(万所)	2011年学校数(万所)	学校增减比例	2006年在校生人数(万人)	2011年在校生人数(万人)	学生增减比例
			其中:变为教学点						
县镇学校	3.75	0.34	0.03	0.37	3.81	1.60%	3588.52	3722.78	3.74%
其中:初中	1.57	0.14	0.01	0.09	1.53	-2.55%	1828.11	1676.38	-8.30%
小学	2.18	0.2	0.02	0.28	2.28	4.59%	1760.41	2046.4	16.25%
农村学校	22.71	9.26	1.1	0.85	15.4	-32.19%	4387.88	3079.32	-29.82%
其中:初中	1.66	0.43	0.01	0	1.24	-25.30%	1039.95	654.14	-37.10%
小学	21.05	8.83	1.09	0.85	14.16	-32.73%	3347.93	2425.18	-27.56%
合计	26.46	9.60	1.13	1.22	19.21	-27.39%	7976.4	6802.1	-14.72%

注:“县镇学校”指县城和镇政府所在地初中、小学,“农村学校”指乡及以下地区其他初中、小学。

(二)通过中小学布局调整,促进了师资队伍结构和素质的优化。2006年以来,此次审计调查的1185个县结合中小学布局调整,统筹安排和调剂师资97.2万人次,并组织20.44万人次城镇教师到农村支教、476.46万人次农村教师到县城以上学校培训和进修。至2011年年底,这些县的学校专任教师平均比2006年增加35%,本科以上学历教师增加1倍以上,中学一级和小学高级以上职称教师增加19%以上,初中、小学的生师比分别下降18%和10%,更好地满足了“一科一师”的教学要求。

(三)通过中小学布局调整,提升了办学标准化水平和教学质量。各地以布局调整为契机推进中小学规范化、标准化建设,并以此带动教学质量和学习效果的提升。2006年至2011年,此次审计调查的1185个县中,有419个县的中小学校音乐、体育和美术等专用教学仪器设备达标率提高10%以上；350个县多年级一个班的"复式班"减少了一半以上；各县小学毕业生语文、数学科目学业水平测试优秀率和初中毕业生语文、数学、外语科目考试优秀率平均提高约3个百分点。

二、审计调查发现的主要问题

从审计调查情况看，各地基本能够按照小学就近入学、初中相对集中的原则，规划和调整学校布局，工作进展总体比较规范，但部分地区也出现了片面地将办学规模和学校数量作为调整的主要依据，搞简单"撤并"或"一刀切"，一定程度上影响相关政策的实施效果。

（一）部分地区就学距离明显增加，有的学生上学耗时偏长。

审计调查的1185个县中，2006年至2011年，有833个（占70%）县的学校平均服务半径有所增大，其中：初中、小学的服务半径增幅分别为26%、43%，平均达到8.34公里、4.23公里；特别是西部地区270个县的初中、小学服务半径增幅分别为47%、59%，平均达到14.35公里和6.09公里。重点抽查25127个学校的1257.63万名走读生中，有49.31万名（占4%）上学单程要徒步3公里以上，其中10.03万名要徒步5公里以上，且主要集中在山区或丘陵地区，上学路途消耗体力大，导致学习和在校活动时间相应减少。

（二）部分学校校车配备和监管不到位，交通安全风险增加。

审计重点调查1185个县的25127所学校中，至2011年底，有288个县（占调查总数的24%）的1702所学校（占调查总数7%）配置了校车，一定程度缓解了上学路程远的困难。但是,这些学校配置的全部9639辆校车中,有747辆(占8%)年检不合格,449辆(占5%)驾证不相符,3377辆(占35%)未配备专职管理人员,2149辆(占22%)未配备逃生锤等安全设备。同时,上述学校中还有41.26万名学生(占12%)自行包租社会车辆上学,由于监管难度大,这些车辆往往车况差且超载严重,交通事故时有发生,随机抽查的2944辆包租车辆中有997辆(占34%)存在超载问题。

(三)部分学校寄宿设施建设滞后、条件简陋,管理和服务能力不足。

2011年,此次审计重点调查的学校共有553.91万名学生提出了寄宿需求,但这些学校的宿舍仅能容纳462.64万人(占84%)寄宿。部分学校宿舍还存在空间拥挤、条件简陋以及管理服务能力不足等问题,抽查的12533所寄宿制学校中,有919个县的4515所学校(占36%)生均宿舍面积未达到国家规定的3平方米标准,涉及寄宿生185.56万人;538个县的1601所学校(占13%)存在“大通铺”或两人一床等现象;878个县的4990所学校(占40%)的学生宿舍楼内未配备厕所等设施;还有8113所学校(占64%)无学生宿舍管理人员或由授课教师兼任,780所学校(占6%)在周边3公里以内无医疗机构的情况下也未配备专职医护人员。此外,有919个县的5655所小学(占45%)还有49.41万名一至三年级低龄学生寄宿,不仅不利于其身心健康发展,也容易引发安全事故。

(四)部分学生家庭教育支出负担加重,辍学人数有所增加。

布局调整带来部分农村地区学生上学路途变远,交通、寄宿等教育支出相应增加。审计走访的 7.2 万名乘车就学的走读生年人均上学交通费支出 839 元，比布局调整前增加 390 元，其中交通费支出占其家庭年均收入 10％以上的有 1.25 万人；走访的 19.99 万名校内寄宿生年人均食宿费支出 1658 元，其中食宿费支出占其家庭年均收入的 30％以上的有 3.36 万人；走访的 3.28 万名校外租房家长陪读学生年人均费用支出 8046 元，占其家庭年均收入的 36％。受就学距离远和负担重影响，一些地区学生实际辍学人数上升幅度较大（主要集中在初中学校），重点核实的 52 个县 1155 所学校，辍学人数由 2006 年的 3963 人上升到 2011 年的 8352 人，增加了 1.1 倍。

（五）一些地方生源向县镇学校集中，出现新的教育资源紧张。

由于一些地区在布局调整过程中片面追求县镇集中办学规模，使现有生源大量向县镇学校集中，造成这些学校教室等教育资源难以满足需要。从抽查的情况看，有 1774 所县城和乡镇所在地学校（占 12％）存在挤占音乐、美术、实验等专用教室用于其他教学问题，有 2140 所县城学校（占 65％）的 7.51 万个班学生规模超过国家规定的 50 人，其中 654 所学校的 2.36 万个班为 65 人以上的特大班，352 个班甚至超过了 100 人。

此外，审计调查还发现，部分停办学校校舍资产处置难度大，处置收入使用不够规范。至 2011 年底，在 1183 个县 2006 年以来停办的 8.42 万所学校中，尚有 4.06 万所（占 48％）由于产权归属情况复杂、位置偏僻等未完成校园校舍资产处置；已处置校园校舍取得的 22.03 亿元收入中，有 8.04 亿元（占 37％）实际用于弥补乡镇经费不足或修建办公楼等支出。

2012年9月,为规范推进农村中小学布局调整工作,《国务院办公厅关于规范农村义务教育学校布局调整的意见》明确提出,保障适龄儿童少年就近入学是政府的法定责任,要求严格规范学校撤并程序和行为。27个省和有关县高度重视审计调查发现的问题,认真落实国务院规范农村义务教育学校布局调整的要求,积极整改。黑龙江、云南等省要求各地制定整改计划,对存在的问题逐一提出整改意见、限期整改;贵州、湖北等省加强了对农村中小学布局调整科学性的研究,制定了科学推进布局调整的指导意见;吉林、广西等省采取安排交通补助、加大治理非法运营车辆力度、加快校车牌照发放等措施,努力解决农村学生交通困难;山西、四川等省结合实际,将部分已撤并的农村教学点恢复办学;各地积极处置停办学校校产,整合各类建设资金,加快推进义务教育学校标准化和寄宿制学校建设。

附件:审计调查的1185个县分布情况

附件

审计调查的1185个县分布情况

东部地区(8个省357个县):河北省48个县、辽宁省38个县、江苏省48个县、浙江省50个县、福建省58个县、山东省50个县、广东省50个县、海南省15个县。

中部地区(8个省382个县):山西省47个县、吉林省40个县、黑龙江省50个县、安徽省46个县、江西省50个县、河南省54个县、湖北省45个县、湖南省50个县。

西部地区(11个省446个县):内蒙古自治区47个

县、广西壮族自治区 49 个县、重庆市 19 个县、四川省 49 个县、贵州省 49 个县、云南省 50 个县、陕西省 50 个县、甘肃省 46 个县、青海省 30 个县、宁夏回族自治区 13 个县、新疆维吾尔自治区 44 个县。

这是审计署 2013 年 5 月 3 日公布的 1185 个县农村中小学布局调整情况专项审计调查结果公告。从审计调查情况看，地方各级政府及教育等主管部门认真执行国家部署和要求，加强中小学布局规划和组织管理，积极推进布局调整工作，取得了积极成效。但审计中也发现部分地区片面地将办学规模和学校数量作为调整的主要依据，搞简单撤并或"一刀切"，一定程度上影响相关政策的实施效果。公告开门见山，讲清了我国农村中小学布局调整中的问题，督促其认真整改，行文庄重，用词准确，简练明了。

二、通告

通告适用于在一定范围内公布应当遵守或者周知的事项。

通告也是公开发布的下行文，它既具有晓谕性，又具有法规性，在一定范围内具有法律效力和行政约束力。

通告在写作时，分为标题、正文两部分。

通告的标题，由发文机关名称、事由和文种三部分构成。有时可以省略事由，只写发文机关和文种；也有时可以省略发文机关，只写事由和文种。

通告标题下面，一般都有题注，即在括号内注明发布通告的时间、发布机关；有时还注明批准时间和批准机关。也有的通告没有题注，而将发布的时间注在落款下。

通告的正文，包括通告缘由、通告事项和通告结语三个部分。

通告缘由，即发布本通告的原因、依据和目的，要写得简明扼要。

通告事项，这是通告正文的主体，要写明本通告发布的具体事项和规定。如果内容较多，可以采用分条列项的形式。行文要严密、准确,语气要坚定、不容置疑。

通告结语,一般写明执行日期、措施、希望和要求等;或采用惯用语“特此通告”作为结语;也有的通告不写结语,通告事项写完之后就结束。

例文

关于严厉打击卷烟走私整顿卷烟市场的通告

(2000年2月12日国务院批准
2000年2月18日国家烟草专卖局、公安部、
海关总署、国家工商行政管理局发布)

为维护国家和消费者利益,进一步严厉打击卷烟走私的违法犯罪活动,整顿卷烟市场,保护民族卷烟工业和经营者的合法权益,特通告如下:

一、企业、事业单位和机关、团体以及个人走私卷烟或非法收购、运输、邮寄、贩卖、窝藏走私卷烟和其他非正常渠道流入市场的进口卷烟的,由海关、公安、工商行政管理和烟草专卖行政主管部门依法在其职责范围内进行处理;构成犯罪的,移交司法机关依法追究刑事责任。

二、凡正常进口的卷烟必须在箱包、条包和盒包上印有“由中国烟草总公司专卖”字样;免税店经营的卷烟必须有“中国关税未付”和国务院烟草专卖行政主管部门规定的专门标识;处理没收的非法进口卷烟在销售前,必须有烟草专卖行政主管部门在箱包和条包上加贴由国家烟草专卖局制定的“没收非法进口卷烟”专门标识。无上述标志的外国卷烟、出口倒流国产卷烟,由海关、公安、工商行政管理和烟草专卖行政主管部门予以没收。

三、在境内跨省(自治区、直辖市)运输进口卷烟(含处理没收的走私卷烟),必须持有国家烟草专卖行政主管部门开具的准运证;省(自治区、直辖市)内运输,必须持有省级烟草专卖行政主管部门开具的准运证。海关监管卷烟的转关运输,必须持有海关出具的转关运输单证。铁路、交通、民航等部门承运的进口卷烟及邮政部门邮寄超过规定数量的进口卷烟,必须验凭烟草专卖行政主管部门开具的准运证。无准运证或无转关运输单证运输进口卷烟、无准运证超量邮寄进口卷烟的,由有关执法部门予以没收,并处以罚款,其主管部门应视情节按有关规定给予严肃处理。

四、经营合法进口卷烟、免税烟的单位,必须持有烟草专卖行政主管部门核发的特种烟草专卖经营企业许可证;经营执法部门处理没收的走私卷烟的单位,其特种烟草专卖经营企业许可证所列经营品种范围必须包括处理没收非法进口卷烟。各经营单位要按经营渠道进货。无许可证擅自经营进口卷烟、免税烟的,由烟草专卖行政主管部门依法没收其违法所得;无许可证或超过许可证规定范围经营没收非法进口卷烟的,由工商行政管理和烟草专卖行政主管部门没收其经营的非法进口卷烟。情节严重的,工商行政管理部门可依法吊销其营业执照。

五、企业、事业单位和机关、团体以及个人为走私、贩私活动提供藏匿、运输和邮寄等便利条件构成犯罪的,移送司法机关追究刑事责任;不构成犯罪的,由海关、公安、工商行政管理和烟草专卖行政主管部门依法给予处罚。

六、各执法部门没收的非法进口卷烟,按照国家有关规定进行拍卖的,应定向拍卖给持有国家烟草专卖局核发的、经营品种包括处理没收非法进口卷烟的特种烟草专卖经营企业许可证的单位。其中批发企业只能将没收非法进口卷烟销售给有零售经营权的企业。凡违反上述规定的,由工商行政管理和烟草专卖行政主管部门没收其货物。情节严重的,可取消其经营资格。

七、清理整顿卷烟交易市场,对已成为非法进口卷烟集散地和销售场所的市场要坚决予以取缔。

八、对检举揭发、协助查缉走私、贩私有功的单位和个人,按有关规定给予奖励。凡使用暴力或威胁方式抗拒或围攻执法人员查缉走私、检查市场的,视情节轻重,依法追究其刑事责任,或依照《中华人民共和国治安管理处罚条例》的规定处罚。

九、本通告自发布之日起执行。1994 年 10 月 16 日国务院批准,国家烟草专卖局、公安部、国家工商行政管理局、海关总署发布的《关于严厉打击卷烟走私整顿卷烟市场的通告》同时废止。

这是经国务院批准,国家烟草专卖局、公安部、海关总署、国家工商行政管理局联合发布的关于严厉打击卷烟走私、整顿卷烟市场的通告。通告分条列项,规定明确,表述清晰,语气坚定,旗帜鲜明。这一通告的发布,使行政管理部门在打击卷烟走私、整顿卷烟市场时,有了可遵循的依据,起到了正本清源的作用。

三、公告与通告的同异

公告与通告都是公开发布的下行文,两者在行文上有着一些共同点:

一是公开发布。在国家行政机关使用的十三类十四种行政公文中,公告、通告是公开发布的两个文种。它们不仅公开张贴,而且还借助报纸、广播、电视、网络等媒体传播,这与其他在行政机关内部运转的公文显然大不相同。

二是传播广泛。同其他公文有着特定的收文机关不同,公告、通告所告知的人群范围不但没有任何限制,反而是越多越好,最好是能够家喻户晓。

三是语气庄重。公告、通告除了告知之外,还用来规范人们的社会行为,要求人们严格遵守,带有行政法规的性质。公告、通告的法规性,对它们在行文语气上的严密、庄重,有着更为严格的要求。

但是,公告与通告二者之间,也存在着明显的差异,主要有以下三点:

首先,从发文机关来看,公告的发文机关级别较高,有着明显的级别限制;而通告受级别限制较少,各级行政机关都可以使用。

其次,从发布内容来看,公告宣布的是重要或者法定事项,通告公布的是社会各有关方面应当遵守或者周知的事项。

再次,从发布范围来看,公告是向国内外宣布,范围十分广泛;通告是向社会公布,范围比公告要窄一些。

以上,就是公告与通告的相同点和大致区别。行政机关在行文时,应注意到两者的同异,准确选择文种。

思考

1.公告有何写作要求?

2.通告有何写作要求?

3.比较公告与通告的同异。

第四章　意见、通知、通报

第一节　意　见

一、意见

意见适用于对重要问题提出见解和处理办法。

意见一般由政府各部门依照部门职权范围提出，经上级机关转发后，可作为规章性公文而产生法律效力。同一意见涉及几个不同部门职权范围的，这几个部门可以联合行文。除上级机关负责人直接交办的事项外，不得以机关名义向上级机关负责人报送意见。

意见的结构，包括标题、发文机关名称和正文三个部分。

意见的标题，由事由和文种两部分构成。事由要能够概括意见的全部内容。

意见的发文机关，即提出意见的机关名称。发文机关可以不止一个，这时要依照其在执行过程中的重要性由重到轻依次排列。

发文机关下面，有的还标有题注，即在括号内注明发文日期。

意见的正文，就是各部门提出的处理办法。要分条列项，规定清楚。行文表述应准确、细致，使下属机关在执行过程中作为参照依据，具有可操作性。

例文

关于深化收入分配制度改革的若干意见

发展改革委　财政部　人力资源社会保障部

为贯彻落实党的十八大提出的"实现发展成果由人民共享，必须深化收入分配制度改革"要求，深入推进"十二五"规划实施，完善收入分配结构和制度，增加城乡居民收入，缩小收入分配差距，规范收入分配秩序，现提出以下意见：

一、充分认识深化收入分配制度改革的重要性和艰巨性

改革开放以来，我国收入分配制度改革逐步推进，破除了传统计划经济体制下平均主义的分配方式，在坚持按劳分配为主体的基础上，允许和鼓励资本、技术、管理等要素按贡献参与分配，不断加大收入分配调节力度。经过三十多年的探索与实践，按劳分配为主体、多种分配方式并存的分配制度基本确立，以税收、社会保障、转移支付为主要手段的再分配调节框架初步形成，有力地推动了社会主义市场经济体制的建立，极大地促进了国民经济快速发展，城乡居民人均实际收入平均每十年翻一番，家庭财产稳定增加，人民生活水平显著提高。实践证明，我国收入分配制度是与基本国情、发展阶段总体相适应的。

特别是党的十六大以来，按照科学发展观和构建社会主义和谐社会的要求，充分发挥再分配调节功能，加大对保障和改善民生的投入，彻底取消农业税，大幅增加涉农补贴,全面实施免费义务教育,加快建立社会保障体系,深入推进医药卫生体制改革,大力加强保障性住房建设,城乡最低生活保障标准和扶贫标准大幅提升,企业退休人员基本养老金水平持续提高,近年来农村居民收入增速快于城镇居民,城乡收入差距缩小态势开始显现,居民收入占国民收入比重有所提高,收入分配制度改革取得新的进展。

同时,也要看到收入分配领域仍存在一些亟待解决的突出问题,主要是城乡区域发展差距和居民收入分配差距依然较大,收入分配秩序不规范,隐性收入、非法收入问题比较突出,部分群众生活比较困难,宏观收入分配格局有待优化。这些问题的产生,既与我国基本国情、发展阶段密切相关,具有一定的客观必然性和阶段性特征,也与收入分配及相关领域的体制改革不到位、政策不落实等直接相关。

当前,我国已经进入全面建成小康社会的决定性阶段。深化收入分配制度改革,优化收入分配结构,构建扩大消费需求的长效机制,是加快转变经济发展方式的迫切需要;深化收入分配制度改革,切实解决一些领域分配不公问题,防止收入分配差距过大,规范收入分配秩序,是维护社会公平正义与和谐稳定的根本举措;深化收入分配制度改革,处理好劳动与资本、城市与农村、政府与市场等重大关系,推动相关领域改革向纵深发展,是完善社会主义市场经济体制的重要内容;深化收入分配制度改革,使发展成果更多更公平惠及全体人民,为逐步实现共同富裕奠定物质基础和制度基础,是体现社会主义本质的必然要求。

我国仍处于并将长期处于社会主义初级阶段,是世界上人口最多的发展中国家，区域之间发展条件差异大，城乡二元结构短期内难以根本改变，工业化、信息化、城镇化和农业现代化还在深入发展。要充分认识到，当前收入分配领域出现的问题是发展中的矛盾、前进中的问题，必须通过促进发展、深化改革来逐步加以解决。解决这些问题，也是城乡居民在收入普遍增加、生活不断改善过程中的新要求新期待。同时也应该看到，深化收入分配制度改革，是一项十分艰巨复杂的系统工程，涉及方方面面利益调整，不可能一蹴而就，必须从我国基本国情和发展阶段出发，立足当前、着眼长远，克难攻坚、有序推进。

二、准确把握深化收入分配制度改革的总体要求和主要目标

1. 总体要求。

全面贯彻落实党的十八大精神，以邓小平理论、“三个代表”重要思想、科学发展观为指导，立足基本国情，坚持以经济建设为中心，在发展中调整收入分配结构，着力创造公开公平公正的体制环境，坚持按劳分配为主体、多种分配方式并存，坚持初次分配和再分配调节并重，继续完善劳动、资本、技术、管理等要素按贡献参与分配的初次分配机制，加快健全以税收、社会保障、转移支付为主要手段的再分配调节机制，以增加城乡居民收入、缩小收入分配差距、规范收入分配秩序为重点，努力实现居民收入增长和经济发展同步，劳动报酬增长和劳动生产率提高同步，逐步形成合理有序的收入分配格局，促进经济持续健康发展和社会和谐稳定。

2. 主要目标。

——城乡居民收入实现倍增。到 2020 年实现城乡居民人均实际收入比2010年翻一番,力争中低收入者收入增长更快一些,人民生活水平全面提高。

——收入分配差距逐步缩小。城乡、区域和居民之间收入差距较大的问题得到有效缓解,扶贫对象大幅减少,中等收入群体持续扩大,"橄榄型"分配结构逐步形成。

——收入分配秩序明显改善。合法收入得到有力保护,过高收入得到合理调节,隐性收入得到有效规范,非法收入予以坚决取缔。

——收入分配格局趋于合理。居民收入在国民收入分配中的比重、劳动报酬在初次分配中的比重逐步提高,社会保障和就业等民生支出占财政支出比重明显提升。

三、继续完善初次分配机制

完善劳动、资本、技术、管理等要素按贡献参与分配的初次分配机制。实施就业优先战略和更加积极的就业政策,扩大就业创业规模,创造平等就业环境,提升劳动者获取收入能力,实现更高质量的就业。深化工资制度改革,完善企业、机关、事业单位工资决定和增长机制。推动各种所有制经济依法平等使用生产要素、公平参与市场竞争、同等受到法律保护,形成主要由市场决定生产要素价格的机制。

3.促进就业机会公平。大力支持服务业、劳动密集型企业、小型微型企业和创新型科技企业发展,创造更多就业岗位。完善税费减免和公益性岗位、岗位培训、社会保险、技能鉴定补贴等政策,促进以高校毕业生为重点的青年、农村转移劳动力、城镇困难人员、退役军人就业。完善和落实小额担保贷款、财政贴息等鼓励自主创业政策。借鉴推广公务员招考的办法,完善和落实事业单位公开招聘制度，在国有企业全面推行分级分类的公开招聘制度，切实做到信息公开、过程公开、结果公开。

4. **提高劳动者职业技能**。健全面向全体劳动者的职业培训制度，足额提取并合理使用企业职工教育培训经费，保障职工带薪最短培训时间。新增财政教育投入向职业教育倾斜，逐步实行中等职业教育免费制度。建立健全向农民工免费提供职业教育和技能培训制度。完善社会化职业技能培训、考核、鉴定、认证体系，规范职业技能鉴定收费标准。提高技能人才经济待遇和社会地位。

5. **促进中低收入职工工资合理增长**。建立反映劳动力市场供求关系和企业经济效益的工资决定及正常增长机制。完善工资指导线制度，建立统一规范的企业薪酬调查和信息发布制度。根据经济发展、物价变动等因素，适时调整最低工资标准，到2015年绝大多数地区最低工资标准达到当地城镇从业人员平均工资的40%以上。研究发布部分行业最低工资标准。以非公有制企业为重点，积极稳妥推行工资集体协商和行业性、区域性工资集体协商，到2015年，集体合同签订率达到80%，逐步解决一些行业企业职工工资过低的问题。落实新修订的劳动合同法，研究出台劳务派遣规定等配套规章，严格规范劳务派遣用工行为，依法保障被派遣劳动者的同工同酬权利。

6. **加强国有企业高管薪酬管理**。对部分过高收入行业的国有及国有控股企业，严格实行企业工资总额和工资水平双重调控政策，逐步缩小行业工资收入差距。建立与企业领导人分类管理相适应、选任方式相匹配的企业高管人员差异化薪酬分配制度，综合考虑当期业绩和持续发展，建立健全根据经营管理绩效、风险和责任确定薪酬的制度,对行政任命的国有企业高管人员薪酬水平实行限高,推广薪酬延期支付和追索扣回制度。缩小国有企业内部分配差距,高管人员薪酬增幅应低于企业职工平均工资增幅。对非国有金融企业和上市公司高管薪酬,通过完善公司治理结构,增强董事会、薪酬委员会和股东大会在抑制畸高薪酬方面的作用。

7. **完善机关事业单位工资制度**。建立公务员和企业相当人员工资水平调查比较制度,完善科学合理的职务与职级并行制度,适当提高基层公务员工资水平;调整优化工资结构,降低津贴补贴所占比例,提高基本工资占比;提高艰苦边远地区津贴标准,抓紧研究地区附加津贴实施方案。结合分类推进事业单位改革,建立健全符合事业单位特点、体现岗位绩效和分级分类管理的工资分配制度。

8. **健全技术要素参与分配机制**。建立健全以实际贡献为评价标准的科技创新人才薪酬制度,鼓励企事业单位对紧缺急需的高层次、高技能人才实行协议工资、项目工资等。加强知识产权保护,完善有利于科技成果转移转化的分配政策,探索建立科技成果入股、岗位分红权激励等多种分配办法,保障技术成果在分配中的应得份额。完善高层次、高技能人才特殊津贴制度。允许和鼓励品牌、创意等参与收入分配。

9. **多渠道增加居民财产性收入**。加快发展多层次资本市场,落实上市公司分红制度,强化监管措施,保护投资者特别是中小投资者合法权益。推进利率市场化改革,适度扩大存贷款利率浮动范围,保护存款人权益。严格规范银行收费行为。丰富债券基金、货币基金等基金产品。支持有条件的企业实施员工持股计划。拓宽居民租金、股息、红利等增收渠道。

10. 建立健全国有资本收益分享机制。全面建立覆盖全部国有企业、分级管理的国有资本经营预算和收益分享制度，合理分配和使用国有资本收益，扩大国有资本收益上交范围。适当提高中央企业国有资本收益上交比例，"十二五"期间在现有比例上再提高5个百分点左右，新增部分的一定比例用于社会保障等民生支出。

11. 完善公共资源占用及其收益分配机制。建立健全资源有偿使用制度和生态环境补偿机制。完善公开公平公正的国有土地、海域、森林、矿产、水等公共资源出让机制，加强对自然垄断行业的监管，防止通过不正当手段无偿或低价占有和使用公共资源。建立健全公共资源出让收益全民共享机制，出让收益主要用于公共服务支出。

四、加快健全再分配调节机制

加快健全以税收、社会保障、转移支付为主要手段的再分配调节机制。健全公共财政体系，完善转移支付制度，调整财政支出结构，大力推进基本公共服务均等化。加大税收调节力度，改革个人所得税，完善财产税，推进结构性减税，减轻中低收入者和小型微型企业税费负担，形成有利于结构优化、社会公平的税收制度。全面建成覆盖城乡居民的社会保障体系，按照全覆盖、保基本、多层次、可持续方针，以增强公平性、适应流动性、保证可持续性为重点，不断完善社会保险、社会救助和社会福利制度，稳步提高保障水平，实行全国统一的社会保障卡制度。

12. 集中更多财力用于保障和改善民生。加大对教育、就业、社会保障、医疗卫生、保障性住房、扶贫开发等方面的支出，进一步加大对中西部地区特别是革命老区、民族地区、边疆地区和贫困地区的财力支持。严格控制行政事业单位机构编制,"十二五"期间中央和地方机构编制总量只减不增,减少领导职数,降低行政成本。坚决反对铺张浪费,严格控制"三公"经费预算,全面公开"三公"经费使用情况。"十二五"时期社会保障和就业支出占财政支出比重提高2个百分点左右。

13.**加大促进教育公平力度**。合理配置教育资源,重点向农村、边远、贫困、民族地区倾斜。全面落实九年义务教育免费政策,严格规范教育收费行为。进一步完善普通高中、普通本科高校、中等职业学校和高等职业院校家庭经济困难学生国家资助政策,逐步提高补助标准。为家庭经济困难儿童、孤儿和残疾儿童接受学前教育提供补助。切实解决农民工随迁子女平等接受义务教育和参加当地中考、高考问题。

14.**加强个人所得税调节**。加快建立综合与分类相结合的个人所得税制度。完善高收入者个人所得税的征收、管理和处罚措施,将各项收入全部纳入征收范围,建立健全个人收入双向申报制度和全国统一的纳税人识别号制度,依法做到应收尽收。取消对外籍个人从外商投资企业取得的股息、红利所得免征个人所得税等税收优惠。

15.**改革完善房地产税等**。完善房产保有、交易等环节税收制度,逐步扩大个人住房房产税改革试点范围,细化住房交易差别化税收政策,加强存量房交易税收征管。扩大资源税征收范围,提高资源税税负水平。合理调整部分消费税的税目和税率,将部分高档娱乐消费和高档奢侈消费品纳入征收范围。研究在适当时期开征遗产税问题。

16. **完善基本养老保险制度**。全面落实城镇职工基本养老保险省级统筹,“十二五”期末实现基础养老金全国统筹。分类推进事业单位养老保险制度改革,研究推进公务员养老保险制度改革。提高农民工养老保险参保率。健全城镇居民和新型农村社会养老保险制度。建立兼顾各类人员的养老保障待遇确定机制和正常调整机制。发展企业年金和职业年金,发挥商业保险补充性作用。扩大社会保障基金筹资渠道,建立社会保险基金投资运营制度。

17. **加快健全全民医保体系**。提高城镇居民基本医疗保险和新型农村合作医疗筹资和待遇水平,整合城乡居民基本医疗保险制度。稳步推进职工医保、城镇居民医保和新农合门诊统筹。“十二五”期末基本医疗保险政策范围内医保基金支付水平达到75%以上,明显缩小与实际住院费用报销支付比例的差距。建立城乡居民大病保险制度,完善城乡医疗救助制度。全面实现统筹区域和省内异地就医即时结算。逐步增加人均基本公共卫生服务经费,提高基本公共卫生服务水平。

18. **加大保障性住房供给**。建立市场配置和政府保障相结合的住房制度,加强保障性住房建设和管理,满足困难家庭基本需求。“十二五”期末全国城镇保障性住房覆盖面达到20%左右,按质量标准完成农村困难家庭危房改造1000万户以上,实现全国游牧民定居目标。

19. **加强对困难群体救助和帮扶**。健全城乡低收入群体基本生活保障标准与物价上涨挂钩的联动机制,逐步提高城乡居民最低生活保障水平。提高优抚对象抚恤补助标准。建立健全经济困难的高龄、独居、失能等老年人补贴制度。完善孤儿基本生活保障制度,推进孤儿集中供养,建立其他困境儿童生活救助制度。建立困难残疾人生活补贴和重度残疾人护理补贴制度。

20. **大力发展社会慈善事业**。积极培育慈善组织,简化公益慈善组织的审批程序,鼓励有条件的企业、个人和社会组织举办医院、学校、养老服务等公益事业。落实并完善慈善捐赠税收优惠政策,对企业公益性捐赠支出超过年度利润总额12%的部分,允许结转以后年度扣除。加强慈善组织监督管理。

五、建立健全促进农民收入较快增长的长效机制

坚持工业反哺农业、城市支持农村和多予少取放活方针,加快完善城乡发展一体化体制机制,加大强农惠农富农政策力度,促进工业化、信息化、城镇化和农业现代化同步发展,促进公共资源在城乡之间均衡配置、生产要素在城乡之间平等交换和自由流动,促进城乡规划、基础设施、公共服务一体化,建立健全农业转移人口市民化机制,统筹推进户籍制度改革和基本公共服务均等化。

21. **增加农民家庭经营收入**。健全农产品价格保护制度,稳步提高重点粮食品种最低收购价,完善大宗农产品临时收储政策。着力推进农业产业化,大力发展农民专业合作和股份合作,培养新型经营主体,支持适度规模经营,加大对农村社会化服务体系的投入,促进产销对接和农超对接,使农民合理分享农产品加工、流通增值收益。因地制宜培育发展特色高效农业和乡村旅游,使农民在农业功能拓展中获得更多收益。

22. **健全农业补贴制度**。建立健全农业补贴稳定增长机制,完善良种补贴、农资综合补贴和粮食直补政策,增加农机购置补贴规模,完善农资综合补贴动态调整机制,新增农业补贴向粮农和种粮大户倾斜。完善林业、牧

业和渔业扶持政策。逐步扩大农业保险保费补贴范围，适当提高保费补贴比例，进一步细化和稳步扩大农村金融奖补政策。

23.**合理分享土地增值收益。**搞好农村土地确权、登记、颁证工作，依法保障农民的土地财产权。按照依法自愿有偿原则，允许农民以多种形式流转土地承包经营权，确保农民分享流转收益。完善农村宅基地制度，保障农户宅基地用益物权。改革征地制度，依法保障农民合法权益，提高农民在土地增值收益中的分配比例。

24.**加大扶贫开发投入。**大幅增加财政专项扶贫资金，新增部分主要用于支持集中连片特殊困难地区扶贫攻坚，加大以工代赈力度，努力实现贫困地区农民人均收入增长幅度高于全国平均水平。"十二五"时期，对240万生存条件恶劣地区的农村贫困人口实施异地扶贫搬迁；按照人均2300元(2010年不变价)的扶贫标准，到2015年扶贫对象减少8000万人左右。

25.**有序推进农业转移人口市民化。**制定公开透明的各类城市农业转移人口落户政策，探索建立政府、企业、个人共同参与的市民化成本分担机制，把有稳定劳动关系、在城镇居住一定年限并按规定参加社会保险的农业转移人口逐步转为城镇居民，重点推进解决举家迁徙及新生代农民工落户问题。实施全国统一的居住证制度，努力实现城镇基本公共服务常住人口全覆盖。

六、推动形成公开透明、公正合理的收入分配秩序

大力整顿和规范收入分配秩序，加强制度建设，健全法律法规，加强执法监管，加大反腐力度，加强信息公开，实行社会监督，加强基础工作，提升技术保障，保护合法收入，规范隐性收入，取缔非法收入。

26. **加快收入分配相关领域立法。**研究出台社会救助、慈善事业、扶贫开发、企业工资支付保障、集体协商、国有资本经营预算、财政转移支付管理等方面法律法规,及时修订完善土地管理、矿产资源管理、税收征管、房产税等方面法律法规。建立健全财产登记制度,完善财产法律保护制度,保障公民合法财产权益。

27. **维护劳动者合法权益。**健全工资支付保障机制,将拖欠工资问题突出的领域和容易发生拖欠的行业纳入重点监控范围,完善与企业信用等级挂钩的差别化工资保证金缴纳办法。落实清偿欠薪的工程总承包企业负责制、行政司法联动打击恶意欠薪制度、保障工资支付属地政府负责制度。完善劳动争议处理机制,加大劳动保障监察执法力度。

28. **清理规范工资外收入。**严格规范党政机关各种津贴补贴和奖金发放行为,抓紧出台规范改革性补贴的实施意见。加强事业单位创收管理,规范科研课题和研发项目经费管理使用,严格公务招待费审批和核算等制度规定。严格控制国有及国有控股企业高管人员职务消费,规范车辆配备和使用、业务招待、考察培训等职务消费项目和标准,职务消费接受职工民主监督,相关账目要公开透明。

29. **加强领导干部收入管理。**全面落实《关于领导干部报告个人有关事项的规定》,严格执行各级领导干部如实报告收入、房产、投资、配偶子女从业等情况的规定,对隐报瞒报、弄虚作假等行为,通过抽查、核查,及时纠正,严肃处理。继续规范领导干部离职、辞职或退(离)休后的个人从业行为,严格按照有关程序、条件和要求办理兼职任职审批事项。

30. **严格规范非税收入。**按照正税清费的原则，继续推进费改税，进一步清理整顿各种行政事业性收费和政府性基金，坚决取消不合法、不合理的收费和基金项目，收费项目适当降低收费标准。建立健全政府非税收入收缴管理制度。

31. **打击和取缔非法收入。**围绕国企改制、土地出让、矿产开发、工程建设等重点领域，强化监督管理，堵住获取非法收入的漏洞。严厉打击走私贩私、偷税逃税、内幕交易、操纵股市、制假售假、骗贷骗汇等经济犯罪活动。严厉查处权钱交易、行贿受贿行为。深入治理商业贿赂。加强反洗钱工作和资本外逃监控。

32. **健全现代支付和收入监测体系。**大力推进薪酬支付工资化、货币化、电子化，加快现代支付结算体系建设，落实金融账户实名制，推广持卡消费，规范现金管理。完善机关和国有企事业单位发票管理和财务报销制度，全面推行公务卡支付结算制度。整合公安、民政、社保、住房、银行、税务、工商等相关部门信息资源，建立健全社会信用体系和收入信息监测系统，完善个人所得税信息管理系统。建立城乡住户收支调查一体化制度。

七、加强深化收入分配制度改革的组织领导

33. **统一认识，加强领导。**各地区、各部门要深入学习和全面贯彻落实党的十八大精神，充分认识深化收入分配制度改革的重大意义，将其列入重要议事日程，建立统筹协调机制，把落实收入分配政策、增加城乡居民收入、缩小收入分配差距、规范收入分配秩序作为重要任务，纳入日常考核。各有关部门要深入调查研究，加强工作指导，强化监督检查，认真总结经验，及时解决改革中出现的突出矛盾和问题。

34. **突出重点,强化实施。** 收入分配制度改革要与国有企业、行政体制、财税金融体制等相关重点领域改革有机结合、协同推进。各有关部门要围绕重点任务,明确工作责任,抓紧研究出台配套方案和实施细则,及时跟踪评估政策实施效果。各地区要结合本地实际,制定具体措施,确保改革各项任务落到实处。鼓励部分地区、部分领域先行先试,积极探索。

35. **深入宣传,注重引导。** 坚持正确的舆论导向,引导全社会从基本国情和发展阶段出发,正确认识当前存在的收入分配问题,深入宣传坚持科学发展是解决收入分配问题的根本途径,实现社会公平正义是我们坚定不移的目标。切实做好各项改革政策的解读工作,加深对收入分配制度改革艰巨性、复杂性的认识,引导社会预期,回应群众关切,凝聚各方共识,形成改革合力,为深化收入分配制度改革营造良好的社会环境。

这是发展改革委、财政部、人力资源社会保障部联合提出、经国务院批转全国施行的关于深化收入分配制度改革的若干意见。意见条目具体细致,措辞精确,结构严谨,条理清楚,直述不曲,囊括了深化收入分配制度改革中方方面面的一系列复杂情况,总体要求、主要目标、分配机制都规定得十分明确,既是完善收入分配结构和制度的指导性公文,也是规范收入分配秩序的指南。

思考

怎样写作意见?

第二节 通 知

一、通知的作用

通知适用于发布、传达要求下级机关执行和有关单位周知或者执行的事项,批转、转发公文。

通知是机关和企事业单位向特定的收文对象告知有关事项的晓谕性公文。它是下行文,有时也用于平行,但绝不能用于上行。

通知具有三个特点:①适用范围的广泛性。通知的使用范围最为广泛,高至党和政府的领导机关,下至普通的基层单位;大到全国范围内的重大安排,小到一个单位内部告知一般事项,都可以用通知行文。②文体功用的晓谕性。通知无论是告诉人们有关事项,还是要求办理,遵守执行,总是有所告晓,有所要求,希望收文机关知道信息越清楚越好。③执行要求的时间性。在行政公文中,通知的时间性是最强的,告知事项也好,要求办理某些事情也好,都有很强的时间要求。

二、通知的结构

从内容性质上来划分,通知可分为指示性通知、知照性通知和转发性通知。

1.指示性通知

指示性通知在写作时,一般由标题、收文机关名称、正文和落款四个部分构成。

指示性通知的标题,一般由发文机关名称、事由和文种三部分构成。有的通知使用了本机关的专用公文纸,因为公文纸上已印出了机关名称,所以标题可以省略发文机关名称,由事由和文种构成。有时通知内容较多,难以归纳;或者内容过于简单,无须归纳。在这两种情况下标题也可以省略事由,由发文机关和文种构成。当然通知的标题不能省略文种。如系两个或以上单位联合下发通知,可以在文种前面加上“联合”字样,写成“联合通知”。如通知的内容十分急迫、重要,则需在文种前面加上“紧急”字样,写成“紧急通知”。但是,作为正式公文行文的通知标题,不应简单地写成“通知”。总之,通知的标题必须具体明确,事由要能概括全文的内容,使人一目了然。

在通知标题的下面、正文之前,要写出收文机关,即被通知的机关。被通知的机关可以是一个,也可以是几个,还可以是所有下属机关。有些通知往往不写被通知的机关,这是不妥当的。通知发至哪一级,就要写出哪级机关的名称。要顶格书写,以示礼貌。写完收文机关名称后,要用冒号“:”领起。然后另起一行空两格写正文。

指示性通知的正文,一般由通知缘起语、通知事项和执行要求三项基本内容构成。

通知缘起语,也称为通知目的,主要写清楚发通知的根据、理由或目的。

通知事项,这部分是通知正文的核心部分。这部分写作质量如何,将直接关系到收文机关对通知精神的理解和贯彻执行,因此在写作时要特别认真,务必做到准确、清楚,便于理解和执行。事项部分的写作一般习惯于分条分段陈述。

执行要求,主要有三种写法:第一种是事项部分写完后,再没有什么要求;第二种是写有执行要求,但不十分具体;第三种情况是要求比较详尽具体,在行文时,需要注意行文的准确、清楚,如内容特别复杂,仍以分条陈述为好。后面两种情况,如有必要,还可写上“并将执行情况报告我们”等字样。但要注意:不太可能或估计做不到的事情,不必写上,以维护公文的严肃性和发文机关的威信。

指示性通知的落款部分,包括发文机关名称、发文时间、用印,格式与一般公文要求相同。

例文

国务院办公厅关于深化收入分配制度改革重点工作分工的通知

各省、自治区、直辖市人民政府，国务院有关部门：

为贯彻落实《国务院批转发展改革委等部门关于深化收入分配制度改革若干意见的通知》（国发〔2013〕6号）提出的各项目标任务和政策措施，经国务院领导同志同意，现将有关事项通知如下：

一、工作分工

（一）继续完善初次分配机制。

1.促进就业机会公平。大力支持服务业、劳动密集型企业、小型微型企业和创新型科技企业发展，创造更多就业岗位。完善税费减免和公益性岗位、岗位培训、社会保险、技能鉴定补贴等政策，促进以高校毕业生为重点的青年、农村转移劳动力、城镇困难人员、退役军人就业。完善和落实小额担保贷款、财政贴息等鼓励自主创业政策。借鉴推广公务员招考的办法，完善和落实事业单位公开招聘制度，在国有企业全面推行分级分类的公开招聘制度，切实做到信息公开、过程公开、结果公开。（人力资源社会保障部、财政部、国资委、教育部、民政部、人民银行、税务总局、全国总工会等负责。列第一位者为牵头部门或单位，其他有关部门和单位按职责分工负责，下同）

2.提高劳动者职业技能。健全面向全体劳动者的职业培训制度，足额提取并合理使用企业职工教育培训经费,保障职工带薪最短培训时间。新增财政教育投入向职业教育倾斜,逐步实行中等职业教育免费制度。建立健全向农民工免费提供职业教育和技能培训制度。完善社会化职业技能培训、考核、鉴定、认证体系,规范职业技能鉴定收费标准。提高技能人才经济待遇和社会地位。**(人力资源社会保障部、财政部、发展改革委、教育部、民政部、全国总工会负责)**

3. **促进中低收入职工工资合理增长。**建立反映劳动力市场供求关系和企业经济效益的工资决定及正常增长机制。完善工资指导线制度,建立统一规范的企业薪酬调查和信息发布制度。根据经济发展、物价变动等因素,适时调整最低工资标准,到2015年绝大多数地区最低工资标准达到当地城镇从业人员平均工资的40%以上。研究发布部分行业最低工资标准。以非公有制企业为重点,积极稳妥推行工资集体协商和行业性、区域性工资集体协商,到2015年,集体合同签订率达到80%,逐步解决一些行业企业职工工资过低的问题。落实新修订的劳动合同法,研究出台劳务派遣规定等配套规章,严格规范劳务派遣用工行为,依法保障被派遣劳动者的同工同酬权利。**(人力资源社会保障部、发展改革委、全国总工会负责)**

4. **加强国有企业高管薪酬管理。**对部分过高收入行业的国有及国有控股企业,严格实行企业工资总额和工资水平双重调控政策,逐步缩小行业工资收入差距。建立与企业领导人分类管理相适应、选任方式相匹配的企业高管人员差异化薪酬分配制度,综合考虑当期业绩和持续发展,建立健全根据经营管理绩效、风险和责任确定薪酬的制度,对行政任命的国有企业高管人员薪酬水平实行限高，推广薪酬延期支付和追索扣回制度。缩小国有企业内部分配差距，高管人员薪酬增幅应低于企业职工平均工资增幅。对非国有金融企业和上市公司高管薪酬，通过完善公司治理结构，增强董事会、薪酬委员会和股东大会在抑制畸高薪酬方面的作用。（人力资源社会保障部、财政部、国资委、发展改革委、监察部、全国总工会等负责）

5. 完善机关事业单位工资制度。建立公务员和企业相当人员工资水平调查比较制度，完善科学合理的职务与职级并行制度，适当提高基层公务员工资水平；调整优化工资结构，降低津贴补贴所占比例，提高基本工资占比；提高艰苦边远地区津贴标准，抓紧研究地区附加津贴实施方案。结合分类推进事业单位改革，建立健全符合事业单位特点、体现岗位绩效和分级分类管理的工资分配制度。（人力资源社会保障部、财政部、发展改革委、监察部、全国总工会等负责）

6. 健全技术要素参与分配机制。建立健全以实际贡献为评价标准的科技创新人才薪酬制度，鼓励企事业单位对紧缺急需的高层次、高技能人才实行协议工资、项目工资等。加强知识产权保护，完善有利于科技成果转移转化的分配政策，探索建立科技成果入股、岗位分红权激励等多种分配办法，保障技术成果在分配中的应得份额。完善高层次、高技能人才特殊津贴制度。允许和鼓励品牌、创意等参与收入分配。（人力资源社会保障部、科技部、财政部、国资委、证监会等负责）

7. 多渠道增加居民财产性收入。加快发展多层次资本市场，落实上市公司分红制度，强化监管措施，保护投资者特别是中小投资者合法权益。推进利率市场化改革,适度扩大存贷款利率浮动范围,保护存款人权益。严格规范银行收费行为。丰富债券基金、货币基金等基金产品。支持有条件的企业实施员工持股计划。拓宽居民租金、股息、红利等增收渠道。(人民银行、证监会、银监会负责)

8.**建立健全国有资本收益分享机制**。全面建立覆盖全部国有企业、分级管理的国有资本经营预算和收益分享制度,合理分配和使用国有资本收益,扩大国有资本收益上交范围。适当提高中央企业国有资本收益上交比例,“十二五”期间在现有比例上再提高5个百分点左右,新增部分的一定比例用于社会保障等民生支出。(财政部、国资委、银监会负责)

9.**完善公共资源占用及其收益分配机制**。建立健全资源有偿使用制度和生态环境补偿机制。完善公开公平公正的国有土地、海域、森林、矿产、水等公共资源出让机制,加强对自然垄断行业的监管,防止通过不正当手段无偿或低价占有和使用公共资源。建立健全公共资源出让收益全民共享机制,出让收益主要用于公共服务支出。(财政部、国土资源部等负责)

(二)加快健全再分配调节机制。

10.**集中更多财力用于保障和改善民生**。加大对教育、就业、社会保障、医疗卫生、保障性住房、扶贫开发等方面的支出,进一步加大对中西部地区特别是革命老区、民族地区、边疆地区和贫困地区的财力支持。严格控制行政事业单位机构编制,“十二五”期间中央和地方机构编制总量只减不增,减少领导职数,降低行政成本。坚决反对铺张浪费,严格控制“三公”经费预算,全面公开“三公”经费使用情况。“十二五”时期社会保障和就业支出

占财政支出比重提高2个百分点左右。(财政部、中央编办、人力资源社会保障部负责)

11. **加大促进教育公平力度。**合理配置教育资源,重点向农村、边远、贫困、民族地区倾斜。全面落实九年义务教育免费政策,严格规范教育收费行为。进一步完善普通高中、普通本科高校、中等职业学校和高等职业院校家庭经济困难学生国家资助政策,逐步提高补助标准。为家庭经济困难儿童、孤儿和残疾儿童接受学前教育提供补助。切实解决农民工随迁子女平等接受义务教育和参加当地中考、高考问题。(教育部、财政部、发展改革委、民政部、人力资源社会保障部等负责)

12. **加强个人所得税调节。**加快建立综合与分类相结合的个人所得税制度。完善高收入者个人所得税的征收、管理和处罚措施,将各项收入全部纳入征收范围,建立健全个人收入双向申报制度和全国统一的纳税人识别号制度,依法做到应收尽收。取消对外籍个人从外商投资企业取得的股息、红利所得免征个人所得税等税收优惠。(财政部、税务总局负责)

13. **改革完善房地产税等。**完善房产保有、交易等环节税收制度,逐步扩大个人住房房产税改革试点范围,细化住房交易差别化税收政策,加强存量房交易税收征管。扩大资源税征收范围,提高资源税税负水平。合理调整部分消费税的税目和税率,将部分高档娱乐消费和高档奢侈消费品纳入征收范围。研究在适当时期开征遗产税问题。(财政部、税务总局、住房城乡建设部、国土资源部负责)

14. **完善基本养老保险制度。**全面落实城镇职工基本养老保险省级统筹,“十二五”期末实现基础养老金全国统筹。分类推进事业单位养老保险制度改革，研究推进公务员养老保险制度改革。提高农民工养老保险参保率。健全城镇居民和新型农村社会养老保险制度。建立兼顾各类人员的养老保障待遇确定机制和正常调整机制。发展企业年金和职业年金，发挥商业保险补充性作用。扩大社会保障基金筹资渠道，建立社会保险基金投资运营制度。**（人力资源社会保障部、财政部、发展改革委、证监会、全国总工会负责）**

15. **加快健全全民医保体系。**提高城镇居民基本医疗保险和新型农村合作医疗筹资和待遇水平，整合城乡居民基本医疗保险制度。稳步推进职工医保、城镇居民医保和新农合门诊统筹。"十二五"期末基本医疗保险政策范围内医保基金支付水平达到75%以上，明显缩小与实际住院费用报销支付比例的差距。建立城乡居民大病保险制度，完善城乡医疗救助制度。全面实现统筹区域和省内异地就医即时结算。逐步增加人均基本公共卫生服务经费，提高基本公共卫生服务水平。**（国务院医改办、人力资源社会保障部、卫生部、财政部、民政部、全国总工会负责）**

16. **加大保障性住房供给。**建立市场配置和政府保障相结合的住房制度，加强保障性住房建设和管理，满足困难家庭基本需求。"十二五"期末全国城镇保障性住房覆盖面达到20%左右，按质量标准完成农村困难家庭危房改造1000万户以上，实现全国游牧民定居目标。**（住房城乡建设部、发展改革委、财政部、民政部负责）**

17. **加强对困难群体救助和帮扶。**健全城乡低收入群体基本生活保障标准与物价上涨挂钩的联动机制，逐步提高城乡居民最低生活保障水平。提高优抚对象抚恤补助标准。建立健全经济困难的高龄、独居、失能等老年人补贴制度。完善孤儿基本生活保障制度，推进孤儿集中供养，建立其他困境儿童生活救助制度。建立困难残疾人生活补贴和重度残疾人护理补贴制度。**（民政部、发展改革委、财政部、全国总工会负责）**

18. **大力发展社会慈善事业**。积极培育慈善组织，简化公益慈善组织的审批程序，鼓励有条件的企业、个人和社会组织举办医院、学校、养老服务等公益事业。落实并完善慈善捐赠税收优惠政策，对企业公益性捐赠支出超过年度利润总额12%的部分，允许结转以后年度扣除。加强慈善组织监督管理。**（民政部、财政部、税务总局、证监会等负责）**

（三）建立健全促进农民收入较快增长的长效机制。

19. **增加农民家庭经营收入**。健全农产品价格保护制度，稳步提高重点粮食品种最低收购价，完善大宗农产品临时收储政策。着力推进农业产业化，大力发展农民专业合作和股份合作，培养新型经营主体，支持适度规模经营，加大对农村社会化服务体系的投入，促进产销对接和农超对接，使农民合理分享农产品加工、流通增值收益。因地制宜培育发展特色高效农业和乡村旅游，使农民在农业功能拓展中获得更多收益。**（发展改革委、农业部、财政部负责）**

20. **健全农业补贴制度**。建立健全农业补贴稳定增长机制，完善良种补贴、农资综合补贴和粮食直补政策，增加农机购置补贴规模，完善农资综合补贴动态调整机制，新增农业补贴向粮农和种粮大户倾斜。完善林业、牧业和渔业扶持政策。逐步扩大农业保险保费补贴范围，适当提高保费补贴比例，进一步细化和稳步扩大农村金

融奖补政策。(财政部、农业部等负责)

21. **合理分享土地增值收益。** 搞好农村土地确权、登记、颁证工作,依法保障农民的土地财产权。按照依法自愿有偿原则,允许农民以多种形式流转土地承包经营权,确保农民分享流转收益。完善农村宅基地制度,保障农户宅基地用益物权。改革征地制度,依法保障农民合法权益,提高农民在土地增值收益中的分配比例。(国土资源部、农业部、财政部等负责)

22. **加大扶贫开发投入。** 大幅增加财政专项扶贫资金,新增部分主要用于支持集中连片特殊困难地区扶贫攻坚,加大以工代赈力度,努力实现贫困地区农民人均收入增长幅度高于全国平均水平。"十二五"时期,对240万生存条件恶劣地区的农村贫困人口实施异地扶贫搬迁;按照人均2300元(2010年不变价)的扶贫标准,到2015年扶贫对象减少8000万人左右。(扶贫办、财政部、农业部、发展改革委负责)

23. **有序推进农业转移人口市民化。** 制定公开透明的各类城市农业转移人口落户政策,探索建立政府、企业、个人共同参与的市民化成本分担机制,把有稳定劳动关系、在城镇居住一定年限并按规定参加社会保险的农业转移人口逐步转为城镇居民,重点推进解决举家迁徙及新生代农民工落户问题。实施全国统一的居住证制度,努力实现城镇基本公共服务常住人口全覆盖。(人力资源社会保障部、发展改革委、公安部等负责)

(四)推动形成公开透明、公正合理的收入分配秩序。

24. **加快收入分配相关领域立法。** 研究出台社会救助、慈善事业、扶贫开发、企业工资支付保障、集体协商、国有资本经营预算、财政转移支付管理等方面法律法规,及时修订完善土地管理、矿产资源管理、税收征管、房产税等方面法律法规。建立健全财产登记制度,完善财产法律保护制度,保障公民合法财产权益。(**民政部、财政部、人力资源社会保障部、国土资源部、国资委、税务总局、法制办、全国总工会等按职责分工负责**)

25. **维护劳动者合法权益。**健全工资支付保障机制,将拖欠工资问题突出的领域和容易发生拖欠的行业纳入重点监控范围,完善与企业信用等级挂钩的差别化工资保证金缴纳办法。落实清偿欠薪的工程总承包企业负责制、行政司法联动打击恶意欠薪制度、保障工资支付属地政府负责制度。完善劳动争议处理机制,加大劳动保障监察执法力度。(**人力资源社会保障部、全国总工会负责**)

26. **清理规范工资外收入。**严格规范党政机关各种津贴补贴和奖金发放行为,抓紧出台规范改革性补贴的实施意见。加强事业单位创收管理,规范科研课题和研发项目经费管理使用,严格公务招待费审批和核算等制度规定。严格控制国有及国有控股企业高管人员职务消费,规范车辆配备和使用、业务招待、考察培训等职务消费项目和标准,职务消费接受职工民主监督,相关账目要公开透明。(**财政部、监察部、人力资源社会保障部、国资委等负责**)

27. **加强领导干部收入管理。**全面落实《关于领导干部报告个人有关事项的规定》,严格执行各级领导干部如实报告收入、房产、投资、配偶子女从业等情况的规定,对隐报瞒报、弄虚作假等行为,通过抽查、核查,及时纠正,严肃处理。继续规范领导干部离职、辞职或退(离)休后的个人从业行为,严格按照有关程序、条件和要求办理兼

职任职审批事项。(监察部等负责)

28.严格规范非税收入。按照正税清费的原则,继续推进费改税,进一步清理整顿各种行政事业性收费和政府性基金,坚决取消不合法、不合理的收费和基金项目,收费项目适当降低收费标准。建立健全政府非税收入收缴管理制度。(财政部、发展改革委、税务总局负责)

29.打击和取缔非法收入。围绕国企改制、土地出让、矿产开发、工程建设等重点领域,强化监督管理,堵住获取非法收入的漏洞。严厉打击走私贩私、偷税逃税、内幕交易、操纵股市、制假售假、骗贷骗汇等经济犯罪活动。严厉查处权钱交易、行贿受贿行为。深入治理商业贿赂。加强反洗钱工作和资本外逃监控。(监察部、公安部、税务总局等负责)

30.健全现代支付和收入监测体系。大力推进薪酬支付工资化、货币化、电子化,加快现代支付结算体系建设,落实金融账户实名制,推广持卡消费,规范现金管理。完善机关和国有企事业单位发票管理和财务报销制度,全面推行公务卡支付结算制度。整合公安、民政、社保、住房、银行、税务、工商等相关部门信息资源,建立健全社会信用体系和收入信息监测系统,完善个人所得税信息管理系统。建立城乡住户收支调查一体化制度。(人民银行、税务总局、统计局、财政部、发展改革委、民政部、人力资源社会保障部等按职责分工负责)

二、工作要求

(一)加强领导,明确分工。各有关部门要按照上述任务分工,抓紧研究出台配套方案和实施细则,认真组织实施。各级政府要将深化收入分配制度改革列入重要议事日程,建立统筹协调机制,把落实收入分配政策、增加城乡居民收入、缩小收入分配差距、规范收入分配秩序作为重要任务，纳入日常考核。

（二）加强配合，密切协作。对实施中涉及多个部门的工作，牵头部门要加强协调，其他部门要积极支持和配合。各地区要结合本地实际，在部分领域先行先试，积极探索。

（三）加强督查，抓好落实。发展改革委要认真做好统筹协调工作，深入调查研究，强化督促检查，认真总结经验，及时解决改革中出现的突出矛盾和问题，重要工作进展情况及时报国务院。

国务院办公厅

2013年2月8日

（此件公开发布）

这是国务院办公厅下发的一份关于贯彻落实发展改革委等部门《关于深化收入分配制度改革若干意见》提出的各项目标任务和政策措施的指示性通知，事关重大，影响面广。通知缘起语简明概括，通知事项部分分条列项，重点突出，分工部门和执行要求明确，措施具体，具有很强的可操作性。这份指示性通知为全国范围内的深化收入分配制度改革，指示明确了行动方向。

2.知照性通知

知照性通知，只是知照情况，行文简洁明快，内容单一集中，篇幅较短。

知照性通知在写作时虽然简单，还是要有标题、收文机关名称、正文、落款这些内容，只是要求通知缘起语要直陈、简约，通知事项要直截了当，常以“特此通知”的尾语结束全文。

例文

国务院关于部委管理的国家局设置的通知

各省、自治区、直辖市人民政府,国务院各部委、各直属机构:

根据国务院第一次常务会议审议通过的国务院部委管理的国家局设置方案,现将部委管理的国家局设置通知如下:

国家信访局,由国务院办公厅管理。

国家粮食局,由国家发展和改革委员会管理。

国家能源局,由国家发展和改革委员会管理。

国家国防科技工业局,由工业和信息化部管理。

国家烟草专卖局,由工业和信息化部管理。

国家外国专家局,由人力资源和社会保障部管理。

国家公务员局,由人力资源和社会保障部管理。

国家海洋局,由国土资源部管理。

国家测绘地理信息局,由国土资源部管理。

国家铁路局,由交通运输部管理。

中国民用航空局,由交通运输部管理。

国家邮政局,由交通运输部管理。

国家文物局,由文化部管理。

国家中医药管理局,由国家卫生和计划生育委员会管理。

国家外汇管理局,由中国人民银行管理。

国家煤矿安全监察局,由国家安全生产监督管理总局管理。

国家档案局与中央档案馆、国家保密局与中央保密委员会办公室、国家密码管理局与中央密码工作领导小组办公室，一个机构两块牌子，列入中共中央直属机关的下属机构序列。

国务院

2013 年 3 月 19 日

（此件公开发布）

这是国务院下发的关于国务院部委管理的国家局设置的知照性通知。本通知行文简洁明快，将一件历史性的变化说得十分清晰。

3. 转发性通知

转发性通知，是批转下级机关的公文，转发上级机关和不相隶属机关的公文时使用的通知。

转发性通知的结构，由标题、收文机关名称、正文、落款、附件五个部分构成。

转发性通知的标题，由转发机关名称、事由即转发某某被转发的公文、文种三个要素构成。转发性通知标题的这三个要素都不能省略。

转发性通知的收文机关，公文转发到哪一级，哪一级机关就是转发性通知的收文机关。

转发性通知的正文有两种形式：一是只有单一的“转发决定”的通知，即“篇段合一”式，这一类通知的正文包括被批转、转发的公文的发文机关、标题和转发机关对所批转、转发公文的态度、意见、执行要求两个部分；二是由“转发决定”和“转发指示”构成，即在前一种正文的基础上，再增加一个“转发指示”。

转发性通知的落款，与一般公文要求相同。

转发性通知都带有附件，也就是被转发的公文。

例文

国务院批转发展改革委等部门关于深化收入分配制度改革若干意见的通知

各省、自治区、直辖市人民政府,国务院各部委、各直属机构:

国务院同意发展改革委、财政部、人力资源社会保障部《关于深化收入分配制度改革的若干意见》,现转发给你们,请认真贯彻执行。

收入分配制度是经济社会发展中一项带有根本性、基础性的制度安排,是社会主义市场经济体制的重要基石。改革开放以来,我国收入分配制度改革不断推进,与基本国情、发展阶段相适应的收入分配制度基本建立。同时,收入分配领域仍存在一些亟待解决的突出问题,城乡区域发展差距和居民收入分配差距依然较大,收入分配秩序不规范,隐性收入、非法收入问题比较突出,部分群众生活比较困难。当前,我国已经进入全面建成小康社会的决定性阶段,按照党的十八大提出的千方百计增加居民收入的战略部署,要继续深化收入分配制度改革,优化收入分配结构,调动各方面积极性,促进经济发展方式转变,维护社会公平正义与和谐稳定,实现发展成果由人民共享,为全面建成小康社会奠定扎实基础。

我国仍处于并将长期处于社会主义初级阶段,当前收入分配领域出现的问题是发展中的矛盾、前进中的问题,必须通过促进发展、深化改革来逐步加以解决。解决这些问题，也是城乡居民在收入普遍增加、生活不断改善过程中的新要求新期待。同时也应该看到，深化收入分配制度改革，是一项十分艰巨复杂的系统工程，不可能一蹴而就，必须从我国基本国情和发展阶段出发，立足当前、着眼长远，克难攻坚、有序推进。

深化收入分配制度改革，要坚持共同发展、共享成果。倡导勤劳致富、支持创业创新、保护合法经营，在不断创造社会财富、增强综合国力的同时，普遍提高人民富裕程度。坚持注重效率、维护公平。初次分配和再分配都要兼顾效率和公平，初次分配要注重效率，创造机会公平的竞争环境，维护劳动收入的主体地位；再分配要更加注重公平，提高公共资源配置效率，缩小收入差距。坚持市场调节、政府调控。充分发挥市场机制在要素配置和价格形成中的基础性作用，更好地发挥政府对收入分配的调控作用，规范收入分配秩序，增加低收入者收入，调节过高收入。坚持积极而为、量力而行。妥善处理好改革发展稳定的关系，着力解决人民群众反映突出的矛盾和问题，突出增量改革，带动存量调整。

各地区、各部门要深入学习和全面贯彻落实党的十八大精神，充分认识深化收入分配制度改革的重大意义，将其列入重要议事日程，建立统筹协调机制，把落实收入分配政策、增加城乡居民收入、缩小收入分配差距、规范收入分配秩序作为重要任务。各有关部门要围绕重点任务，明确工作责任，抓紧研究出台配套方案和实施细则，及时跟踪评估政策实施效果。各地区要结合本地实际，制定具体措施，确保改革各项任务落到实处。要坚持正确的舆论导向，引导社会预期，回应群众关切，凝聚各方共识,形成改革合力,为深化收入分配制度改革营造良好的社会环境。

国务院

2013年2月3日

(此件公开发布)

这是国务院批转发展改革委等部门关于深化收入分配制度改革若干意见的通知。通知后附有发展改革委、财政部、人力资源社会保障部《关于深化收入分配制度改革的若干意见》(见前)。国务院这份转发性通知即由转发决定和转发指示构成。转发指示措辞坚决,讲清楚了收入分配制度在社会主义市场经济体制中的重要意义,对深化收入分配制度改革工作做了明确指示。这份通知与所批转的意见一起,共同构成如何进行深化收入分配制度改革的指导性公文。

转发性通知的正文一般都较为简洁,它们的重点通常不在它的正文,而在它的附件。因此,转发性通知的正文一定要完整、准确地写出被批转、转发的公文标题,其他内容则应尽量简洁。如果缺少了后面的附件,这种性质的通知就会成为无的放矢。

思考

1. 通知的作用有哪些?
2. 一份完整的指示性通知,其结构应包括哪些内容?
3. 知照性通知的写作要求是什么?
4. 转发性通知的特点是什么?

第三节　通　报

一、通报的作用

通报适用于表彰先进、批评错误、传达重要精神和告知重要情况。

通报是党政机关和企事业单位把工作情况、经验教训、正反两方面的典型事例,及具有典范、教育、警戒、指导意义的事件,通报所属下级单位的公文文种。通报属于知照性公文,是下行文。

通报有客观告知的作用,但它更主要的作用,是由点到面,对未来的工作做出指导。通报的生命力不仅在于它发现了工作中存在的某个问题,更主要的,是它由个别事例这一"点"上看到了"面"上工作中普遍存在的问题,并由此抓住其中的规律,对"面"上工作做出新的指导和安排。

二、通报的结构

通报在写作时,分标题、正文和落款三个部分。

通报的标题,一般由发文机关名称、事由和文种"通报"三部分构成。有时可以省略发文机关名称,由事由和文种构成;有时也可以省略事由,只写发文机关名称和文种。但作为正式公文行文的通报标题,不应只写"通报"两字作为标题。

通报的正文包括通报摘要、通报事项、经验教训及要求等三项内容。

通报摘要,这部分应写明三条:一是通报事项要点,在写作时应极其简明,注意不要与后面通报事项部分重复;二是通报发出单位对通报事项的态度,即对通报事项是赞成、肯定,还是反对、否定;三是通报决定,是指决定在什么范围内给予通报表扬或批评,有时在这部分还写上通报希望。

通报事项,这部分的写作要求比较详细,诸如事件发生的时间、地点、主要情节、结果;成绩的取得的主要过程,主要人物的思想、行为;或者犯错误人员的主要错误事实、后果,犯错误人员的态度等等,都要真实、准确、简明扼要地叙述出来。但要注意:不要形象地再现事件过程,把通报事项写得活灵活现,以免喧宾夺主,有违于通报的目的。要用朴素的文字、简单的句式、平实的结构,客观、冷静地陈述事件。

经验教训及要求,这部分是通报事项部分的合理发展和理论化。因为印发表扬或批评性通报的根本目的,不仅仅是为了在某一范围内宣扬某人的成绩、贡献或批评某人的某一错误,更主要的是要使更多的单位和个人从中吸取一些有益的东西,以点促面,使更多的人接受教育,做好工作。因此通报正文经验教训部分的写作在一般情况下都不是可有可无,或者可以草率从事的。相反,应该十分认真地把这部分写好。

通报的落款与一般公文要求相同。

例文

国务院安委会办公室
关于近期几起事故情况的通报

各省、自治区、直辖市及新疆生产建设兵团安全生产委员会,国务院安委会有关成员单位,有关中央企业:

近期,全国接连发生多起建筑施工、火灾和化工企业爆炸事故,给人民群众生命财产造成重大损失。对此,党中央、国务院高度重视,温家宝总理、马凯国务委员作出重要批示,要求有关方面加强交通安全、施工安全、防火防爆等工作,有效防范各类事故发生。现将有关情况通报如下:

2012年12月25日14时40分左右，中铁隧道集团二处有限公司承建的山西中南部铁路通道ZNTJ－6标南吕梁山隧道1号斜井发生爆炸事故，造成8人死亡。事故发生后该企业瞒报，12月30日经群众举报后核实，性质十分恶劣。

2012年12月28日22时左右，安徽八一化工股份有限公司氯苯车间主体装置西侧降膜吸收区域发生火灾，造成重建的年产6万吨氯苯生产装置部分设施受损，虽无人员伤亡，但因厂区邻近人口密集区，引起社会高度关注。

2012年12月31日21时左右，上海市浦东金桥地区由上海建工二建集团有限公司承建的轨道交通12号线金桥停车场在地面检修库房施工过程中浇筑平台发生坍塌，造成5人死亡。

2013年1月1日3时左右，浙江省杭州市萧山区瓜沥镇空港新城永成机械有限公司发生火灾，过火面积约6000余平方米。在灭火救援过程中，3名消防官兵牺牲。

针对上述几起事故暴露出的问题，为进一步加强建筑、消防、交通等行业领域安全生产工作，有效防范和坚决遏制各类事故发生，现提出以下要求：

一、进一步强化安全生产责任制落实。各地区、各有关部门和单位要按照《中共中央办公厅国务院办公厅关于做好2013年元旦、春节期间有关工作的通知》和《国务院安委会办公室关于做好冬季和2013年元旦春节期间安全生产工作的通知》（安委办明电〔2012〕29号）要求，认真组织开展安全大检查，严格执行各项安全生产制度，严格落实安全生产责任制。要深化建筑施工、交通运输、化工等行业领域安全监管“一岗双责”制度，尤其要落实企业安全生产主体责任，落实法定代表人负责制，并把责任层层落实到每个环节、每个岗位、每个员工。

二、进一步强化施工现场安全管理。各地区、各有关部门和单位要督促工程建设各方认真开展施工现场安全隐患排查治理，督促现场作业人员严格执行操作规程，落实安全防护措施。要加强对建设工程施工现场的监督检查，强化日常安全监管，严肃查处“三违”行为；要加大对事故易发频发的重点部位和环节的监管力度，发现使用不合格产品或未经检测检验的设施设备的，要坚决责令清出工地或停止使用；对危险工序、工段，要督促施工单位严格执行专项施工方案，加强现场监控和技术指导。

三、进一步强化消防安全专项整治。各地区、各有关部门和单位要结合“打非治违”专项行动中发现的消防安全突出问题，在春节前后集中开展消防安全专项整治，继续把易发生群死群伤火灾事故的“三合一”、“多合一”场所和人员密集场所、高层建筑、地下空间、建设项目、城中村、城乡结合部以及小旅馆、小餐馆、小商店、小网吧等场所作为重点整治对象，严厉打击各类消防安全非法违法行为。化工、危险化学品企业要严格执行领导和工程技术人员值班值守制度，严格动火、进入受限空间等安全作业许可，加强试生产、开停车安全管理和泄漏安全管理，加强现场巡检和重要参数监控，突出做好冬季防冻防凝工作，严防爆炸、火灾和中毒窒息等各类事故发生。

四、严肃查处事故，严厉打击瞒报事故行为。各地区、各有关部门要按照“四不放过”和“科学严谨、依法依规、实事求是、注重实效”的原则，严肃事故调查处理，加快结案进度，并将查处结果及时向社会公布。要进一步加大对瞒报事故行为的查处、打击和惩治力度，从严从重处罚瞒报事故的单位和人员，以儆效尤。

此外，进入冬季以来，受雨雪冰冻天气影响，道路交通不安全因素较多，各地区、各有关部门和各类交通运输企业要认真落实 2012 年 12 月 31 日公安部、交通运输部、国家安全监管总局联合召开的道路交通安全工作视频会议精神，切实抓好道路交通安全工作，有效防范和坚决遏制各类交通事故尤其是重特大事故的发生。

国务院安全生产委员会办公室

2013 年 1 月 2 日

这是国务院安全生产委员会办公室下发的关于重大事故的批评性通报。通报扼要陈述事实，深入分析事故原因，指出事故的教训所在，提出今后的要求。全文结构平实，文字朴素，以客观冷静的态度，精辟地总结出这类重大事故的深刻教训，以警戒其他地区和部门不再重犯。

三、撰写通报的注意事项

撰写通报时，要注意以下问题：

首先，通报与其他所有公文一样，事例一定要真实。通报所根据的，应该是真人真事，来不得半点虚假和水分。否则，通报一旦发出，不但影响教育效果，还会损害发文机关的声誉。所以，在撰写通报时，一般都要调查、核对事实，做到准确无误。通报中引用的材料，必须反复核实，无论表扬或批评，都要慎重。特别是加批转发性的通报，对原件的报道，一定要经过核实，才能转发。

其次，通报的材料要有典型性和普遍性，对当前的工作具有指导意义。这是由通报的作用决定的。无论表彰或批评性通报，其事例应让人感到确实值得学习或引以为戒。通报不仅要解决工作中出现的新问题，而且要认真分析这一问题给当前和今后工作带来的影响，把其中蕴涵的启示从对材料的陈述分析中汲取出来，作为今后工作的参照。

最后,通报具有较强的时间性。通报写作要迅速,行文要及时,必须抓紧时机,尽快发出,才能对当前工作起到积极的指导作用。否则,时过境迁,通报的作用就会削弱,不能起良好的教育作用。

思考

1. 一份完整的通报,其结构应包括哪些内容?

2. 通报写作的注意事项是什么?

第五章　报告、请示、批复

第一节　报告、请示

一、报告

报告适用于向上级机关汇报工作、反映情况，回复上级机关的询问。

报告属于陈述性公文，是上行文。

报告有各种不同的分类。根据其用途和内容的不同，可分为工作前的报告、答复上级询问的报告和工作后的报告。

无论是哪一种用途的报告，其结构都应该包括标题、收文机关名称、正文、落款这样几部分内容。

报告的标题一般由事由和文种两部分构成。也有的报告标题由报告机关名称、事由和文种三部分构成。有的报告内容紧急，可在文种前加上“紧急”字样。

报告的收文机关名称，即报告呈送的上级机关的名称。在标题下面，正文之前，要写上报告的收文机关即主送机关，通常是上级机关或业务主管部门。机关名称应写全称。除上级机关负责人直接交办的事项外，不得以机关名义向上级机关负责人报送报告。

报告的正文，主要有报告缘由、报告事项和报告结尾等三个部分。

报告缘由，即报告的根据、起因、目的。这部分在写作上要尽量言简意明，不可绕圈子或离题太远。

报告事项，即报告的主体。这部分是整个报告的核心，内容多，涉及面宽，在写作上有一定难度，报告撰写者应多下些功夫，把它写好。一般分为四项,第一是写清工作进展情况,包括进程、措施、结果、成效,第二是有哪些经验教训,第三是存在哪些问题,第四是下一步打算。由于各种报告用途和内容的不同,其报告事项的写法也各异。但无论是哪一种写法,都应做到层次清楚,顺序得当,逻辑严密;内容真实,有喜报喜,有忧报忧;以事为主,以理统事,事理结合;将真实的材料与中肯的议论融为一体。陈述事实清楚,再加上画龙点睛式的分析,这样的报告才能有很强的说服力。

报告结尾,惯用语常常是"此报告""特此报告",写在报告事项部分的下一段,另起一行。

报告的落款与一般公文要求相同。

例文

省新闻出版局关于
2012 年度政府信息公开情况的报告

省政府信息公开办:

根据《政府信息公开条例》及《浙江省人民政府办公厅关于认真做好 2012 年政府信息公开工作年度报告公布工作的通知》,现将我局 2012 年度政府信息公开工作情况报告如下:

一、政府信息公开工作基本情况

2012 年,我局在继续加强政府信息公开工作的组织领导、认真贯彻政府信息公开各项制度的同时,重点抓好门户网站的改版及新闻出版和版权工作的社会宣传,有效确保政府信息公开及时准确有效。一是加强电子政务建设,完善政府信息公开平台。2012 年,我局按照省政府电子政务建设要求和网站考评标准,全面改版升级局门户网站，完善网站栏目布局和功能，增加实用性、交互性、便利性、友好性，更好地发挥“浙江新闻出版网”作为我局政府信息公开第一平台的积极作用。进一步加强政务信息的发布，并通过在线咨询、在线举报、在线投诉等功能与社会公众加强互动，及时解疑释惑、提供服务。同时，不断完善新闻出版管理信息系统建设。加强报刊管理子系统的运行维护和应用，推进报刊、记者站管理的信息化、网络化，提高报刊、记者站审批、年度核验和日常管理工作的规范化、高效化、科学化。做好政务通在线值班工作，由专人负责，及时解答网民的咨询。二是加强新闻出版和版权工作的社会宣传。围绕有关新闻出版、版权工作组织开展主题宣传活动，如2012年全省全民阅读活动、“4·26”知识产权宣传周活动等，及时向社会发布《百种优秀书籍推荐书目》和“拒绝盗版，支持原创”等公益信息。同时，加强新闻发布工作，以新闻发布会形式加强新闻出版和版权工作的社会宣传，省版权局先后参与了长三角地区知识产权新闻发布会、承办了浙江省政府机关软件正版化工作新闻发布会（以省政府新闻办名义召开）等，大力营造尊重版权、保护版权的良好氛围。

二、主动和依申请公开政务信息情况

据统计，2012年，我局通过门户网站共发布文件474件、政务信息121则，公开行政许可办理结果和版权作品登记15090件，受理和处理在线咨询、在线举报、在线投诉、建言献策66件，办理回复“省长信箱”函件7件、“局长信箱”15件；编发《浙江新闻出版》22期约24万字；通过口头、电话、网络等方式解答咨询2000人次以上。

2012年我局未收到依申请公开事项，无因政府信息公开问题而被提起行政申诉、行政复议和行政诉讼的情况,没有政府信息公开收费情况。

下一步,我们将按照省委、省政府有关要求,根据“严格依法、全面真实、及时有效”的原则,围绕新闻出版和版权工作各项中心任务,从进一步建立健全政府信息公开工作机制上入手,进一步建立健全和严格落实主动公开、依申请公开、保密审查、信息公开工作责任考核、督查等各项政府信息公开制度,加大信息公开力度,提高信息公开工作水平,使政府信息公开工作更加扎实有效。

浙江省新闻出版局
2013 年 2 月 25 日

这是浙江省新闻出版局就政府信息公开工作情况写给浙江省政府信息公开办的报告。报告充分肯定了 2012 年浙江省政府信息公开工作,集中报告了加强电子政务建设,完善政府信息公开平台及加强新闻出版和版权工作的社会宣传两个主要方面的工作,提出了下一步的工作计划。报告事实清楚,层次清楚,文字简练。尤其是其中精确的数字,能够有效地说明问题。

二、请示

请示适用于向上级机关请求指示、批准。

请示属于请求性公文,是上行文。凡工作中发生的涉及方针、政策,或本单位职权范围内不能解决,或者是情况特殊、需要加以变通,以及遇到困难、请求上级帮助解决的重大事项和问题,都应向上级请示。

请示的写作是否规范,将直接影响到所请示的问题能否及时正确地得以解决。所以,对下面这些内容,一定要认真审慎地撰写,绝不能掉以轻心,草率行文。

一份完整的请示,应由标题、收文机关名称、正文、落款这样几个部分构成。

请示的标题，由请示单位名称、事由和文种三部分构成。有时可以省略请示单位名称，只写事由和文种。但是，不可只简单地写成“请示”。请示的标题不能省略事由，而要具体明确地反映出请示内容，不可太笼统。

请示的收文机关名称，即请示呈送的上级机关的名称。在标题下面，正文之前，要写上请示的收文机关即主送机关。除上级机关负责人直接交办的事项外，不得以机关名义向上级机关负责人报送请示。

请示的正文，包括请示缘由、请示事项和请求语三项内容。

请示缘由，即请示的原因和理由。这是请示的开头部分，要求作者写明为什么要请示。请示开头要陈述理由，把必须向上级请示的原因说清楚。特别是请求上级给予具体帮助的请示，更要尽量写清困难和问题，以达到预期的效果。

请示事项，即请示的具体问题。请示事项有时篇幅并不长，但必须写得明确、具体。不能只有抽象意向，而无具体方案和数据，应便于上级判断，及时给予批复，这是请示的落脚点和主要目的。在写请示之前，要认真进行调查研究，把所请示问题的来龙去脉，以及与有关部门的关系弄清楚，做到心中有数。在提出所要请示的问题之后，还应该提出自己中肯、可行的意见，即解决问题的办法和设想，来供上级机关参考。当对请示事项有两种以上的处理设想时，在如实向上级反映的同时，还要表明自己部门的倾向性想法。这样才能得到上级明确而有针对性的答复。

请求语是一种惯用语，在请示事项之后另起一段行文，常用“特此请示”、“当否，请核示”、“请审示”、“请批示”等。

请示的落款与一般公文要求相同。

例文

浙江省人民政府关于要求举办 2013 舟山群岛·中国海洋文化节的请示

国务院:

海洋文化是中国传统文化的重要组成部分,也是强化海洋意识、推进海洋强国、文化强国建设的重要平台。近年来,在党中央、国务院的关心下,我省紧紧依托浙江海洋经济发展示范区和浙江舟山群岛新区两大国家战略,在研究、继承和弘扬海洋文化,扩大海洋文化影响力,丰富我国海洋文化宝库等方面取得了明显的成效。特别是自 2005 年开始,我省与国家海洋局共同组织策划,成功举办了 7 届“中国海洋文化节”。该节以弘扬海洋文化、感恩海洋、休渔海洋、祈福平安、人与大海和谐相处等为主题,开展形式多样的主题文化活动,用文化的形式向社会公众广为宣传海洋,激发社会公众关注海洋、热爱海洋的情怀。

为认真贯彻落实党的十八大报告关于建设海洋强国和《全国海洋经济发展“十二五”规划》关于办好海洋文化节的精神,更好地普及海洋知识,宣传海洋强国理念,提升全民海洋意识,推动海洋文化传承与创新,展示我国海洋文化建设成果,我省拟联合国家海洋局、国家旅游局、文化部等部委于 5 月 18 日—7 月 18 日举办 2013 舟山群岛·中国海洋文化节。根据《中共中央办公厅国务院办公厅关于印发〈节庆活动管理办法(试行)〉的通知》(中办发〔2010〕33 号)有关规定,恳请国务院批准同意举办2013舟山群岛·中国海洋文化节。

特此请示。

附件:2013舟山群岛·中国海洋文化节主要活动

浙江省人民政府

2013年4月24日

这是浙江省人民政府为举办2013舟山群岛·中国海洋文化节写给国务院的请示。请示简明扼要地介绍了举办2013舟山群岛·中国海洋文化节必要性和重要性。请示理由充分,请示事项内容明确,层次清楚,条分缕析,提出的建议中肯可行。这样的请示上报以后,自然能够尽快得到上级明确的批复。

请示的写作要注意这样两个问题:一是请示应当一文一事,请示内容单一,便于上级机关及时研究,给予批复;二是原则上主送一个上级机关,要根据隶属关系和职权范围确定主送机关,谁主管就向谁请示,不可乱请示,多头请示,以免造成不必要的麻烦。如果确实也需要其他上级机关了解请示内容,需要同时送其他上级机关的,应当用抄送的形式。

三、"请示报告"是错误的

现在有一些基层单位,有所谓"请示报告"的写法。这种写法不仅直接违背了国务院发布的《党政机关公文处理工作条例》,而且与行政公文写作的要求也是背道而驰的。虽然从行文方向上来看,报告与请示均具有报请性公文的性质,都是上行文,但是两者仍有区别,不能混淆使用。

首先,它们的行文性质、用途不同。报告属陈述性公文,目的是让上级了解情况,以便加强领导,并不要求上级批复;请示属请求性公文,目的是请上级审核、批准事项,要求上级给予批复。

其次,它们的行文时限不同。报告行文不受时间限制,比较灵活,事前、事后、事中行文均可,而且较为常见的是事后行文;而请示由于要求上级批复,必须事前行文,待上级批复后方可着手办理,决不允许"先斩后奏"。

再次,它们对语言、格式的要求也不尽相同。报告是单纯汇报工作,反映情况,在行文中只能使用客观的陈述性的语言,而不应有请求的语气出现,结语不能带有期望答复的请求色彩;而请示需要上级及时批复,有所请求正是它应有的特点。

因此,报告与请示乃是两个不同的公文文种,《党政机关公文处理工作条例》明确规定:"不得在报告等非请示性公文中夹带请示事项"。公文撰写者在写作时绝不能将它们合二为一,写出不伦不类的"请示报告",以免贻误工作。

思考

1. 报告和请示的作用是什么?
2. 报告的结构包括哪些内容?
3. 请示的结构包括哪些内容?
4. 写作请示时要注意些什么?
5. 比较报告与请示的同异。

第二节 批 复

一、批复

批复适用于答复下级机关请示事项。

批复是和请示相互呼应的一对公文。它以下级机关的请示为存在条件,在行文上具有被动性;上级机关总是针对下级机关的请示作出答复,不能另找话题,在回复上具有针对性;下级机关所请示的,往往是一些事关全局性和政策性的重大事项,上级机关一旦作出批复,下级机关就必须执行,在效用上具有权威性。

批复在写作上，由标题、收文机关名称、正文和落款四个部分构成。

批复的标题，一般由作出批复的机关名称、事由和文种三部分构成。在事由中，通常要将下级机关所请示的事由写上，使人一目了然，便于理解和执行。有时可以省略作出批复的机关名称，只写事由和文种。但不能省略事由，也不能只写“批复”两字作为标题。

批复的收文机关名称，即写请示的发文机关。

一个完整的批复正文，一般包括批复根据、批复意见、批复希望和批复语四个部分。

批复根据，这是批复正文的首起语，主要写收到某单位某月某日的某请示，有时还要写上“经研究”字样，以此说明这一批复是有根据有针对性的，作出这一批复是经过认真研究的。

批复意见，这是针对请示中提出的问题而作的答复和指示，写作时要目的明确，意见具体，如果同意下级机关请示中的建议，要明确表态，给予肯定的答复；如果不同意下级机关的意见，要在作出否定的答复时，拿一定的文字说明一下不同意的理由和根据。

批复希望，这是从上级机关的角度提出的一些希望，这一项不是所有的批复都必须写，如确属必要，也要写得简单明了。

批复语，一般用“特此批复”、“此复”结束，也有的批复不用。

批复的落款与一般公文相同。

例文

国务院关于贵阳市城市总体规划的批复

贵州省人民政府：

你省《关于呈请批准贵阳市城市总体规划（2009—2020）的请示》（黔府呈〔2010〕30号）收悉。现批复如下：

一、原则同意修订后的《贵阳市城市总体规划

(2011—2020年)》(以下简称《总体规划》)。

二、贵阳是贵州省省会,我国西南地区重要的中心城市之一,全国重要的生态休闲度假旅游城市。要以科学发展观为指导,坚持经济、社会、人口、环境和资源相协调的可持续发展战略,统筹做好贵阳市城乡规划、建设和管理的各项工作。要不断增强城市综合实力和可持续发展能力,完善公共服务设施和城市功能,逐步把贵阳市建设成为经济繁荣、社会和谐、生态良好、特色鲜明的现代化城市。

三、重视城乡统筹发展。在《总体规划》确定的3121平方公里的城市规划区范围内,实行城乡统一规划管理。要加强城中村和城乡结合部的整治改造,统筹规划城镇基础设施和公共服务设施建设,为周边农村提供服务。要逐步疏解老城区的人口和功能,加强金阳新区和外围组团的规划和建设,优化中心城区总体布局。要重点发展县城和基础条件好、发展潜力大的建制镇,优化村镇布局,促进农业产业化和农村经济快速发展。

四、合理控制城市规模。到2020年,中心城区城市人口规模控制在320万人以内,城市建设用地规模控制在300平方公里以内。要贯彻落实城乡规划法中"先规划、后建设"的原则,严禁在《总体规划》确定的建设用地范围之外设立各类开发区和城市新区。要坚持节约和集约利用土地,合理开发利用城市地下空间资源,切实保护好耕地特别是基本农田。

五、完善城市基础设施体系。要加快公路、铁路和机场等交通基础设施建设,改善城市与周边地区的交通运输条件。要建立以公共交通为主体,各种交通方式相结合的多层次、多类型的城市综合交通系统,注重轨道交通的规划和建设。要统筹规划建设城市供水水源、给排水、污水和垃圾处理等基础设施,合理划定黄线保护范围。加强地下管网建设,实行统一规划、统一实施、统一管理。要重视城市防灾减灾工作,加强重点防灾设施和灾害监测预警系统的建设,建立健全包括消防、人防、防洪、防震和防地质灾害等在内的城市综合防灾体系。

六、建设资源节约型和环境友好型城市。要走节约资源、保护环境的集约化道路,坚持节流、开源、保护并重的原则,节约和集约利用资源。依靠科技进步,积极开发新能源,大力发展循环经济,切实做好节能减排工作。要坚持经济建设、城乡建设与环境建设同步规划,严格按照《总体规划》提出的各类环境保护标准限期达标。按照节能减排目标,明确责任主体,落实工作措施,严格控制高耗能行业的发展,大力推进工业、交通和建筑领域的节能。要加强城市环境综合治理,严格控制污染物排放总量,提高污水处理率和垃圾无害化处理率。划定城市水系的蓝线保护范围,加强水资源保护,严格控制地下水的开采和利用,提高水资源利用效率和效益,建设节水型城市。加强对红枫湖等风景名胜区和公园绿地、水源地、自然保护区等特殊生态功能区的保护,制订保护措施并严格实施。

七、创造良好的人居环境。要坚持以人为本,创建宜居环境,统筹安排关系人民群众切身利益的教育、医疗、市政等公共服务设施的规划布局和建设。将城市保障性住房建设纳入近期建设规划,确保保障性住房用地的供给规模、区位布局和相关资金投入,稳步推进城市和国有工矿棚户区改造,提高市民的居住和生活质量。

八、重视历史文化和风貌特色保护。要统筹协调发展与保护的关系,切实保护好城市传统风貌和格局。落实历史文化遗产保护紫线管理要求,切实保护好各级文物保护单位及其周围环境。合理划定绿线和蓝线保护范围,形成"一河、二环、三带、七点"的城市绿地和水体系统布局。要保护好自然山体、水体等景观,加强对南明河、百花湖等河湖沿岸建筑高度、体量和样式的控制引导,突出山水城市特色。

九、严格实施《总体规划》。城市建设要实现经济社会协调发展,物质文明和精神文明共同进步。城市管理要健全民主法制,坚持依法治市,构建和谐社会。《总体规划》是贵阳市城市发展、建设和管理的基本依据,城市规划区内的一切建设活动必须符合《总体规划》的要求。要结合国民经济和社会发展规划,明确实施《总体规划》的重点和建设时序。城市规划行政主管部门要依法对城市规划区范围内(包括各类开发区)的建设用地与建设活动实行统一、严格的规划管理,市级城市规划管理权不得下放,不得在《总体规划》确定的建设用地范围以外作出规划许可,切实保障《总体规划》的实施。要加强公众和社会监督,提高全社会遵守城市规划的意识。驻贵阳市各单位都要遵守有关法规及《总体规划》的要求,支持贵阳市人民政府的工作,共同努力,把贵阳市规划好、建设好、管理好。

贵阳市人民政府要根据本批复精神,认真组织实施《总体规划》,任何单位和个人不得随意改变。你省和住房城乡建设部要对《总体规划》实施工作进行指导、监督和检查。

国务院

2013 年 3 月 5 日

(此件公开发布)

这是国务院对贵州省人民政府关于贵阳市城市总体规划的请示所作的批复。这一批复虽然篇幅不长，但批复根据明确，批复意见具体，还有从上级机关角度提出的批复希望，为下级机关贯彻执行指出了明确的方向。

思考

1. 批复的作用是什么？

2. 批复由哪几个部分构成？

第六章 议案、函、纪要

第一节 议 案

一、议案的作用

议案适用于各级人民政府按照法律程序向同级人民代表大会或者人民代表大会常务委员会提请审议事项。

议案是各级行政机关依照法定程序向同级权力机关提出，并由权力机关审议、通过其所附法规或方案的公文。根据《中华人民共和国宪法》，各级人民代表大会及其常务委员会行使职权的基本方式，就是审议、通过同级人民政府提交的附带各种法规或方案的议案。各级人大及其常委会通过的议案，在同级范围内具有同等法律效力。

二、议案的写作要求

议案的结构，包括标题、收文机关名称、正文、落款和附件五个部分。

议案的标题，由提交议案的机关名称、事由和文种构成。有时同级人民政府使用了特定的公文纸，由于提交议案的机关名称已经印在版头部分，标题可以省略提交议案的机关名称。标题中的事由是议案主要内容的概括，要写得简明、准确。

议案的主送机关是固定的，其收文机关名称写在标题之下，左起顶格，用全称或规范化简称明确标出同级人民代表大会或其常务委员会的名称。

议案的正文，一般都比较简单。先是提请审议议案的理由、依据；接着是审议议案的内容，即提交审议、通过的法规或方案的具体名称；最后用“现提请审议”、“请予审议”之类的惯用语结束。

议案的落款，由同级人民政府领导人签署。

议案的附件，即提请审议的法规或方案的草案。

例文

浙江省人民政府关于提请审议《浙江省历史文化名城名镇名村保护条例(草案)》的议案

浙江省人大常委会：

《浙江省历史文化名城名镇名村保护条例(草案)》已经省人民政府第94次常务会议讨论通过，现将草案及说明一并报上。

省长　夏宝龙

2012年6月12日

浙江省历史文化名城名镇名村保护条例(草案)(略)

这是浙江省人民政府向省人大常委会提交的提请审议通过《浙江省历史文化名城名镇名村保护条例(草案)》的议案。行文精炼，主旨鲜明，简洁明了。所附的《浙江省历史文化名城名镇名村保护条例(草案)》，就是提请审议的法规的内容。

拟制议案，因其关涉重大，必须注意了解适用法律和相关政策，了解本地区实际情况，严格依照法律规定的职权范围行文。提交议案的同时，还必须将提请审议的法规或方案的草案作为附件附上。该法规或方案的草案一经人大或其常委会审议通过，就会作为正式法规或方案颁布施行，具有同等法律效力。

思考

1. 议案的作用是什么?

2. 怎样写作议案?

3. 写作议案要注意什么?

第二节 函

一、函的作用

函适用于不相隶属机关之间商洽工作、询问和答复问题、请求批准和答复审批事项。

函的用途较为灵活、广泛。平行机关或不相隶属机关之间在公务活动中往往必须相互联系,政府各部门与下一级政府间商洽工作、询问和答复问题、审批事项,用函的形式进行,此时的函就能够起到桥梁和纽带的作用。由于函加盖了公章,意味着以发函机关的名义在处理工作,所以同样具有行政公文的法定效力。

二、函的结构

函的结构,由标题、收函机关名称、正文和落款四部分构成。

函的标题,由发函机关名称、事由和文种三部分构成。如果使用发函机关统一制作的公文用纸,由于发函机关名称已经印在版头,可以省略发函机关名称,只写事由和文种;如果函件的内容特别简单,或者复杂得难以用一句话来概括,也可以省略事由,只写发函机关名称和文种。

收函机关名称,即函的主送机关的名称。

函的正文,包括发函缘由、主体和结语三个部分。

发函缘由,即发函的根据、目的。如果是复函,要先引述来函(或其他公文文种)的标题。要开门见山,直截了当。

函的主体,即商洽、询问、请求和答复的内容。要写得具体、准确、条理清楚。

函的结语，即希望用语，如“希见复为盼”、“希见复为感”、“望函复为要”、“望函复是荷”、“特此函复”、“特此函达”、“此复”等。这些希望用语根据来函、复函等不同情况，而选用不同的希望用语。

函的落款，即发函机关名称、发函时间、用印。

例文

关于切实加强汛期地质灾害防治工作的函

各省、自治区、直辖市国土资源主管部门，新疆生产建设兵团国土资源局：

2013年4月18日，国土资源部召开了全国汛期地质灾害防治工作视频会，对今年地质灾害防治工作进行了部署并提出了新的要求。四川省雅安市芦山县“4·20”地震发生后，地震灾区引发崩塌滑坡等次生地质灾害的可能性增大，地质灾害防治形势更加严峻。地震灾区各级国土资源部门务必加强地质灾害隐患点的排查、复查，健全群测群防体系，做好避灾临时安置点、灾后重建选址评估工作，为抢险救灾和灾后重建提供安全保障。

各省(区、市)在高度重视地震灾区地质灾害防范工作的同时，务必保持清醒认识，加强监测预警，强化应急值守，切实做好本地区的地质灾害防治工作，现就有关事项通知如下：

一、强化认识，确保工作主动。各地要分析形势，严判趋势，务必保持清醒认识，将防治地质灾害这一生命任务作为当前工作的重点来抓,把问题估计得更充分一些,把措施制定得更周全一些,坚持把工作做得更扎实一些,确保更加积极主动应对地质灾害防治的各项任务。

二、强化措施,确保工作落地。各地要认真贯彻落实《国务院关于加强地质灾害防治工作的决定》,尽快制定实施方案,商有关部门分解细化目标任务,力争建立长效机制,加快调查评价体系、监测预警体系、防治体系和应急体系的建立,确保各项工作责任到人,任务到人,措施到人。

三、强化合作,确保工作到位。各地要加强与气象、水利部门的合作,根据雨情、水情做好地质灾害的监测预警和信息发布,加强与交通运输、铁道、住房和城乡建设、教育等部门的信息共享,确实做好交通沿线、人口聚集区和学校、在建工程施工现场等周边的地质灾害防治工作。

四、强化避险,确保群众安全。各地要加强应急值守,保持通讯畅通,在汶川地震灾区、三峡库区等地质灾害易发多发地区派专家和专业队伍驻守,及时指导地方开展工作,立足防大灾、抢大险、应大急,依靠群测群防、监测预警,强化预防避让,尽力避免群死群伤,最大限度地避免和减轻地质灾害给人民生命财产造成的损失。

如有重要情况,请及时上报。

国土资源部地质灾害应急管理办公室

2013 年 4 月 20 日

这是国土资源部地质灾害应急管理办公室就切实加强汛期地质灾害防治工作致全国各省国土资源主管部门的函。函中就如何加强 2013 年地质灾害防治工作,作出原则指示,采取具体措施,对于防范地质灾害,最大限度地避免和减轻地质灾害给人民生命财产造成的损失，起到了关键性的作用。行文坦率恳切，简明朴实，以诚相待，落落大方。由于具体工作的需要，仍然可以分条列项，以使函件眉目清楚。

思考

1. 函的作用是什么？
2. 怎样写作函？
3. 比较函与私人书信的区别。

第三节　纪　要

一、纪要的作用

纪要适用于记载会议主要情况和议定事项。

纪要属实录性公文，所谓"纪要"，即记录要点的意思。纪要是根据会议的内容，对会议记录、会议文件加以整理、提高，撮要成文，以便与会者和有关单位参照执行的纪实性文件。

一般比较重要的会议，都要制发纪要。纪要既可用于上行，向上级汇报会议的情况，使上级机关了解会议的内容，以便及时得到上级机关指导；也可用于平行，进一步明确会议议定的事项和精神，使与会议议定事项有关的部门在处理工作时有所依据；还可用于下行，会议讨论议定的事项如具有普遍意义，可作为正式公文下达，让所有下属机关和部门结合自己的实际情况贯彻执行，以更充分地发挥纪要指导现实工作的作用。

二、纪要的结构

不同会议的纪要，或是作为正式文件传达贯彻，或是作为报刊新闻稿件发表，各自对撰写格式要求的严格程度也有不同。一般前者灵活性较小，后者灵活性大些。但无论是哪种纪要，都应有标题、正文这两项内容。

纪要的标题,由主办机关名称、会议名称和文种构成。如果在报刊发表,上述标题可作为副标题,另外再拟出一个正标题来。

纪要的正文,包括会议概况和会议内容纪要两个部分。

会议概况,即会议基本情况,包括会议背景,会议召开的目的、指导思想和依据,会议主持机关,会议举行的起止时间、地点,会议名称,与会人员,基本议程,主要活动,等等,有时也把会议的主要收获以及对会议的总评价写在这里。这一部分的作用,是用简短的文字把会议的概貌叙述出来。

会议内容纪要,即会议的主要精神,这是纪要的主体部分。这部分是纪要的核心,是会议主要精神的具体展开。这里可以先写一段有关的形势分析,提出会议讨论的问题;再写讨论这些问题的意义、目前工作情况、会议讨论的意见、决定的问题、提出的要求,包括今后应注意的事项、对工作的安排等。这部分的写作,在行文中常常使用“会议讨论了”、“会议认为”、“与会者认为”、“会议指出”、“会议强调”等作为段首用语进行叙述,把会议的主要精神反映出来。

有的纪要,在这两部分之后还有会议希望,即在最后提出希望,或发出号召,要求有关单位认真贯彻执行会议精神,努力完成会议提出的任务。

例文

全国部分法院审理毒品犯罪案件工作座谈会纪要

近年来,全国法院认真贯彻落实国家禁毒法律和政策,始终把打击毒品犯罪作为刑事审判工作的一项重要任务,依法严惩了一大批毒品犯罪分子,为净化社会环境,保护公民身心健康,维护社会和谐稳定作出了重要贡献。但是,由于国际国内各方面因素的影响,我国的禁毒形势仍然十分严峻。人民法院一定要从民族兴衰和国家安危的高度,深刻认识惩治毒品犯罪的极端重要性和紧迫性,认真贯彻执行刑法、刑事诉讼法和禁毒法的有关规定,坚持"预防为主,综合治理,禁种、禁制、禁贩、禁吸并举"的禁毒工作方针,贯彻宽严相济的刑事政策,充分发挥刑事审判职能,严厉打击严重毒品犯罪,积极参与禁毒人民战争和综合治理工作,有效遏制毒品犯罪发展蔓延的势头。

为了进一步加强毒品犯罪案件的审判工作,依法惩治毒品犯罪,最高人民法院于2008年9月23日至24日在辽宁省大连市召开了全国部分法院审理毒品犯罪案件工作座谈会。最高人民法院张军副院长出席座谈会并作讲话。座谈会在2000年在南宁市召开的"全国法院审理毒品犯罪案件工作座谈会"及其会议纪要、2004年在佛山市召开的"全国法院刑事审判工作座谈会"和2007年在南京市召开的"全国部分法院刑事审判工作座谈会"精神的基础上,根据最高人民法院统一行使死刑案件核准权后毒品犯罪法律适用出现的新情况,适应审理毒品案件尤其是毒品死刑案件的需要,对最高人民法院"关于全国法院审理毒品犯罪案件工作座谈会纪要"(即"南宁会议纪要")、有关会议领导讲话和有关审理毒品犯罪案件规范性文件的相关内容进行了系统整理和归纳完善,同时认真总结了近年来全国法院审理毒品犯罪案件的经验,研究分析了审理毒品犯罪案件中遇到的新情况、新问题,对人民法院审理毒品犯罪案件尤其是毒品死刑案件具体应用法律的有关问题取得了共识。现纪要如下:

一、毒品案件的罪名确定和数量认定问题

《刑法》第三百四十七条规定的走私、贩卖、运输、制造毒品罪是选择性罪名，对同一宗毒品实施了两种以上犯罪行为并有相应确凿证据的，应当按照所实施的犯罪行为的性质并列确定罪名，毒品数量不重复计算，不实行数罪并罚。对同一宗毒品可能实施了两种以上犯罪行为，但相应证据只能认定其中一种或者几种行为，认定其他行为的证据不够确实充分的，则只按照依法能够认定的行为的性质定罪。如涉嫌为贩卖而运输毒品，认定贩卖的证据不够确实充分的，则只定运输毒品罪。对不同宗毒品分别实施了不同种犯罪行为的，应对不同行为并列确定罪名，累计毒品数量，不实行数罪并罚。对被告人一人走私、贩卖、运输、制造两种以上毒品的，不实行数罪并罚，量刑时可综合考虑毒品的种类、数量及危害，依法处理。

罪名不以行为实施的先后、毒品数量或者危害大小排列，一律以刑法条文规定的顺序表述。如对同一宗毒品制造后又走私的，以走私、制造毒品罪定罪。下级法院在判决中确定罪名不准确的，上级法院可以减少选择性罪名中的部分罪名或者改动罪名顺序，在不加重原判刑罚的情况下，也可以改变罪名，但不得增加罪名。

对于吸毒者实施的毒品犯罪，在认定犯罪事实和确定罪名时要慎重。吸毒者在购买、运输、存储毒品过程中被查获的，如没有证据证明其是为了实施贩卖等其他毒品犯罪行为，毒品数量未超过《刑法》第三百四十八条规定的最低数量标准的，一般不定罪处罚；查获毒品数量达到较大以上的，应以其实际实施的毒品犯罪行为定罪处罚。

对于以贩养吸的被告人，其被查获的毒品数量应认定为其犯罪的数量，但量刑时应考虑被告人吸食毒品的情节，酌情处理；被告人购买了一定数量的毒品后，部分已被其吸食的，应当按能够证明的贩卖数量及查获的毒品数量认定其贩毒的数量，已被吸食部分不计入在内。

有证据证明行为人不以牟利为目的，为他人代购仅用于吸食的毒品，毒品数量超过《刑法》第三百四十八条规定的最低数量标准的，对托购者、代购者应以非法持有毒品罪定罪。代购者从中牟利，变相加价贩卖毒品的，对代购者应以贩卖毒品罪定罪。明知他人实施毒品犯罪而为其居间介绍、代购代卖的，无论是否牟利，都应以相关毒品犯罪的共犯论处。

盗窃、抢夺、抢劫毒品的，应当分别以盗窃罪、抢夺罪或者抢劫罪定罪，但不计犯罪数额，根据情节轻重予以定罪量刑。盗窃、抢夺、抢劫毒品后又实施其他毒品犯罪的，对盗窃罪、抢夺罪、抢劫罪和所犯的具体毒品犯罪分别定罪，依法数罪并罚。走私毒品，又走私其他物品构成犯罪的，以走私毒品罪和其所犯的其他走私罪分别定罪，依法数罪并罚。

二、毒品犯罪的死刑适用问题

审理毒品犯罪案件，应当切实贯彻宽严相济的刑事政策，突出毒品犯罪的打击重点。必须依法严惩毒枭、职业毒犯、再犯、累犯、惯犯、主犯等主观恶性深、人身危险性大、危害严重的毒品犯罪分子，以及具有将毒品走私入境，多次、大量或者向多人贩卖，诱使多人吸毒，武装掩护、暴力抗拒检查、拘留或者逮捕，或者参与有组织的国际贩毒活动等情节的毒品犯罪分子。对其中罪行极其严重依法应当判处死刑的，必须坚决依法判处死刑。

毒品数量是毒品犯罪案件量刑的重要情节,但不是唯一情节。对被告人量刑时,特别是在考虑是否适用死刑时,应当综合考虑毒品数量、犯罪情节、危害后果、被告人的主观恶性、人身危险性以及当地禁毒形势等各种因素,做到区别对待。近期,审理毒品犯罪案件掌握的死刑数量标准,应当结合本地毒品犯罪的实际情况和依法惩治、预防毒品犯罪的需要,并参照最高人民法院复核的毒品死刑案件的典型案例,恰当把握。量刑既不能只片面考虑毒品数量,不考虑犯罪的其他情节,也不能只片面考虑其他情节,而忽视毒品数量。

对虽然已达到实际掌握的判处死刑的毒品数量标准,但是具有法定、酌定从宽处罚情节的被告人,可以不判处死刑;反之,对毒品数量接近实际掌握的判处死刑的数量标准,但具有从重处罚情节的被告人,也可以判处死刑。毒品数量达到实际掌握的死刑数量标准,既有从重处罚情节,又有从宽处罚情节的,应当综合考虑各方面因素决定刑罚,判处死刑立即执行应当慎重。

具有下列情形之一的,可以判处被告人死刑:(1)具有毒品犯罪集团首要分子、武装掩护毒品犯罪、暴力抗拒检查、拘留或者逮捕、参与有组织的国际贩毒活动等严重情节的;(2)毒品数量达到实际掌握的死刑数量标准,并具有毒品再犯、累犯,利用、教唆未成年人走私、贩卖、运输、制造毒品,或者向未成年人出售毒品等法定从重处罚情节的;(3)毒品数量达到实际掌握的死刑数量标准,并具有多次走私、贩卖、运输、制造毒品,向多人贩毒,在毒品犯罪中诱使、容留多人吸毒,在戒毒监管场所贩毒,国家工作人员利用职务便利实施毒品犯罪,或者职业犯、惯犯、主犯等情节的;(4)毒品数量达到实际掌握的死刑数量标准，并具有其他从重处罚情节的；(5)毒品数量超过实际掌握的死刑数量标准，且没有法定、酌定从轻处罚情节的。

毒品数量达到实际掌握的死刑数量标准，具有下列情形之一的，可以不判处被告人死刑立即执行：(1)具有自首、立功等法定从宽处罚情节的；(2)已查获的毒品数量未达到实际掌握的死刑数量标准，到案后坦白尚未被司法机关掌握的其他毒品犯罪，累计数量超过实际掌握的死刑数量标准的；(3)经鉴定毒品含量极低，掺假之后的数量才达到实际掌握的死刑数量标准的，或者有证据表明可能大量掺假但因故不能鉴定的；(4)因特情引诱毒品数量才达到实际掌握的死刑数量标准的；(5)以贩养吸的被告人，被查获的毒品数量刚达到实际掌握的死刑数量标准的；(6)毒品数量刚达到实际掌握的死刑数量标准，确属初次犯罪即被查获，未造成严重危害后果的；(7)共同犯罪毒品数量刚达到实际掌握的死刑数量标准，但各共同犯罪人作用相当，或者责任大小难以区分的；(8)家庭成员共同实施毒品犯罪，其中起主要作用的被告人已被判处死刑立即执行，其他被告人罪行相对较轻的；(9)其他不是必须判处死刑立即执行的。

有些毒品犯罪案件，往往由于毒品、毒资等证据已不存在，导致审查证据和认定事实困难。在处理这类案件时，只有被告人的口供与同案其他被告人供述吻合，并且完全排除诱供、逼供、串供等情形，被告人的口供与同案被告人的供述才可以作为定案的证据。仅有被告人口供与同案被告人供述作为定案证据的，对被告人判处死刑立即执行要特别慎重。

三、运输毒品罪的刑罚适用问题

对于运输毒品犯罪,要注意重点打击指使、雇佣他人运输毒品的犯罪分子和接应、接货的毒品所有者、买家或者卖家。对于运输毒品犯罪集团首要分子,组织、指使、雇佣他人运输毒品的主犯或者毒枭、职业毒犯、毒品再犯,以及具有武装掩护、暴力抗拒检查、拘留或者逮捕、参与有组织的国际毒品犯罪、以运输毒品为业、多次运输毒品或者其他严重情节的,应当按照刑法、有关司法解释和司法实践实际掌握的数量标准,从严惩处,依法应判处死刑的必须坚决判处死刑。

毒品犯罪中,单纯的运输毒品行为具有从属性、辅助性特点,且情况复杂多样。部分涉案人员系受指使、雇佣的贫民、边民或者无业人员,只是为了赚取少量运费而为他人运输毒品,他们不是毒品的所有者、买家或者卖家,与幕后的组织、指使、雇佣者相比,在整个毒品犯罪环节中处于从属、辅助和被支配地位,所起作用和主观恶性相对较小,社会危害性也相对较小。因此,对于运输毒品犯罪中的这部分人员,在量刑标准的把握上,应当与走私、贩卖、制造毒品和前述具有严重情节的运输毒品犯罪分子有所区别,不应单纯以涉案毒品数量的大小决定刑罚适用的轻重。

对有证据证明被告人确属受人指使、雇佣参与运输毒品犯罪,又系初犯、偶犯的,可以从轻处罚,即使毒品数量超过实际掌握的死刑数量标准,也可以不判处死刑立即执行。

毒品数量超过实际掌握的死刑数量标准,不能证明被告人系受人指使、雇佣参与运输毒品犯罪的,可以依法判处重刑直至死刑。

涉嫌为贩卖而自行运输毒品，由于认定贩卖毒品的证据不足，因而认定为运输毒品罪的，不同于单纯的受指使为他人运输毒品行为，其量刑标准应当与单纯的运输毒品行为有所区别。

四、制造毒品的认定与处罚问题

鉴于毒品犯罪分子制造毒品的手段复杂多样、不断翻新，采用物理方法加工、配制毒品的情况大量出现，有必要进一步准确界定制造毒品的行为、方法。制造毒品不仅包括非法用毒品原植物直接提炼和用化学方法加工、配制毒品的行为，也包括以改变毒品成分和效用为目的，用混合等物理方法加工、配制毒品的行为，如将甲基苯丙胺或者其他苯丙胺类毒品与其他毒品混合成麻古或者摇头丸。为便于隐蔽运输、销售、使用、欺骗购买者，或者为了增重，对毒品掺杂使假，添加或者去除其他非毒品物质，不属于制造毒品的行为。

已经制成毒品，达到实际掌握的死刑数量标准的，可以判处死刑；数量特别巨大的，应当判处死刑。已经制造出粗制毒品或者半成品的，以制造毒品罪的既遂论处。购进制造毒品的设备和原材料，开始着手制造毒品，但尚未制造出粗制毒品或者半成品的，以制造毒品罪的未遂论处。

五、毒品含量鉴定和混合型、新类型毒品案件处理问题

鉴于大量掺假毒品和成分复杂的新类型毒品不断出现，为做到罪刑相当、罚当其罪，保证毒品案件的审判质量，并考虑目前毒品鉴定的条件和现状，对可能判处被告人死刑的毒品犯罪案件，应当根据最高人民法院、最高人民检察院、公安部2007年12月颁布的《办理毒品犯罪案件适用法律若干问题的意见》,作出毒品含量鉴定;对涉案毒品可能大量掺假或者系成分复杂的新类型毒品的,亦应当作出毒品含量鉴定。

对于含有两种以上毒品成分的毒品混合物,应进一步作成分鉴定,确定所含的不同毒品成分及比例。对于毒品中含有海洛因、甲基苯丙胺的,应以海洛因、甲基苯丙胺分别确定其毒品种类;不含海洛因、甲基苯丙胺的,应以其中毒性较大的毒品成分确定其毒品种类;如果毒性相当或者难以确定毒性大小的,以其中比例较大的毒品成分确定其毒品种类,并在量刑时综合考虑其他毒品成分、含量和全案所涉毒品数量。对于刑法、司法解释等已规定了量刑数量标准的毒品,按照刑法、司法解释等规定适用刑罚;对于刑法、司法解释等没有规定量刑数量标准的毒品,有条件折算为海洛因的,参照国家食品药品监督管理局制定的《非法药物折算表》,折算成海洛因的数量后适用刑罚。

对于国家管制的精神药品和麻醉药品,刑法、司法解释等尚未明确规定量刑数量标准,也不具备折算条件的,应由有关专业部门确定涉案毒品毒效的大小、有毒成分的多少、吸毒者对该毒品的依赖程度,综合考虑其致瘾癖性、戒断性、社会危害性等依法量刑。因条件限制不能确定的,可以参考涉案毒品非法交易的价格因素等,决定对被告人适用的刑罚,但一般不宜判处死刑立即执行。

六、特情介入案件的处理问题

运用特情侦破毒品案件,是依法打击毒品犯罪的有效手段。对特情介入侦破的毒品案件,要区别不同情形予以分别处理。

对已持有毒品待售或者有证据证明已准备实施大宗

毒品犯罪者,采取特情贴靠、接洽而破获的案件,不存在犯罪引诱,应当依法处理。

行为人本没有实施毒品犯罪的主观意图,而是在特情诱惑和促成下形成犯意,进而实施毒品犯罪的,属于“犯意引诱”。对因“犯意引诱”实施毒品犯罪的被告人,根据罪刑相适应原则,应当依法从轻处罚,无论涉案毒品数量多大,都不应判处死刑立即执行。行为人在特情既为其安排上线,又提供下线的双重引诱,即“双套引诱”下实施毒品犯罪的,处刑时可予以更大幅度的从宽处罚或者依法免予刑事处罚。

行为人本来只有实施数量较小的毒品犯罪的故意,在特情引诱下实施了数量较大甚至达到实际掌握的死刑数量标准的毒品犯罪的,属于“数量引诱”。对因“数量引诱”实施毒品犯罪的被告人,应当依法从轻处罚,即使毒品数量超过实际掌握的死刑数量标准,一般也不判处死刑立即执行。

对不能排除“犯意引诱”和“数量引诱”的案件,在考虑是否对被告人判处死刑立即执行时,要留有余地。

对被告人受特情间接引诱实施毒品犯罪的,参照上述原则依法处理。

七、毒品案件的立功问题

共同犯罪中同案犯的基本情况,包括同案犯姓名、住址、体貌特征、联络方式等信息,属于被告人应当供述的范围。公安机关根据被告人供述抓获同案犯的,不应认定其有立功表现。被告人在公安机关抓获同案犯过程中确实起到协助作用的,例如,经被告人现场指认、辨认抓获了同案犯;被告人带领公安人员抓获了同案犯;被告人提供了不为有关机关掌握或者有关机关按照正常工作程序无法掌握的同案犯藏匿的线索,有关机关据此抓获了同案犯;被告人交代了与同案犯的联系方式,又按要求与对方联络,积极协助公安机关抓获了同案犯等,属于协助司法机关抓获同案犯,应认定为立功。

关于立功从宽处罚的把握,应以功是否足以抵罪为标准。在毒品共同犯罪案件中,毒枭、毒品犯罪集团首要分子、共同犯罪的主犯、职业毒犯、毒品惯犯等,由于掌握同案犯、从犯、马仔的犯罪情况和个人信息,被抓获后往往能协助抓捕同案犯,获得立功或者重大立功。对其是否从宽处罚以及从宽幅度的大小,应当主要看功是否足以抵罪,即应结合被告人罪行的严重程度、立功大小综合考虑。要充分注意毒品共同犯罪人以及上、下家之间的量刑平衡。对于毒枭等严重毒品犯罪分子立功的,从轻或者减轻处罚应当从严掌握。如果其罪行极其严重,只有一般立功表现,功不足以抵罪的,可不予从轻处罚;如果其检举、揭发的是其他犯罪案件中罪行同样严重的犯罪分子,或者协助抓获的是同案中的其他首要分子、主犯,功足以抵罪的,原则上可以从轻或者减轻处罚;如果协助抓获的只是同案中的从犯或者马仔,功不足以抵罪,或者从轻处罚后全案处刑明显失衡的,不予从轻处罚。相反,对于从犯、马仔立功,特别是协助抓获毒枭、首要分子、主犯的,应当从轻处罚,直至依法减轻或者免除处罚。

被告人亲属为了使被告人得到从轻处罚,检举、揭发他人犯罪或者协助司法机关抓捕其他犯罪人的,不能视为被告人立功。同监犯将本人或者他人尚未被司法机关掌握的犯罪事实告知被告人,由被告人检举揭发的,如经查证属实,虽可认定被告人立功,但是否从宽处罚、从宽幅度大小,应与通常的立功有所区别。通过非法手段或者非法途径获取他人犯罪信息，如从国家工作人员处贿买他人犯罪信息，通过律师、看守人员等非法途径获取他人犯罪信息，由被告人检举揭发的，不能认定为立功，也不能作为酌情从轻处罚情节。

八、毒品再犯问题

根据《刑法》第三百五十六条规定，只要因走私、贩卖、运输、制造、非法持有毒品罪被判过刑，不论是在刑罚执行完毕后，还是在缓刑、假释或者暂予监外执行期间，又犯《刑法分则》第六章第七节规定的犯罪的，都是毒品再犯，应当从重处罚。

因走私、贩卖、运输、制造、非法持有毒品罪被判刑的犯罪分子，在缓刑、假释或者暂予监外执行期间又犯《刑法分则》第六章第七节规定的犯罪的，应当在对其所犯新的毒品犯罪适用《刑法》第三百五十六条从重处罚的规定确定刑罚后，再依法数罪并罚。

对同时构成累犯和毒品再犯的被告人，应当同时引用《刑法》关于累犯和毒品再犯的条款从重处罚。

九、毒品案件的共同犯罪问题

毒品犯罪中，部分共同犯罪人未到案，如现有证据能够认定已到案被告人为共同犯罪，或者能够认定为主犯或者从犯的，应当依法认定。没有实施毒品犯罪的共同故意，仅在客观上为相互关联的毒品犯罪上下家，不构成共同犯罪，但为了诉讼便利可并案审理。审理毒品共同犯罪案件应当注意以下几个方面的问题：

一是要正确区分主犯和从犯。区分主犯和从犯，应当以各共同犯罪人在毒品共同犯罪中的地位和作用为根据。要从犯意提起、具体行为分工、出资和实际分得毒赃多少以及共犯之间相互关系等方面，比较各个共同犯罪人在共同犯罪中的地位和作用。在毒品共同犯罪中，为主出资者、毒品所有者或者起意、策划、纠集、组织、雇佣、指使他人参与犯罪以及其他起主要作用的是主犯；起次要或者辅助作用的是从犯。受雇佣、受指使实施毒品犯罪的，应根据其在犯罪中实际发挥的作用具体认定为主犯或者从犯。对于确有证据证明在共同犯罪中起次要或者辅助作用的，不能因为其他共同犯罪人未到案而不认定为从犯，甚至将其认定为主犯或者按主犯处罚。只要认定为从犯，无论主犯是否到案，均应依照刑法关于从犯的规定从轻、减轻或者免除处罚。

二是要正确认定共同犯罪案件中主犯和从犯的毒品犯罪数量。对于毒品犯罪集团的首要分子，应按集团毒品犯罪的总数量处罚；对一般共同犯罪的主犯，应按其所参与的或者组织、指挥的毒品犯罪数量处罚；对于从犯，应当按照其所参与的毒品犯罪的数量处罚。

三是要根据行为人在共同犯罪中的作用和罪责大小确定刑罚。不同案件不能简单类比，一个案件的从犯参与犯罪的毒品数量可能比另一案件的主犯参与犯罪的毒品数量大，但对这一案件从犯的处罚不是必然重于另一案件的主犯。共同犯罪中能分清主从犯的，不能因为涉案的毒品数量特别巨大，就不分主从犯而一律将被告人认定为主犯或者实际上都按主犯处罚，一律判处重刑甚至死刑。对于共同犯罪中有多个主犯或者共同犯罪人的，处罚上也应做到区别对待。应当全面考察各主犯或者共同犯罪人在共同犯罪中实际发挥作用的差别，主观恶性和人身危险性方面的差异，对罪责或者人身危险性更大的主犯或者共同犯罪人依法判处更重的刑罚。

十、主观明知的认定问题

毒品犯罪中，判断被告人对涉案毒品是否明知，不能仅凭被告人供述，而应当依据被告人实施毒品犯罪行为的过程、方式、毒品被查获时的情形等证据，结合被告人的年龄、阅历、智力等情况，进行综合分析判断。

具有下列情形之一，被告人不能做出合理解释的，可以认定其“明知”是毒品，但有证据证明确属被蒙骗的除外：(1)执法人员在口岸、机场、车站、港口和其他检查站点检查时，要求行为人申报为他人携带的物品和其他疑似毒品物，并告知其法律责任，而行为人未如实申报，在其携带的物品中查获毒品的；(2)以伪报、藏匿、伪装等蒙蔽手段，逃避海关、边防等检查，在其携带、运输、邮寄的物品中查获毒品的；(3)执法人员检查时，有逃跑、丢弃携带物品或者逃避、抗拒检查等行为，在其携带或者丢弃的物品中查获毒品的；(4)体内或者贴身隐秘处藏匿毒品的；(5)为获取不同寻常的高额、不等值报酬为他人携带、运输物品，从中查获毒品的；(6)采用高度隐蔽的方式携带、运输物品，从中查获毒品的；(7)采用高度隐蔽的方式交接物品，明显违背合法物品惯常交接方式，从中查获毒品的；(8)行程路线故意绕开检查站点，在其携带、运输的物品中查获毒品的；(9)以虚假身份或者地址办理托运手续，在其托运的物品中查获毒品的；(10)有其他证据足以认定行为人应当知道的。

十一、毒品案件的管辖问题

毒品犯罪的地域管辖，应当依照刑事诉讼法的有关规定，实行以犯罪地管辖为主、被告人居住地管辖为辅的原则。考虑到毒品犯罪的特殊性和毒品犯罪侦查体制，“犯罪地”不仅可以包括犯罪预谋地、毒资筹集地、交易进行地、运输途经地以及毒品生产地,也包括毒资、毒赃和毒品藏匿地、转移地、走私或者贩运毒品目的地等。“被告人居住地”,不仅包括被告人常住地和户籍所在地,也包括其临时居住地。

对于已进入审判程序的案件,被告人及其辩护人提出管辖异议,经审查异议成立的,或者受案法院发现没有管辖权,而案件由本院管辖更适宜的,受案法院应当报请与有管辖权的法院共同的上级法院依法指定本院管辖。

十二、特定人员参与毒品犯罪问题

近年来,一些毒品犯罪分子为了逃避打击,雇佣孕妇、哺乳期妇女、急性传染病人、残疾人或者未成年人等特定人员进行毒品犯罪活动,成为影响我国禁毒工作成效的突出问题。对利用、教唆特定人员进行毒品犯罪活动的组织、策划、指挥和教唆者,要依法严厉打击,该判处重刑直至死刑的,坚决依法判处重刑直至死刑。对于被利用、被诱骗参与毒品犯罪的特定人员,可以从宽处理。

要积极与检察机关、公安机关沟通协调,妥善解决涉及特定人员的案件管辖、强制措施、刑罚执行等问题。对因特殊情况依法不予羁押的,可以依法采取取保候审、监视居住等强制措施,并根据被告人具体情况和案情变化及时变更强制措施;对于被判处有期徒刑或者拘役的罪犯,符合刑事《诉讼法》第二百一十四条规定情形的,可以暂予监外执行。

十三、毒品案件财产刑的适用和执行问题

刑法对毒品犯罪规定了并处罚金或者没收财产刑,司法实践中应当依法充分适用。不仅要依法追缴被告人的违法所得及其收益,还要严格依法判处被告人罚金刑或者没收财产刑,不能因为被告人没有财产,或者其财产难以查清、难以分割或者难以执行，就不依法判处财产刑。

要采取有力措施，加大财产刑执行力度。要加强与公安机关、检察机关的协作，对毒品犯罪分子来源不明的巨额财产，依法及时采取查封、扣押、冻结等措施，防止犯罪分子及其亲属转移、隐匿、变卖或者洗钱，逃避依法追缴。要加强不同地区法院之间的相互协作配合。毒品犯罪分子的财产在异地的，第一审人民法院可以委托财产所在地人民法院代为执行。要落实和运用有关国际禁毒公约规定，充分利用国际刑警组织等渠道，最大限度地做好境外追赃工作。

2008 年 12 月 1 日

这是最高人民法院发布的全国部分法院关于审理毒品犯罪案件工作座谈会纪要。这份纪要在与会代表认真讨论研究的基础上，对近年来在毒品犯罪案件审判工作中遇到的一系列如何适用法律的问题取得了共识，提出的如何依法对毒品犯罪案件定性、定罪、量刑的方法切合禁毒工作的实际，已经成为全国各级法院审判毒品犯罪案件的指导性公文。

三、撰写纪要的注意事项

撰写纪要时，要注意以下问题：

首先，要善于正确集中会议讨论的意见。会议讨论过程中，必然意见纷繁，想法多种多样，有时意见一致，有时意见不一致，起草纪要时，不能把这些意见都纳入纪要之中，要认真研究各种意见，并根据会议的宗旨进行综合归纳。凡得到多数人同意的意见，都要反映出来；少数人的意见，如果有价值，也要注意吸收；如意见有分歧，不统一，除学术性的讨论会以外，一般不应写入纪要；倘若写，除双方观点的表述必须清楚、准确外，还应反映出主持会议机关的倾向性意见。

其次,要突出会议的中心和要点,即突出会议的主要内容和主要解决的问题。一次工作会议,一般要涉及很多问题,如历史遗留下来的与现实工作中新出现的、近期迫切需要解决的与长远应该考虑到的、原则性的与具体的,等等。写作时要抓住这次会议所集中解决的几个重要问题去写,形成纪要的中心和要点。凡与中心议题有关的,就要尽力写充分;凡与中心议题无关的,就不写或少写;切不可为面面俱到,而导致中心不突出。

再次,要条理化、理论化,这是纪要与会议记录的根本区别。要对会议讨论的意见分类别、层次、顺序加以归纳,使问题明显,条理清晰。同时,要尽可能进行理论上的概括,体现出政策水平。

最后,要充分征求意见,做好与有关部门的会签。为了更好地集中会议意见,应在会议期间将纪要草稿交给与会人员讨论修改,经上下沟通后定稿。凡涉及有关部门的问题,均应及时与该部门与会人员协商,取得他们的同意,并请其在文稿上签字,以示负责。

思考

1.纪要有哪些作用?
2.纪要的结构包括哪些具体内容?
3.撰写纪要应注意哪些问题?

第三篇　事务文书写作

第一章　事务文书概述

第一节　事务文书的定义与分类

所谓事务文书，是指党政机关、社会团体、企事业单位或个人用以反映事实，办理事务，沟通信息而使用的文书。事务文书不同于机关公文，它不完全具备机关公文所具有的法定效力。因此，中共中央办公厅、国务院办公厅发布的《党政机关公文处理工作条例》，没有将其列入机关公文之中。

但是，事务文书同样是为了贯彻党和国家的方针政策，反映着上级部门和本单位领导的意图，在行政管理工作中发挥着重要的作用，具有机关公文所无法完全代替的价值。随着社会经济的发展，各部门各单位之间的事务联系大大增加，为了处理公共事务，就要使用事务文书来制订计划，总结经验，交流情况，沟通联系，实施管理。

事务文书也有别于专用文书。经济领域中的合同书、招标书、投标书等，法律领域中的起诉状、答辩状、申诉状等，具有特定的使用范围和专业的文书内容。用以反映部门工作情况，指导日常工作，均属专用文书。相比之下，事务文书具有普遍的适用性。因为任何机关单位、社会团体、各类组织都要制定条例，作出规定，拟制工作计划，总结工作成绩，调查研究问题，记录会议要点，传达工作情况。因此，必须使用事务文书。

作为机关、单位内部文件的事务文书，具有多样化的形式和类别。本书只介绍最为常用的条例、规定、计划、总结、调查报告、会议记录和简报等。

第二节 事务文书的作用、特点及写作要求

一、事务文书的作用

1.贯彻政策

国家的方针政策、法律规章等,要通过事务文书来贯彻执行,成为各级机关、社会团体的工作指南。比如,制订计划就是对上级指示的落实;撰写总结就是对执行政策的回顾。

2.沟通信息

当今我们处在一个信息爆炸的时代,社会发展日新月异,因此对于党政机关、社会团体来说,使用事务文书也不失为一个重要的信息传播手段。它在交流情况、联系工作、沟通信息等方面,具有其他传媒难以企及的优越性。

3.实施管理

现代社会的任何组织,为了顺利开展工作,对生产过程进行组织、指挥、监督,调查研究,就必须借助多种手段来实施管理。通过事务文书这种重要而有效的工具,就可以行之有效地进行管理工作。

二、事务文书的特点

1.灵活性

每一种机关公文都有一定的适用范围,在行文规则、制发程序上都有规范要求,在写作结构上都有基本固定的模式,形成了一定的风格。事务文书与机关公文相比,就没有那么拘束,表现出较大的灵活性,呈现出风格的多样化。例如简报,既可以上呈上级机关,又可以下发给下属单位,主送机关没有严格的规定。并且不要求一事一文,同一期简报可以刊载几个不同的内容。

2.事务性

事务文书反映的是机关、单位实施内部管理的日常事务工作,

涉及机关团体和单位的日常事务，是实施工作管理不可或缺的。这些文书针对的是机关、单位内部的管理事务，写作事务文书的最终目的是为了做好本单位的工作。

3. 实用性

事务文书总是针对某项实际工作或某个特定问题而制发的，具有较强的实用性。因此这些文体使用频率一般都较高，有的可以连续多次使用，需要多少就制发多少。重要的事务文书还要存档，作为日后检查工作的凭证。

三、事务文书的写作要求

1. 贴近现实生活

事务文书应贴近现实生活，总结新经验，反映新现象，揭示新问题，抓住当今社会中新近发生的事件问题，加以概括反映，推广新经验，为本单位本部门提供指导。事务文书只有抓住了改革开放和现代化建设中涌现的新事物新倾向新问题新经验，深切反映了广大人民群众的各种意见、呼声和诉求，才会具有实际价值和指导意义。

2. 内容全面周详

事务文书都要求陈述事实准确深入，运用材料丰富翔实，撰写内容全面周详，内容要丰富，材料要充实，经验教训要典型。这样才能够说理透彻、论证谨严，增强文章的说服力。应该通观全局，结合形势，总结经验，剖析教训，真正对实际工作具有推动作用。

思考

1. 事务文书具有哪些作用？
2. 事务文书的特点有哪些？
3. 事务文书有哪些写作要求？

第二章　条例、规定

第一节　条　例

一、条例的作用

党政机关制定规范组织的工作、活动和成员行为的规章制度，用条例。

条例是具有规章制度性质的文书形式。党的中央组织的条例主要用于制定党纪党规，其效力仅次于党章。作为一种法规性的文种，国家立法机关和行政机关也经常使用它制定法规规章。

条例的主要特点，一是制发机关的特定性，党内条例的制发机关是党的中央组织及其授权的中央有关部门，行政条例的制发机关是国务院及其有关主管部门；二是规定内容的约束力，条例是党章和国家有关法律法规的具体化，具有明显的约束力和强制性，相关的组织和个人必须遵照执行；三是条例时效的长期性，条例一般都是在长期实践的基础上制定的，各项条例都比较具体明确，发布之后要长期执行。

二、条例的结构

条例在写作时，分标题、发布日期和正文三个部分。

条例的标题，由制发机关名称、内容和文种三部分组成。

在标题下面，圆括号内写明发布的日期。

条例的正文，一般由总则、分则和附则三部分组成。总则阐明制定条例的目的、意义和依据，分则叙述各条、款、项的具体内容，附则说明实施的相关要求及其他未尽事宜。

例文

中国共产党党内监督条例(试行)

(2004年2月17日)

第一章 总 则

第一条 为加强党内监督,发展党内民主,维护党的团结统一,提高党的领导水平和执政水平,增强拒腐防变和抵御风险能力,坚持党的先进性,始终做到立党为公、执政为民,根据《中国共产党章程》,制定本条例。

第二条 党内监督以马克思列宁主义、毛泽东思想、邓小平理论和“三个代表”重要思想为指导,坚持解放思想、实事求是、与时俱进,坚持民主集中制和党要管党、从严治党的方针。

第三条 党内监督的重点对象是党的各级领导机关和领导干部,特别是各级领导班子主要负责人。

第四条 党内监督的重点内容是:

(一)遵守党的章程和其他党内法规,维护中央权威,贯彻执行党的路线、方针、政策和上级党组织决议、决定及工作部署的情况;

(二)遵守宪法、法律,坚持依法执政的情况;

(三)贯彻执行民主集中制的情况;

(四)保障党员权利的情况;

(五)在干部选拔任用工作中执行党和国家有关规定的情况;

(六)密切联系群众,实现、维护、发展人民群众根本利益的情况;

(七)廉洁自律和抓党风廉政建设的情况。

第五条 党内监督要与党外监督相结合。党的各级组织和党员领导干部,应当自觉接受并正确对待党和人民群众的监督。

第二章 监督职责

第六条 党的各级委员会在党内监督方面履行下列职责:

(一)领导党内监督工作,明确同级纪委和党委工作部门、直属机构、派出机关以及相当于这一级别的党组(党委)在党内监督方面的任务和要求;

(二)制定贯彻上级党组织和同级党的代表大会关于加强党内监督工作决议、决定的措施,研究解决党内监督工作中的重要问题;

(三)对党委常委、委员,同级纪委和党委工作部门、直属机构、派出机关以及相当于这一级别的党组(党委)的领导班子及其成员进行监督;

(四)对下一级党组织及其领导班子,特别是主要负责人进行监督;

(五)党的地方各级委员会和基层委员会监督上级党委、纪委的工作,提出意见和建议。

党的中央和地方各级委员会派出的工作委员会,按照有关规定对所属党组织和党员领导干部进行监督。

第七条 党的各级委员会委员在党内监督方面的责任:

(一)对所在委员会、同级纪委和党委工作部门、直属机构、派出机关以及相当于这一级别的党组(党委)的工作进行监督;

(二)对所在委员会、同级纪委的常委、委员和党委工作部门、直属机构、派出机关以及相当于这一级别的党组（党委）的负责人进行监督；

（三）党的地方各级委员会委员和基层委员会委员，对本条第（一）、（二）项所列党组织和党员领导干部的问题和意见，署真实姓名以书面形式或其他形式向党委常委会、同级纪委常委会提出或向上一级党委、纪委反映；

（四）中央委员对中央政治局委员、常委的意见，署真实姓名以书面形式或其他形式向中央政治局常委会或中央纪委常委会反映。

对委员署真实姓名反映的问题、意见和建议，有关部门或人员应当及时转达，不得扣压；有关党组织应当及时研究、处理并以适当方式答复。

第八条　党的各级纪律检查委员会是党内监督的专门机关。中央纪委在中央委员会领导下，党的地方各级纪委和基层纪委在同级党委和上级纪委领导下，在党内监督方面履行下列职责：

（一）协助同级党的委员会组织协调党内监督工作，组织开展对党内监督工作的督促检查；

（二）对党员领导干部履行职责和行使权力情况进行监督；

（三）检查和处理党的组织和党员违反党的章程和其他党内法规的比较重要或复杂的案件；

（四）向同级党委和上一级纪委报告党内监督工作情况，提出建议，依照权限组织起草、制定有关规定和制度，作出关于维护党纪的决定；

（五）受理对党组织和党员违犯党纪行为的检举和党员的控告、申诉，保障党员的权利。

党的中央纪律检查委员会和地方各级纪律检查委员

会派出的纪律检查工作委员会,按照有关规定履行监督职责。

纪委对派驻纪检组实行统一管理。派驻纪检组按照有关规定对驻在部门的党组织和党员领导干部进行监督。

党的地方和部门纪委、党组纪检组可以直接向上级纪委报告本地区、本系统、本单位发生的重大问题。

第九条 党的各级纪律检查委员会委员在党内监督方面的责任:

(一)对所在委员会及其派驻机构、派出的巡视机构的工作进行监督;

(二)对所在委员会常委、委员和派驻机构、派出的巡视机构的负责人进行监督;

(三)党的地方各级纪委委员和基层纪委委员,对本条第(一)、(二)项所列纪检机关(机构)和党员领导干部的问题和意见,署真实姓名以书面形式或其他形式向纪委常委会、同级党委提出或反映,对所在委员会委员、常委的意见还可以向上一级党委和纪委反映;

(四)中央纪委委员对中央纪委常委的意见,署真实姓名以书面形式或其他形式向中央纪委常委会或中央政治局常委会反映。

对委员署真实姓名反映的问题、意见和建议,有关部门、机构或人员应当及时转达,不得扣压;有关党组织应当及时研究、处理并以适当方式答复。

第十条 党员在党内监督方面的责任和权利:

(一)及时向党组织反映群众的意见和要求,维护群众的正当利益;

(二)对党的决议和政策如有不同意见,在坚决执行的前提下,可以在党的会议上或向党的组织提出保留,并且可以把自己的意见向党的上级组织直至中央反映,但不得公开发表同中央决定相反的意见;

（三）在党的会议上有根据地批评党的任何组织和任何党员,勇于揭露和纠正工作中的缺点、错误;

（四）检举党的任何组织和任何党员违纪违法的事实,同消极腐败现象作斗争;

（五）参加党组织开展的评议党员领导干部活动,发表意见。

第十一条　党的各级代表大会代表在代表大会闭会期间,除履行党员的监督责任和享有党员的监督权利外,按照有关规定对其选举产生的党的委员会、纪律检查委员会及其成员进行监督,反映所在选举单位党员的意见和建议。

第三章　监督制度

第一节　集体领导和分工负责

第十二条　党的各级委员会实行集体领导和个人分工负责相结合的制度。凡属方针政策性的大事,凡属全局性的问题,凡属重要干部的推荐、任免和奖惩,都要按照集体领导、民主集中、个别酝酿、会议决定的原则,由党的委员会集体讨论作出决定。党的委员会成员要根据集体的决定和分工,切实履行自己的职责;同时要关心全局工作,积极参与集体领导。

党的各级领导班子主要负责人应当带头执行民主集中制,支持领导班子成员在职责范围内独立负责地开展工作。领导班子成员要互相信任,互相支持,维护和增强领导班子的团结。

第十三条　党的各级领导班子应当制定、完善并严格执行议事规则,保证决策科学、民主。

按照议事规则应当由集体讨论决定的事项,必须列入会议议程。

党的各级领导班子讨论决定事项,应当充分发表意见,对于少数人的不同意见,应当认真考虑。各种意见和主要理由应当如实记录。讨论干部任免事项,还应当如实记录推荐、考察、酝酿、讨论决定的情况。领导班子成员个人向党组织推荐领导干部人选,必须负责地写出推荐材料并署名。

党的各级领导班子决定重要事项,应当进行表决。表决采用口头、举手、无记名或记名投票等方式。表决结果和表决方式应当记录在案。

第十四条 对于应当经集体讨论决定的事项而未经集体讨论,也未征求其他成员意见,由个人或少数人决定的,除遇紧急情况外,应当区别情况追究主要责任人的责任。

党的各级领导班子成员不遵守、不执行集体的决定,或未能按照集体的决定和分工履行自己的职责,给工作造成损失的,应当追究责任。

第二节 重要情况通报和报告

第十五条 中央委员会作出的决议、决定和中央政治局会议的内容,根据需要以适当方式在一定范围通报或向全党通报。

地方各级党的委员会全体会议作出的决议、决定,一般应当向下属党组织和党员通报,根据实际情况,以适当方式向社会公开。地方各级党委常委会会议的内容和本地区的重要情况,根据需要以适当方式在一定范围通报或向本地区的党组织和党员通报。

第十六条　党的各级委员会、纪律检查委员会在同级党的代表大会闭会期间，根据需要将有关决策、重要情况向本次党的代表大会代表通报。

第十七条　党组织对于本地区、本系统、本单位事关全局和社会稳定的重要情况以及重大问题，应当按照规定时限和程序向上级党组织报告或请示。同时，地方各级党委应当在职权范围内发挥总揽全局、协调各方的作用，支持政府和有关方面独立负责地处理好有关问题。

对隐瞒不报、不如实报告、干扰和阻挠如实报告或不按时报告、请示的，追究有关负责人的责任。

对下级请示不及时答复、批复或对下级报告中反映的问题在职责范围内不及时处置，造成严重后果的，追究有关责任人的责任。

第十八条　各级党员领导干部应当向党组织如实报告个人重大事项，自觉接受监督。个人重大事项的具体内容，另行规定。

第三节　述职述廉

第十九条　中央政治局向中央委员会全体会议报告工作。

中央纪委常委会向中央纪委全体会议报告工作。

地方各级党委常委会、纪委常委会分别向委员会全体会议每年报告工作一次。

设常委会的基层党组织的党委常委会、纪委常委会分别向委员会全体会议每年报告工作一次。

第二十条　中央各部门、直属机构、派出机关以及相当于这一级别的党组（党委），地方各级党委、纪委和党委工作部门、直属机构、派出机关以及相当于这一级别的党组（党委）的领导班子成员，分别在届中和换届前一年在规定范围述职述廉一次。

基层党委、纪委,党总支、党支部负责人,每年在规定范围述职述廉一次。述职述廉时可以邀请群众代表参加会议。

在届中和换届前的述职述廉后,上一级党组织应当结合当年的年度考核组织民主评议或民主测评。

第四节 民主生活会

第二十一条 党组织应当坚持和健全党员领导干部民主生活会制度,按照规定开好民主生活会。通过民主生活会,统一思想,改进作风,加强监督,增进团结,提高依靠自身力量解决问题和矛盾的能力。

县以上党和国家机关党员领导干部应当按照规定参加双重组织生活会。

第二十二条 领导班子召开民主生活会要切实保证质量。民主生活会的主题应当按照上级党组织的要求、针对党性党风方面存在的突出问题确定。

领导班子成员在民主生活会上,应当针对自身存在的廉洁自律方面的问题以及党员、群众、领导班子其他成员和下级党组织提出的意见,负责任地作出检查或说明,积极开展批评和自我批评。

领导班子主要负责人对开好民主生活会负责,并承担制定和落实领导班子整改措施的领导责任。

第二十三条 党员、群众和下级党组织对领导班子及其成员的意见、民主生活会情况和整改措施,应当按照规定如实上报,并将民主生活会情况和整改措施及时在一定范围通报。

党员有权了解本人所提意见和建议的处理结果。

第二十四条 上级党组织应当加强对下级领导班子

民主生活会的指导和监督。发现下级领导班子民主生活会主题不符合要求，应当提出明确意见，必要时可以直接确定；认为下级领导班子民主生活会不符合规定要求，可以责令重新召开。

中央纪委、中央组织部和中央直属机关工委、中央国家机关工委领导班子成员，除参加所在领导班子民主生活会外，每人每年应当参加一个以上省部级领导班子的民主生活会，了解情况。

地方各级党委、纪委和党委组织部门领导班子成员，除参加所在领导班子民主生活会外，每人每年应当参加一个以上下一级领导班子的民主生活会，了解情况。

第五节　信访处理

第二十五条　各级党委、纪委通过信访处理，对下级党组织和领导干部实施监督，及时研究来信来访中提出的重要问题。对重要信访事项的办理，应当督促检查，直至妥善处理。

第二十六条　凡向党组织检举党员或下级党组织严重违纪违法问题的以及党员控告侵害自己合法权益行为的，党组织应当按照有关规定及时调查处理。党员署真实姓名检举的，应当视情况将处理结果告知该党员，听取其意见。

第六节　巡　视

第二十七条　中央和省、自治区、直辖市党委建立巡视制度，按照有关规定对下级党组织领导班子及其成员进行监督。

第二十八条　巡视工作的主要任务是：

（一）了解贯彻落实“三个代表”重要思想和执行党的路线、方针、政策、决议、决定和工作部署的情况，执行民主集中制的情况，落实党风廉政建设责任制和廉政勤政的情况，领导干部选拔任用的情况，处理改革发展稳定的情况，中央要求巡视的其他事项；

(二)向派出巡视组的党组织报告巡视工作中了解到的情况，提出意见和建议。

第二十九条 巡视组可以根据巡视工作需要列席所巡视地方的党组织的有关会议，查阅有关文件、资料，召开座谈会，与有关人员谈话，了解和研究群众来信来访中反映的有关领导干部的重要问题。

巡视组不处理所巡视地方的具体问题。

第七节 谈话和诫勉

第三十条 各级党委、纪委领导班子成员和党委组织部门负责人，应当不定期与党委工作部门、直属机构、派出机关以及相当于这一级别的党组(党委)和下级党组织领导班子主要负责人谈话，主要了解该地区、该系统、该单位落实“三个代表”重要思想、执行党的路线方针政策、坚持民主集中制、实施党内监督的情况和领导班子及其成员廉政勤政的情况，提出建议和要求。

第三十一条 党委(党组)或组织(人事)部门对领导干部进行任职谈话，应当把贯彻执行民主集中制、廉政勤政方面的要求和存在的问题作为重要内容。

第三十二条 发现领导干部在政治思想、履行职责、工作作风、道德品质、廉政勤政等方面的苗头性问题，党委(党组)、纪委和党委组织部门应当按照干部管理权限及时对其进行诫勉谈话。对该领导干部提出的诫勉要求和该领导干部的说明及表态，应当作书面记录，经本人核实后，由组织(人事)部门或纪律检查机关留存。

第八节　舆论监督

第三十三条　在党的领导下，新闻媒体要按照有关规定和程序，通过内部反映或公开报道，发挥舆论监督的作用。

党的各级组织和党员领导干部应当重视和支持舆论监督，听取意见，推动和改进工作。

第三十四条　新闻媒体应当坚持党性原则，遵守新闻纪律和职业道德，把握舆论监督的正确导向，注重舆论监督的社会效果。

第九节　询问和质询

第三十五条　党的地方各级委员会委员，有权对党的委员会全体会议决议、决定执行中存在的问题提出询问或质询。

党的地方各级纪律检查委员会委员，有权对纪律检查委员会全体会议决议、决定执行中存在的问题提出询问或质询。

第三十六条　询问可口头提出，也可以书面形式署真实姓名提出。有关部门应当作出说明。

第三十七条　询问人在对有关部门所作的说明不满意的情况下，可以书面形式署真实姓名对同一问题提出质询。有关部门应当作出书面解释或答复。

对质询中发现的问题，有关党组织应当及时研究处理。质询人利用质询故意刁难、无理纠缠的，给予批评教育；情节严重的，追究责任。

第十节　罢免或撤换要求及处理

第三十八条　党的地方各级委员会委员，有权向上级党组织提出要求罢免或撤换所在委员会和同级纪委中不称职的委员、常委。

党的地方各级纪律检查委员会委员，有权向上级党组织提出要求罢免或撤换所在委员会不称职的委员、常委。

受理罢免或撤换要求的党组织应当认真研究处理。

第三十九条 罢免或撤换要求应当以书面形式署真实姓名提出，并有根据地陈述理由。

提出罢免或撤换要求应当严肃慎重。对于没有列举具体事例，不负责任地提出罢免或撤换要求的，给予批评教育；对于捏造事实陷害他人的，依纪依法追究责任。

第四章 监督保障

第四十条 各级党委、纪委应当按照本条例规定切实履行监督职责，发挥监督作用。

党员和党员领导干部应当正确履行职责，自觉接受监督。

对违反本条例规定，不履行或不正确履行党内监督职责、不遵守党内监督制度的，视情节追究责任，严肃处理。

第四十一条 各级党组织应当认真贯彻党风廉政建设责任制，加强思想政治教育，健全工作制度，有效防范各种违纪行为的发生。对党组织和党员反映的问题，应当认真处理。

第四十二条 鼓励、支持、保护党组织和党员领导干部、党员、党的代表大会代表在党内监督中发挥积极作用。对署真实姓名反映问题或检举、控告违纪违法行为的，党组织和有关人员应当为其保密；对泄露的要追究责任。对检举、控告党员或党组织严重违纪违法问题经查证属实的，给予表扬或奖励。对打击报复监督者的，对以监督为名侮辱、诽谤、诬陷他人的，以及在监督中有其他违纪违法行为的，依纪依法严肃处理。

第四十三条　党组织发现违反本条例的行为或接到检举、控告，认为需要查明事实、纠正错误、追究责任的，按照职责和权限，及时调查处理。

经过调查，需要追究党组织责任的，责令其纠正错误或给予通报批评，情节严重的依照有关规定处理；需要追究党员责任的，依照有关规定给予批评教育、组织处理或党纪处分；没有发现被调查的党组织或党员有违反规定行为的，应当作出书面结论，消除影响。

第四十四条　党员、党组织对处理决定不服的，可以向作出处理决定的党组织申诉。有关党组织应当认真复议、复查，并作出结论。如仍有意见，可以向上级党组织直至中央申诉。

申诉期间，不影响处理决定的执行。

第五章　附　则

第四十五条　中国人民解放军和中国人民武装警察部队的党组织实施党内监督的规定，由中央军委参照本条例制定。

第四十六条　本条例由中央纪委商中央组织部解释。

第四十七条　本条例自发布之日起施行。

中共中央颁布实施《中国共产党党内监督条例（试行）》，是从严治党的一项重大举措，是党内政治生活的一件大事。《条例》突出党内监督的重点，本着行之有效和不期望一劳永逸的原则，将实践证明行得通、有实效的做法加以规定，这符合党内监督的规律，符合党的建设的实际。

思考

1 条例的特点有哪些?

2 怎样写作条例?

第二节 规 定

一、规定的作用

对特定范围内的工作和事物制定具有约束力的行为规范,用规定。

规定通常是针对某项专门的工作或在某一特定的范围内所制定的具有约束力的行为规范。规定的主要特点是内容比较具体,所规范的范围和对象也相对集中。

规定的适用范围比较广泛,党的各级领导机关均可制定规定,国家行政机关也经常用规定来制定行政法规和规章制度。

二、规定的结构

规定在写作结构上,由标题、制发时间和正文三部分构成。

规定的标题,一般由内容和文种两部分构成。根据需要,标题中也可以写明发文机关,由发文机关、内容和文种三部分构成。

在标题下面,圆括号内,要写上发布的日期。

规定的正文,包括总则、分则和附则三个部分。总则要开宗明义,写明制发的目的、有关的定义、主管部门等项内容;分则用来阐述具体的规范内容;附则用以阐明施行的程序、方式、日期及有关事项的说明。

例文

关于实行党风廉政建设责任制的规定

（2010 年 12 月 15 日）

第一章 总 则

第一条 为了加强党风廉政建设，明确领导班子、领导干部在党风廉政建设中的责任，推动科学发展，促进社会和谐，提高党的执政能力，保持和发展党的先进性，根据《中华人民共和国宪法》和《中国共产党章程》，制定本规定。

第二条 本规定适用于各级党的机关、人大机关、行政机关、政协机关、审判机关、检察机关的领导班子、领导干部。

人民团体、国有和国有控股企业（含国有和国有控股金融企业）、事业单位的领导班子、领导干部参照执行本规定。

第三条 实行党风廉政建设责任制，要以邓小平理论和“三个代表”重要思想为指导，深入贯彻落实科学发展观，坚持党要管党、从严治党，坚持标本兼治、综合治理、惩防并举、注重预防，扎实推进惩治和预防腐败体系建设，保证党中央、国务院关于党风廉政建设的决策和部署的贯彻落实。

第四条 实行党风廉政建设责任制，要坚持党委统一领导，党政齐抓共管，纪委组织协调，部门各负其责，依靠群众的支持和参与。要把党风廉政建设作为党的建设和政权建设的重要内容，纳入领导班子、领导干部目标管理，与经济建设、政治建设、文化建设、社会建设以及生态文明建设和业务工作紧密结合，一起部署，一起落实，一起检查，一起考核。

第五条 实行党风廉政建设责任制，要坚持集体领导与个人分工负责相结合，谁主管、谁负责，一级抓一级、层层抓落实。

第二章 责任内容

第六条 领导班子对职责范围内的党风廉政建设负全面领导责任。

领导班子主要负责人是职责范围内的党风廉政建设第一责任人，应当重要工作亲自部署、重大问题亲自过问、重点环节亲自协调、重要案件亲自督办。

领导班子其他成员根据工作分工，对职责范围内的党风廉政建设负主要领导责任。

第七条 领导班子、领导干部在党风廉政建设中承担以下领导责任：

(一)贯彻落实党中央、国务院以及上级党委(党组)、政府和纪检监察机关关于党风廉政建设的部署和要求，结合实际研究制定党风廉政建设工作计划、目标要求和具体措施，每年召开专题研究党风廉政建设的党委常委会议(党组会议)和政府廉政建设工作会议，对党风廉政建设工作任务进行责任分解，明确领导班子、领导干部在党风廉政建设中的职责和任务分工，并按照计划推动落实；

(二)开展党性党风党纪和廉洁从政教育，组织党员、干部学习党风廉政建设理论和法规制度，加强廉政文化建设；

(三)贯彻落实党风廉政法规制度，推进制度创新，深化体制机制改革，从源头上预防和治理腐败；

（四）强化权力制约和监督，建立健全决策权、执行权、监督权既相互制约又相互协调的权力结构和运行机制，推进权力运行程序化和公开透明；

（五）监督检查本地区、本部门、本系统的党风廉政建设情况和下级领导班子、领导干部廉洁从政情况；

（六）严格按照规定选拔任用干部，防止和纠正选人用人上的不正之风；

（七）加强作风建设，纠正损害群众利益的不正之风，切实解决党风政风方面存在的突出问题；

（八）领导、组织并支持执纪执法机关依纪依法履行职责，及时听取工作汇报，切实解决重大问题。

第三章　检查考核与监督

第八条　党委（党组）应当建立党风廉政建设责任制的检查考核制度，建立健全检查考核机制，制定检查考核的评价标准、指标体系，明确检查考核的内容、方法、程序。

第九条　党委（党组）应当建立健全党风廉政建设责任制领导小组，负责对下一级领导班子、领导干部党风廉政建设责任制执行情况的检查考核。

第十条　检查考核工作每年进行一次。检查考核可以与领导班子、领导干部工作目标考核、年度考核、惩治和预防腐败体系建设检查工作等结合进行，也可以组织专门检查考核。

检查考核情况应当及时向同级党委（党组）报告。

第十一条　党委（党组）应当将检查考核情况在适当范围内通报。对检查考核中发现的问题，要及时研究解决，督促整改落实。

第十二条　党委(党组)应当建立和完善检查考核结果运用制度。检查考核结果作为对领导班子总体评价和领导干部业绩评定、奖励惩处、选拔任用的重要依据。

第十三条　纪检监察机关(机构)、组织人事部门协助同级党委(党组)开展对党风廉政建设责任制执行情况的检查考核,或者根据职责开展检查工作。

第十四条　党委常委会应当将执行党风廉政建设责任制的情况,作为向同级党的委员会全体会议报告工作的一项重要内容。

第十五条　领导干部执行党风廉政建设责任制的情况,应当列为民主生活会和述职述廉的重要内容,并在本单位、本部门进行评议。

第十六条　党委(党组)应当将贯彻落实党风廉政建设责任制的情况,每年专题报告上一级党委(党组)和纪委。

第十七条　中央和省、自治区、直辖市党委巡视组应当依照巡视工作的有关规定,加强对有关党组织领导班子及其成员执行党风廉政建设责任制情况的巡视监督。

第十八条　党委(党组)应当结合本地区、本部门、本系统实际,建立走访座谈、社会问卷调查等党风廉政建设社会评价机制,动员和组织党员、群众有序参与,广泛接受监督。

第四章　责任追究

第十九条　领导班子、领导干部违反或者未能正确履行本规定第七条规定的职责,有下列情形之一的,应当追究责任:

(一)对党风廉政建设工作领导不力,以致职责范围内明令禁止的不正之风得不到有效治理,造成不良影响的；

（二）对上级领导机关交办的党风廉政建设责任范围内的事项不传达贯彻、不安排部署、不督促落实，或者拒不办理的；

（三）对本地区、本部门、本系统发现的严重违纪违法行为隐瞒不报、压案不查的；

（四）疏于监督管理，致使领导班子成员或者直接管辖的下属发生严重违纪违法问题的；

（五）违反规定选拔任用干部，或者用人失察、失误造成恶劣影响的；

（六）放任、包庇、纵容下属人员违反财政、金融、税务、审计、统计等法律法规，弄虚作假的；

（七）有其他违反党风廉政建设责任制行为的。

第二十条　领导班子有本规定第十九条所列情形，情节较轻的，责令作出书面检查；情节较重的，给予通报批评；情节严重的，进行调整处理。

第二十一条　领导干部有本规定第十九条所列情形，情节较轻的，给予批评教育、诫勉谈话、责令作出书面检查；情节较重的，给予通报批评；情节严重的，给予党纪政纪处分，或者给予调整职务、责令辞职、免职和降职等组织处理。涉嫌犯罪的，移送司法机关依法处理。

以上责任追究方式可以单独使用，也可以合并使用。

第二十二条　领导班子、领导干部具有本规定第十九条所列情形，并具有下列情节之一的，应当从重追究责任：

（一）对职责范围内发生的问题进行掩盖、袒护的；

（二）干扰、阻碍责任追究调查处理的。

第二十三条　领导班子、领导干部具有本规定第十

九条所列情形,并具有下列情节之一的,可以从轻或者减轻追究责任:

(一)对职责范围内发生的问题及时如实报告并主动查处和纠正,有效避免损失或者挽回影响的;

(二)认真整改,成效明显的。

第二十四条 领导班子、领导干部违反本规定,需要查明事实、追究责任的,由有关机关或者部门按照职责和权限调查处理。其中需要追究党纪政纪责任的,由纪检监察机关按照党纪政纪案件的调查处理程序办理;需要给予组织处理的,由组织人事部门或者由负责调查的纪检监察机关会同组织人事部门,按照有关权限和程序办理。

第二十五条 实施责任追究,要实事求是,分清集体责任和个人责任、主要领导责任和重要领导责任。

追究集体责任时,领导班子主要负责人和直接主管的领导班子成员承担主要领导责任,参与决策的班子其他成员承担重要领导责任。对错误决策提出明确反对意见而没有被采纳的,不承担领导责任。

错误决策由领导干部个人决定或者批准的,追究该领导干部个人的责任。

第二十六条 实施责任追究不因领导干部工作岗位或者职务的变动而免予追究。已退休但按照本规定应当追究责任的,仍须进行相应的责任追究。

第二十七条 受到责任追究的领导班子、领导干部,取消当年年度考核评优和评选各类先进的资格。

单独受到责令辞职、免职处理的领导干部,一年内不得重新担任与其原任职务相当的领导职务;受到降职处理的,两年内不得提升职务。同时受到党纪政纪处分和组织处理的，按影响期较长的执行。

第二十八条　各级纪检监察机关应当加强对下级党委（党组）、政府实施责任追究情况的监督检查，发现有应当追究而未追究或者责任追究处理决定不落实等问题的，应当及时督促下级党委（党组）、政府予以纠正。

第五章　附　则

第二十九条　各省、自治区、直辖市，中央和国家机关各部委可以根据本规定制定实施办法。

第三十条　中央军委可以根据本规定，结合中国人民解放军和中国人民武装警察部队的实际情况，制定具体规定。

第三十一条　本规定由中央纪委、监察部负责解释。

第三十二条　本规定自发布之日起施行。1998 年 11 月发布的《关于实行党风廉政建设责任制的规定》同时废止。

解决党风廉政方面存在的突出问题，必须坚持党要管党、从严治党的方针，严格执行党风廉政建设责任制。这是开展党风廉政建设和反腐败斗争取得的一条重要经验。这个规定对党风廉政建设的总体要求、责任内容、责任考核、责任追究等作出了明确规定，告诫各级领导干部一定要居安思危，增强忧患意识，担负起全面领导的责任，按照中央的总体部署，把党风廉政建设责任制落到实处。

三、规定与条例的区别

规定与条例都可以用来制定党纪党规，对党的组织和党员均有一定的约束力。但两者之间也有明显的区别：

首先，两者对制发机关的级别要求不同。规定的制发机关既可以是党的中央组织，也可以是地方各级党委及其工作部门；而条例的制发机关是党的中央组织及其授权的中央有关部门。

其次,两者内容的重要性不同。规定只是对特定范围内的工作和事务具有约束力的行为规范,而条例的内容是规范党组织的工作、活动和党员行为的规章制度。

最后,两者约束力的大小也有不同。条例制发机关的级别更高,内容更重要,因而约束力比规定更大。

思考

1. 规定的作用是什么?
2. 规定与条例的区别有哪些?

第三章　计　划

第一节　计划的定义和特点

一、计划的定义

计划是党政机关、社会团体、企事业单位和个人在一定时期为实现特定目标而预先作出的安排。其书面形式就成为管理工作中的一种重要的事务文书。

国家、集体或个人对今后一段时期的工作、生产、学习或生活预先作出的安排,包括目标、要求、方法、步骤、措施等,写成书面文字,就叫做计划。计划是工作或行动之前预先拟定的目标以及准备执行的具体措施和步骤。具体地说,在一定的时间内,为完成某项任务或几项任务,根据党和国家的方针政策、上级的指示精神以及本单位或者个人的实际情况,提出具体的要求,规定明确的目标,制订相应的措施,把这些内容写下来就是计划。

计划是在科学预测的基础上,为实现组织目标,对未来一定时期内的工作作出安排的活动。它包括对组织所拥有的和可能拥有的人力、物力、财力所进行的设计和谋划,找到一条合适的实现组织目标的途径。切实可行的计划应当满足以下几个方面的基本要求:第一,计划应当具有明确的目标,有了计划,可以使执行任务的人明确奋斗目标,克服盲目性,提高自觉性,把积极因素调动起来,使工作有条不紊地开展起来;第二,计划必须有益于在总体上提高管理的效益,有了计划,可以合理地安排和使用人力、物力、财力;第三,计划必须是准备付诸实施的、切实可行的方案,有了计划,就明确了要求,对实施者不仅是一种约束,也是一种督促,也就有了对工作进度和质量的考核标准，可以随时掌握工作进程，便于检查任务完成的情况，取得主动权，也便于上级的督促和指导。所以，订好计划是完成各项任务的重要环节。

二、计划的特点

1. 计划必须具有预见性

计划着眼于未来，是对实现目标的预定，是对工作进程、可能情况的预见，这种预见是一种科学的预测，它建立在事实和有关情报、信息的基础上，用科学的方法进行推理，尽可能地预见实施过程中的新情况、新问题，按照客观事物的发展规律，制订出工作的步骤、措施、目标。古人云："凡事预则立，不预则废。"在一定的时期内，要完成什么任务，解决什么问题，取得什么效果，达到怎样的目标，都是我们在制订计划时首先要通盘考虑的。这是计划的核心内容，也是制订计划的依据。换言之，计划本来是为了避免思想混乱与行动的盲目而制订的。没有明确的目标，就谈不上计划。此外，由于计划是在学习、工作、生活开展之前就作出的预先安排，因此，对奋斗目标、发展前景和实施步骤的确定就带上了强烈的预见性和前瞻性。没有预想就无所谓计划。不消说，计划必须基于对以往工作规律的认识，在总结经验与教训的基础上面，结合本地本单位的实际，对今后可能出现的问题和困难进行认真分析与科学预见，并提出相应的措施和对策。

2. 计划必须具有可行性

计划是有关人员在执行计划、开展工作时的依据，制订者必须分析主、客观条件，对各种有利因素和不利因素进行研究和论证。一份完美的计划，除了要有明确的工作目标之外，还必须具备为实现这一目标而制订的可行的措施，这样才能有效地指导工作，并逐步付诸实施。否则，计划无异于一堆空话，无助于任务的实现，甚或起到相反的作用。同时，一份计划往往是依据国家的方针政策，上级的指示精神，并且结合了本地区本部门的实际才制订出来的，最终用途还是为了指导工作、完成任务，决非可有可无的文字游戏。因此，计划的可行性是不可或缺的。

3. 计划必须具有约束性

计划的制订体现了领导的意图和员工的意愿，而且经过了多方面的通力合作和反复斟酌讨论，反映着本地区本单位的实际情况，经过了调查研究、科学论证和集思广益等阶段，凝聚着集体的智慧和科学预见，因此具有明显的约束性。计划单位、部门及个人必须执行的具体行动纲领，一旦被确定下来，就具有了一定的规定性和约束力，事关国家的方针政策、上级对下级的指示安排，因此必须依照计划，认真贯彻执行。个别机关单位还以“通知”的形式印发计划，使之成为正式文件，也是为了确保计划的约束性。

4. 计划必须具有弹性

计划固然确定了奋斗目标，描述了发展前景，提出了措施对策，但它毕竟是一种预想。俗话说得好：“形势比人强”、“计划跟不上变化”，即明确点出了事物发展的复杂性和变化性。因此，计划在制订时应当备有多种方案以供选择，切不可满打满算；计划在执行时也不必过于拘泥，而应允许有调整、变通和修正。由于实践中发现了始料未及、前所未有的情况，这时计划执行人就不能墨守教条、拒绝适应新变化，而应当部分地如有必要甚至可全部地变动原先的计划方案，以便克服困难和挑战，达到预期目标。坦率地说，这样做并不等于就是否定了计划的明确性，而应说是一种实事求是的科学态度，是把原则性与灵活性相结合的一种高明的策略。当然，我们也反对那种借口变化而随意更改计划的不负责任的态度。

思考

1. 什么是计划？

2. 计划具有哪些特点？

第二节　计划的种类和写作要求

一、计划的种类

计划种类繁多,按照约定俗成的标准,可以划分为以下几种:

(1)按内容划分,计划可以分为工作计划、生产计划、科研计划和学习计划等。

(2)按区域划分,计划可以分为国家计划、地区计划、部门计划、单位计划、班组计划和个人计划等。

(3)按时限划分,计划可以分为长期计划、中期计划和短期计划。长期计划叫规划,其时限一般在五年、十年甚至十几年、数十年,如《国民经济发展第十一个五年计划》,《2011—2015 年全国学校艺术教育总体规划》等。中期规划的时限多为三年、五年,如《中国档案学会三年学术活动计划》。短期计划的时限一般在一年之内,包括年度计划、季度计划、学期计划、月份计划。不过,长期计划、中期计划、短期计划是密切相关的,它们的划分是相对的。

(4)按范围划分,计划可以分为全面计划(又称综合计划)和单项计划两大类。全面计划指的是包括了一个机关单位各方面工作的总体计划,如《××大学 2013 年年度工作计划》就涉及了人事、教务、科研、政工、后勤、基建、财经等各方面的工作安排,是一份名副其实的综合计划。单项计划是围绕某一中心工作而制订的计划,内容单一,集中紧凑,如《关于扩展本科专业的初步设想》等。

(5)按形式划分,计划可以分为条文式计划、表格式计划、混合式计划和文件式计划。

(6)按作用划分,可以分为指令性计划和指导性计划。前者指的是上级对下级部署的带有强制性和法规性的工作安排,从宏观到微观,从整体到局部,都有严格规定,不得擅自更改。随着中国经济体制由计划转向市场,指令性计划也往往让位于指导性计划。

(7)按性质划分,计划可以分为规划、设想、意见、安排、要点、方案、打算和初步设想等。规划是指长远性和全局性的计划,范围广泛,内容简括,如《杭州市城市建设规划》。设想是指尚未考虑成熟的初步而简略的计划,仅为工作目标提供参考,如《提高我校大学生人文素养的初步设想》。安排是指期限较短、侧重步骤与做法,内容较为具体的计划,如《关于加强爱国主义宣传活动的安排》。要点是指侧重工作指导原则和总体任务要求的计划,如《××省2013年加强文化市场管理工作要点》。方案是指工作任务明确,措施步骤具体的计划,如《关于深化经济体制改革的方案》。

二、计划的写作要求

1.要实事求是

实事求是,就是要根据本单位或本人的实际情况,从实际出发制订计划。这包括两个方面:一是要符合党的方针政策。党的方针政策是我们行动的指导思想和完成各项任务的有力保证,也是我们制订计划的依据。这是中国最大的实际。因此,我们制订计划时,要认真学习党的方针政策,用党的方针政策处理好三个关系:长远与目前的关系,整体与局部的关系,需要与可能的关系。这样才能制订出有利于贯彻党的方针政策的切实可行的计划来。二是要有科学的态度。计划工作基本上都需要遵循这样几个步骤:估量机会;确定目标;确定前提条件;拟订可供选择的方案;评价各种备选方案;选择方案;拟订派生计划;编制预算。我们制订计划,必须用科学的态度,进行深入细致的调查研究,充分了解客观存在的条件,结合本单位或本人的实际情况,才能做到指标既先进又稳妥,既积极又切实可行。这样,员工经过一番努力之后能够完成计划,信心就会更高,劲头就会更足。反之,如果主观臆造,脱离实际,要求过高,这样的计划员工再努力也无法完成,就会挫伤员工的积极性。

2.要集思广益

计划是要由员工来执行的。计划要变成员工的自觉行动,制订计划时,要坚持从下到上、从上到下的工作方法,就是在听取员工意见的基础上,由领导提出草案,再交给员工讨论,搜集员工的意见进行修改,最后定稿。这样制订的计划,一方面能统一员工的思想,集思广益,使计划订得较为完满和切合实际;另一方面能使员工充分了解计划的要求,明确奋斗的目标,从而有利于调动员工的积极性,有利于计划的实现。

3.要适应情况变化

现实情况是在不断地变化的,我们制订的计划也要能够适应情况变化。这也包括两方面的内容:一是要留有充分的余地。编制计划,就要认真执行。因此,不能把计划指标订得太高,要让员工经过努力有可能完成。所以,在计划编制之前,要进行充分的调查研究,不仅要考虑到工作的需要,而且应考虑到实际的可能;不仅要体现上级领导的指示精神和要求,而且应符合本单位、本部门的实际情况。有的部门领导不顾本单位的实际情况,一味地讨好上级,把计划指标订得过高,又无具体措施,员工完不成任务,影响积极性。还有的计划,照搬领导下达的任务指标,甚至层层加码,结果使计划落空。上级主管部门的计划是编制本单位计划的依据,但不能生硬地照搬。一定要结合本单位的具体情况,更加具体化,使之切实可行。二是要注意及时检查和适时地修改。计划是事先的,带有预测的性质。但客观现实不是固定不变的,因此,要想使计划更符合实际,就必须在检查计划执行情况的同时,还要根据实际情况来检查计划的制订情况。如果发现有些地方不符合客观情况的变化,就应该适时地予以修改。

4.内容要明确具体

不管是计划的任务、指标,还是措施、责任,都必须十分明确具体。有的计划虚多实少,原则性的分析多,实际内容少;有的计划内容看来不少，但含混不清，模棱两可，使执行者抓不住要领。这样的计划，既不利于执行，也不利于检查，往往流于形式，甚至落空。不论哪种类型的工作计划，一般都必须具有以下三个要求：一是要有目标。制订工作计划首先要明确无误地写清楚工作的目的和要求，以及提出这些要求的依据，使计划的执行者预先知道工作的未来结果，做到心中有数。没有要求和目的，没有努力方向，也就没有必要制订计划。二是要有措施。有了既定的任务，还必须有完成任务的措施和方法，这是实现计划的保证。措施和方法主要是指达到既定目标需要什么手段，动员哪些力量，创造什么条件，排除哪些困难等。三是要有步骤。也就是工作的程序和时间的安排、要求。每项任务在完成过程中都有阶段性。哪些先干，哪些后干，应该有个安排。而在实施当中，又有轻重缓急之分，哪些是重点，哪些是非重点，也应有个明确认识。因此在制订计划时，有了总的时限以后，还必须有每一阶段的时间要求，在人力物力上有相应安排，使有关单位和人员知道在一定的时间内，一定的条件下，把工作做到什么程度，以便于争取主动，协调进行。

计划对实际工作进程具有指导作用，同时也是总结衡量任务完成情况和效果的重要依据。用于对将要进行的工作活动提出目标，并安排好实施措施、步骤和方法。其主要内容包括：提出目标、任务的依据；对完成任务的主客观条件的分析；工作任务及要求、指标；主要步骤、方法和措施；分工及完成任务的时限及其他有关注意事项。为使计划切实发挥效用，应注意充分调查研究有关情况和问题；积极稳妥地规定任务、指标、步骤、方法和措施，务求具体而明确、便于检查和执行。

思考

1. 计划的种类有哪些？
2. 计划有哪些写作要求？

第三节　计划的内容构成和写作格式

一、计划的内容构成

计划的内容包括指导思想、基本情况、目标任务、执行措施、完成时间等几大方面。一般说来,计划的内容由三个基本要素构成:

1.制订计划的依据

制订计划时先要分析研究有关的历史和现状,了解前一阶段工作的基本情况,弄清依据什么来制订计划。

2.制订计划的目标

目标是计划的核心,是实践活动所要达到的标准和要求。它既是编写计划的起点,又是实施计划的归宿。

3.实施计划的细则

目标既已确定,就要有相应的步骤和措施来保证计划目标的实现。因此,细则主要是指实现目标的步骤、措施及完成时间。

二、计划的写作格式

计划在写法上并无一成不变的写作模式,但任何计划在写作中都应体现内容构成的三个要素。条文式计划是将三要素分解成若干条目,然后依内容的逻辑顺序逐条用文字表述。表格式计划是将三要素具体分解成表格的若干栏目。条文加表格式计划中,有的以文字叙述为主,列表格作为依据;有的以表格为主,附文字作为说明。下面以条文式计划为例加以介绍。

1.标题

计划的标题构成,有着特定的因素。一般有三种形式:

第一种形式由单位名称、时间期限、内容范围、文体名称构成标题,如《××大学 2013 年后勤工作计划》。采用这种方式拟题,计划结尾只署日期即可,不必再署单位名称。

第二种形式由时间期限、内容范围、文体名称构成标题,如

《2008年第一季度生产计划》。采用这种方式拟题，文末要签署单位名称。

第三种形式由单位名称、时间期限、内容范围、文体名称、成熟程度构成标题，如《××大学2013年后勤工作计划(征求意见稿)》。采用这种方式拟题，文末不用再签署具体单位名称。如果计划还不成熟，还须经有关人员讨论或上级研究批准，则要在标题的后面或下面注明“初稿”、“草案”或“供讨论用”等字样，并加上圆括号，以区别于正式计划。

标题的文字如果较长，可写成两行或三行，每行的文字最好大抵相等。仅以“计划”两字来做标题，是不妥当的。

2.正文

正文即计划的主要内容。这部分可以概括成三句话：“为什么做”、“做什么”、“怎样做”。任何计划都必须对这三条做出具体的说明。具体可以分成以下几个方面来写：

基本情况和指导思想，也叫前言。这是计划正文的第一部分内容，即“为什么做”。一般用来简要说明制订计划的原因和依据。如简括前段工作概况，分析基本形势，表明目的和使命，说上级机关的指示和要求，交代决策机构做出的总体目标。

基本任务和具体项目，也叫主体。这是计划正文的中间部分，要明确写清应完成的任务、达到的指标及具体要求，解决“做什么”的问题。

方法步骤和具体措施。这是计划正文的最后一个部分，也是重点部分。要详细说明为完成任务而要采取的具体方法、步骤，分哪几个阶段，如何分工合作来完成指标。这部分要求条理清楚，以利执行，主要解决“怎样做”的问题。计划还应写清怎样检查、考核及完成的时限，解决“做得怎么样”的问题。

基本情况和指导思想、基本任务和具体项目这两部分统称之为计划事项或工作安排，这是计划的核心内容。为了使这两部分眉目清楚,便于掌握,可以用条款式的写法予以交代。也就是说,这两部分要把具体要求、分工单位或部门、步骤、措施、时间安排等都写得清清楚楚,使执行者和检查者都能够一目了然,心中有数。

3.落款

计划的落款一般由计划制订者署名和订计划的日期两个方面组成。在实际写作时,应灵活掌握。若在标题中没有交代单位名称,应在正文的右下方写明制订者即订计划的单位名称和日期。如在标题中已写清单位名称,就不必再署名,只写明日期即可。

例文

中国反对拐卖人口行动计划(2013—2020年)

为有效预防、依法打击拐卖人口犯罪,积极救助、妥善安置被拐卖受害人,切实维护公民合法权益,依据有关国际公约和我国法律,制定《中国反对拐卖人口行动计划(2013—2020年)》(以下简称《行动计划》)。

一、指导思想和总体目标

(一)指导思想。

高举中国特色社会主义伟大旗帜,以邓小平理论、"三个代表"重要思想、科学发展观为指导,坚持"以人为本、综合治理、预防为主、打防结合"工作方针,不断加强和创新社会管理,完善政策,落实责任,整合资源,标本兼治,切实保障公民基本权利,维护社会和谐稳定,维护我国际形象。

(二)总体目标。

进一步完善集预防、打击、救助和康复为一体的反拐工作长效机制,健全反拐工作协调、保障机制,细化落实各项措施，依法坚决打击、有效遏制拐卖人口犯罪，确保被拐卖受害人及时得到救助康复和妥善安置。

二、行动措施和任务分工

（一）健全预防犯罪机制。

1. 工作目标。

完善预防拐卖人口犯罪的网络，综合整治拐卖人口犯罪活动重点地区和“买方市场”，减少拐卖人口犯罪发生。

2. 行动措施。

（1）加强部门联动，建立发现、举报拐卖人口犯罪工作机制。**（中央综治办、司法部负责，教育部、公安部、民政部、卫生部、人口计生委配合）**

（2）加强拐卖人口犯罪活动重点行业、重点地区和重点人群预防犯罪工作。**（中央综治办负责，公安部、卫生部、人口计生委、妇儿工委办公室、全国妇联配合）**

——加强人力资源市场管理，规范劳动者求职、用人单位招用和职业中介活动，鼓励用工单位开展反拐教育培训。建立和完善劳动用工备案制度，加强劳动保障监察执法，加大对非法职业中介及使用童工、智力残疾人等违法行为查处力度，完善部门联动协作机制。研究在劳务市场发生的拐卖人口犯罪问题，有针对性地开展预防工作。**（人力资源社会保障部负责，工商总局、广电总局、全国总工会、共青团中央、全国妇联、中国残联配合）**

——严厉打击卖淫嫖娼违法犯罪，加强城乡结合部、“城中村”娱乐服务场所治安整治，改进失足妇女教育帮扶工作。**（公安部负责，人力资源社会保障部、文化部、卫生部、工商总局、全国妇联配合）**

——加大拐卖人口犯罪活动重点地区综合整治力

度。基层政府、村(居)委会切实将帮助易被拐卖人群和预防拐卖人口犯罪纳入重点工作中。(**中央综治办、公安部负责,民政部、妇儿工委办公室、扶贫办、共青团中央、全国妇联配合**)

——加强拐卖人口犯罪活动重点地区计划生育服务和孕情管理,减少意外妊娠和政策外生育,及时通报有关信息。(**人口计生委负责,公安部、卫生部配合**)

——加大老少边贫地区农村人口扶持力度,开发适合农村特点的创业就业渠道,提高贫困人口尤其是贫困妇女脱贫致富能力。(**扶贫办负责,发展改革委、农业部、人力资源社会保障部、国家民委、全国妇联配合**)

——保障所有适龄儿童、少年接受九年义务教育,切实控制学生辍学。(**教育部负责,共青团中央配合**)

——健全流浪未成年人救助保护机制,积极利用现有救助管理机构和福利机构做好流浪未成年人和弃婴的救助安置,依托社会工作等专业人才提供心理辅导、行为矫治、文化教育、技能培训、就业帮扶等服务。加强街面救助,及时发现、救助流浪乞讨和被强迫违法犯罪的未成年人。(**民政部、公安部负责,财政部、住房城乡建设部、卫生部、教育部、人力资源社会保障部、共青团中央、全国妇联配合**)

——鼓励农村有外出务工意愿的妇女、残疾人、城市失业下岗妇女、女大学生和解救的被拐卖妇女创业就业,落实好促进就业各项政策,组织开展实用技术、务工技能和创业就业培训。(**人力资源社会保障部、国家民委、中国残联负责,共青团中央、全国妇联配合**)

——在流动、留守妇女儿童集中地区发挥妇女互助组、巾帼志愿者等作用,完善妇女热线、妇女维权站点、妇

女之家等功能，提高流动、留守妇女儿童反拐能力。（全国妇联负责，民政部、文化部、财政部、广电总局配合）

——加强拐卖人口罪犯教育改造工作，进一步降低重新犯罪率。（司法部、公安部负责）

(3)加大拐卖人口犯罪“买方市场”整治力度，在收买人口犯罪活动高发地区开展综合治理，从源头上减少拐卖人口犯罪的发生。（中央综治办、公安部负责，教育部、民政部、人力资源社会保障部、司法部、卫生部、人口计生委、全国妇联配合）

——大力开展出生人口性别比偏高综合治理工作。（人口计生委负责，卫生部、公安部、全国妇联配合）

——规范婚姻登记工作。规范收养渠道。（民政部负责）

——加强医疗卫生机构管理，严禁为被拐卖儿童出具虚假出生证明，明确医护人员发现疑似拐卖情况及时报告的义务。（卫生部负责，公安部配合）

——开展维护妇女权益、促进性别平等的村规民约修订和培训，消除男尊女卑、传宗接代等落后观念，提高女孩受教育水平，确保女性在农村平等享有土地承包、宅基地分配、土地征收补偿分配和集体收益分配的权利。（全国妇联、农业部负责，民政部、教育部配合）

(4)进一步做好跨国拐卖人口犯罪预防工作。加强口岸边防检查和边境通道管理，严格出入境人员查验制度，加大对非法入境、非法居留、非法就业外国人的清查力度。加强边境地区人力资源市场监管，严格规范对外劳务合作经营活动，依法取缔非法跨国婚姻中介机构。（公安部、人力资源社会保障部、商务部、外交部负责，民政部配合）

(二)打击犯罪和解救被拐卖受害人。

1. 工作目标。

不断提高侦破各类拐卖人口犯罪案件的能力和水平,依法严厉打击拐卖人口犯罪,及时解救被拐卖受害人。

2. 行动措施。

(1)继续组织开展全国打击拐卖人口犯罪专项行动,进一步完善公安机关牵头,有关部门配合、群众广泛参与的打拐工作机制。(公安部负责,高法院、高检院、民政部、人力资源社会保障部、人口计生委、全国妇联配合)

——各级政府相关部门、单位加大打拐工作力度,明确相关机构具体承担,确保责有人负、事有人干,切实加强经费保障。(国务院反拐部际联席会议各成员单位负责)

——各级公安机关完善打拐工作机制,由刑侦部门牵头,有关部门和警种通力协作,定期分析拐卖人口犯罪形势,研究完善打、防、控对策。(公安部负责)

——严格落实侦办拐卖儿童案件责任制。对拐卖儿童案件实行"一长三包责任制",由县级以上公安机关负责人担任专案组组长,负责侦查破案、解救被拐卖儿童、安抚受害人亲属等工作。案件不破,专案组不得撤销。(公安部负责)

——严格执行儿童失踪快速查找机制。接到儿童失踪报警后,由公安机关指挥中心迅速调集相关警力开展堵截、查找工作,及时抓获犯罪嫌疑人,解救受害人。(公安部负责)

——认真开展来历不明儿童摸排工作。各地公安机关负责采集失踪儿童父母血样,检验录入全国打拐 DNA

(脱氧核糖核酸)信息库,并加强与有关部门沟通,及时发现来历不明、疑似被拐卖的儿童,采血检验入库。对被收养儿童、来历不明儿童落户的,要采血检验入库比对,严把儿童落户关。(**公安部负责,教育部、卫生部、人口计生委、全国妇联配合**)

——制定符合拐卖人口犯罪特点和与受害人心理、生理相适应的案件调查程序。(**公安部负责,高检院配合**)

(2)依法严惩拐卖人口犯罪。

——对拐卖人口犯罪集团首要分子和多次参与、拐卖多人,同时实施其他违法犯罪或者具有累犯等从严、从重处罚情节的,坚决依法惩处。(**高法院、高检院、公安部负责**)

——对收买被拐卖受害人以及以暴力、威胁方法阻碍、聚众阻碍国家机关工作人员解救受害人,依法应当追究刑事责任的,坚决依法惩处。(**高法院、高检院、公安部负责**)

——对收买、介绍、强迫被拐卖受害人从事色情服务及强迫性劳动的单位和个人,严格依法追究其行政、民事、刑事责任。坚决取缔非法职业中介、婚姻中介机构。对组织强迫儿童、残疾人乞讨,强迫未成年人、残疾人从事违法犯罪活动的依法予以惩处,及时查找受害人亲属并护送受害人前往救助保护机构。完善人体器官捐献制度,依法惩治盗窃人体器官、欺骗或强迫他人捐献器官、组织贩卖人体器官等犯罪行为。(**公安部、人力资源社会保障部、卫生部负责,中央综治办、高法院、高检院、民政部、工商总局、全国总工会、共青团中央、全国妇联、中国残联配合**)

——对受欺骗或被胁迫从事违法犯罪行为的被拐卖受害人,依法减轻或免除处罚。(**高法院、高检院、公安部负责**)

(3)进一步加强信息网络建设,完善全国打拐DNA(脱氧核糖核酸)信息库,健全信息收集和交流机制,推进信息共享,提高反拐工作信息化水平。(**公安部、民政部负责,发展改革委、财政部、教育部、卫生部、人口计生委、全国妇联配合**)

(4)依法解救被拐卖儿童,并送还其亲生父母。对查找不到亲生父母的,由公安机关提供相关材料,交由民政部门妥善安置,不得由收买家庭继续抚养。(**公安部、民政部负责**)

(三)加强被拐卖受害人的救助、安置、康复和回归社会工作。

1.工作目标。

保障被拐卖受害人合法权益,加强被拐卖受害人的救助、安置、康复、家庭与社区融入等工作,帮助其顺利回归社会。保护被拐卖受害人隐私,使其免受二次伤害。

2.行动措施。

(1)进一步加强地区、部门和机构间救助被拐卖受害人的协作配合。(**民政部负责,中央综治办、公安部配合**)

(2)规范被拐卖受害人救助、安置、康复和回归社会工作程序,制定查找不到亲生父母的被拐卖儿童安置政策和办法,推动其回归家庭,促进其健康成长。(**公安部、民政部负责,教育部、卫生部、财政部、全国妇联配合**)

(3)完善政府多部门合作、社会各界支持的被拐卖受害人救助、安置和康复工作机制,提升救助管理站、妇女之家、福利院等机构服务水平。(**民政部负责,卫生部、公**

安部、全国妇联配合）

——充分利用现有社会救助和社会福利设施提供救助和中转康复服务，并保障人员和经费需求，使被拐卖受害人得到符合其身心、年龄和性别特点的救助安置。（民政部、财政部负责，发展改革委、公安部、教育部、卫生部、中国残联配合）

——在被拐卖受害人临时救助和康复工作中引入专业社会工作服务，鼓励有关社会组织、企事业单位和个人为救助被拐卖受害人提供资金、技术支持和专业服务。（民政部负责，全国总工会、共青团中央、全国妇联、中国残联配合）

——指定定点医疗机构为被拐卖受害人提供基本医疗服务和生理心理康复服务。（卫生部负责，民政部配合）

——通过培训教育等活动，增强被拐卖受害人的法律意识、维权意识。法律援助机构依法为符合条件的被拐卖受害人提供法律援助。（司法部负责，民政部、公安部、全国总工会、共青团中央、全国妇联配合）

(4)加强社会关怀，帮助被拐卖受害人顺利回归社会。

——确保被解救的适龄儿童入学、回归学校和适应新的生活。（教育部负责，民政部配合）

——为不能或不愿回原住地的16岁以上被拐卖受害人提供适宜的职业技能培训、职业指导和职业介绍等就业服务，并帮助其在异地就业。（人力资源社会保障部负责，民政部、全国总工会、共青团中央、全国妇联配合）

——在保护个人隐私前提下，进一步做好被拐卖受害人及其家庭和所在社区工作，保障愿意返回原住地的

被拐卖受害人顺利回归家庭和社区。(民政部负责,共青团中央、全国妇联配合)

(5)为回归社会的被拐卖受害人提供必要服务,切实帮助解决就业、生活和维权等问题。(民政部、司法部、人力资源社会保障部负责,共青团中央、全国妇联配合)

(6)进一步加强对被解救受害人的登记、管理和保护工作,建立并完善专门档案,跟踪了解其生活状况,积极协调有关部门和组织帮助解决实际困难。(公安部、民政部负责,全国妇联配合)

(7)进一步加强对被拐卖受害人身心健康领域的研究,寻求更为有效的康复治疗方法。(卫生部负责,教育部、共青团中央、全国妇联配合)

(四)完善法律法规和政策体系。

1. 工作目标。

结合当前拐卖人口犯罪形势和实际工作需要,研究制定和修订有关法律法规和政策,为反拐工作提供法律法规和政策支持。

2. 行动措施。

(1)修订有关法律法规,进一步健全反拐法律体系。(法制办负责,全国人大常委会法工委、高法院、高检院、公安部、民政部、人力资源社会保障部、共青团中央、全国妇联配合)

——完善有关法律,加大对收买被拐卖受害人行为的打击力度。(全国人大常委会法工委负责,法制办、高法院、高检院、公安部配合)

——完善被拐卖受害人救助有关法规,切实保障其合法权益。(民政部、法制办负责,全国人大常委会法工委、全国妇联配合)

——完善儿童临时监护和监护监督制度，进一步推动未成年人父母或其他监护人依法为未成年人健康成长提供良好家庭环境和家庭教育。研究制定监护权转移的具体程序，避免因监护人丧失监护能力或监护人侵权对儿童造成伤害。（民政部、法制办负责，全国人大常委会法工委、教育部、共青团中央、全国妇联配合）

（2）制定并完善有关政策，推动反拐预防、打击、救助、康复工作科学化、规范化、制度化。（国务院反拐部际联席会议各成员单位负责）

（五）加强宣传、教育和培训。

1. 工作目标。

强化各级政府及相关部门、社会各界对反拐工作重要性的认识，动员全社会广泛参与反拐工作。加强教育培训和理论研究，提高反拐工作能力。

2. 行动措施。

（1）开展多渠道、多形式宣传教育，着重在拐卖人口犯罪活动重点地区和易被拐卖人群中开展反拐教育和法制宣传，增强群众反拐意识。（公安部、中央宣传部负责，教育部、司法部、铁道部、文化部、人口计生委、广电总局、交通运输部、新闻出版总署、妇儿工委办公室、全国总工会、共青团中央、全国妇联配合）

——将反拐教育纳入中小学和中职学校教育教学活动中，提高学生自我保护意识。在学校管理制度中，明确教师发现疑似拐卖情况及时报告的义务。（教育部、司法部负责）

——加强流动、留守儿童及其监护人反拐教育培训。（教育部、公安部、全国妇联负责）

——将反拐宣传教育纳入社区管理工作中，提高社区成员尤其是妇女、儿童和未成年人父母或其他监护人的反拐意识和能力。(民政部、公安部、全国妇联负责,教育部、国家民委、司法部配合)

——定期在火车站、汽车站、航空港、码头、娱乐场所、宾馆饭店等开展反拐专题宣传活动,并在日常安全宣传中纳入反拐内容,动员、鼓励交通运输行业和娱乐场所、宾馆饭店等工作人员及时报告疑似拐卖情况。(交通运输部、铁道部、民航局负责,公安部、司法部、全国妇联配合)

——加强边境地区群众宣传教育,提高群众反拐意识、识别犯罪和自我保护能力。(司法部负责,公安部、民政部、人力资源社会保障部、共青团中央、全国妇联配合)

——开发少数民族语言文字宣传品,在少数民族聚居区开展反拐宣传教育。(国家民委负责,新闻出版总署、文化部、共青团中央、全国妇联配合)

——开发符合残疾人特点的宣传品,提高残疾人的反拐意识和自我保护能力。(中国残联负责,文化部、新闻出版总署、共青团中央、全国妇联配合)

(2)动员社会力量支持和参与反拐工作。建立举报拐卖人口犯罪奖励制度,积极培育反拐志愿者队伍,借助微博等网络和媒体,广辟线索来源。(国务院反拐部际联席会议各成员单位负责)

(3)加强各级反拐工作人员教育培训和反拐工作队伍专业化建设,提高《行动计划》实施能力。(国务院反拐部际联席会议各成员单位负责)

——将妇女儿童权益保护和反拐法律法规、政策等纳入教育培训内容,提高侦查、起诉和审判拐卖人口犯罪的能力和水平。(公安部、高检院、高法院负责)

——加强边境地区公安司法人员教育培训，提高防范和打击跨国拐卖人口犯罪的意识和能力。（公安部、高法院、高检院、司法部负责）

——加强从事被拐卖受害人救助工作人员教育培训，提高救助能力和水平。（民政部、卫生部负责，全国总工会、共青团中央、全国妇联配合）

（六）加强国际合作。

1. 工作目标。

有效预防和严厉打击跨国拐卖人口犯罪，加强对被跨国拐卖受害人的救助。积极参与国际社会有关打击贩运人口议题的讨论和磋商，展示我国反拐措施和成效，树立良好国际形象。

2. 行动措施。

(1)加强反拐工作国际交流与合作。（外交部、公安部负责，商务部配合）

(2)充分利用有关国际组织的资源和技术，加强国际反拐合作项目建设和引进工作。（公安部负责，外交部、商务部配合）

——积极参与湄公河次区域合作反拐进程等各项国际反拐合作机制。（公安部负责，全国人大常委会法工委、高法院、高检院、外交部、民政部、人力资源社会保障部、商务部、妇儿工委办公室、全国妇联配合）

——加强与国际移民组织、联合国儿童基金会、联合国毒品和犯罪问题办公室等国际组织和相关国家的交流合作，联合开展反拐培训，掌握国际拐卖人口犯罪发展趋势及应对措施，展示我国反拐工作成效。（外交部、公安部、商务部负责，全国妇联配合）

(3)加强国际警务合作，充分利用双边、多边和国际刑警组织等渠道,开展跨国拐卖人口犯罪案件侦办合作和情报信息交流,充分发挥边境反拐警务联络机制作用,共同打击跨国拐卖人口犯罪。(公安部负责,外交部、司法部配合)

(4)加强与相关拐入国政府和国际组织合作,及时解救和接收被拐卖出国的中国籍受害人,并为其提供必要的服务。(外交部、公安部负责,民政部配合)

(5)加强与相关拐出国政府和国际组织合作,及时发现和解救被拐卖入中国的外籍受害人,完善对被跨国拐卖受害人救助工作机制,做好中转康复工作,并安全遣送。(外交部、公安部、发展改革委负责,民政部配合)

(6)认真履行和充分利用《联合国打击跨国有组织犯罪公约》及其关于预防、禁止和惩治贩运人口特别是妇女和儿童行为的补充议定书,稳步推进与其他国家特别是周边国家缔结司法协助条约和引渡条约工作,进一步扩大打击拐卖人口犯罪国际司法合作网络。(外交部负责,高法院、高检院、公安部、司法部配合)

三、保障措施

(一)加强组织协调。国务院反拐部际联席会议加强组织领导和统筹协调,制定并完善政策措施,及时研究解决突出问题和困难。联席会议办公室负责协调组织对《行动计划》实施情况进行督导检查,开展阶段性评估和终期评估,对拐卖人口犯罪重点案件和重点地区建立挂牌督办和警示制度。县级以上地方政府要逐级建立协调机制,组织协调和督导检查反拐工作,并制定本地区《行动计划》实施细则和年度实施方案。各级反拐工作协调机制成员单位要密切配合,根据任务分工制定本部门、本单位实施方案,并开展自我检查和评估。

（二）完善经费保障。各级政府将《行动计划》实施经费纳入财政预算。鼓励社会组织、公益机构、企事业单位和个人捐助，争取国际援助，多渠道筹集反拐资金。

（三）严格考核监督。将反拐工作纳入社会管理综合治理考核范畴以及相关部门、机构的目标管理和考核体系，考核结果送干部主管部门，作为对相关领导班子和领导干部综合考核评价的重要依据。对反拐措施得力、成效显著的部门和地区，给予表彰和奖励。对拐卖人口犯罪严重、防控打击不力的地区，依法依纪追究有关人员的责任，并实行社会管理综合治理一票否决。

这份计划的作者能够从实际出发，立足于现有条件，充分调动一切积极因素，切实针对有关任务，写清楚先做什么，后做什么，怎样去做，如何保证做好；使执行单位一看就知道如何去做，做到什么程度。整个安排思路清晰，方法对头，步骤合理，措施有力，是一份切实可行的工作计划。

思考

1. 计划通常包括哪些部分？

2. 写一份内容具体、目标明确、措施可行的计划，题目自拟。

第四章　总　结

第一节　总结的定义和特点

一、总结的定义

总结，是对已经完成的工作进行检查、分析、评判，从理论认识的高度概括经验教训，以明确今后的实践方向的一种应用文体。

"对已经完成的工作进行检查、分析、评判"，决定了总结有很强的客观性。总结是以所完成工作的具体情况为依据的，不能对事实随意杜撰，夸张歪曲。不实事求是，就谈不上总结的价值。

"从理论认识的高度概括经验教训"，这使总结同一般的情况反映、消息等有了基本区别。情况反映、消息等，重在记述某些个别的事实，总结则在通过个别揭示一般，即规律性。

"以明确今后的实践方向"，确定了写作总结指导现实的效用角度和目的。总结是基于现实的理论概括，特别强调其指导现实的效用性，不立足于指导今后的实践，总结就空泛乏力。

二、总结的特点

所谓总结，就是我们对已经做过的某一时期工作或某项工作进行的总检查、总回顾、总分析、总评价。总结所要回答的中心问题，是在某一时期或某项工作上"已经做了什么，如何做的，做到了什么程度，有什么经验教训"的问题，是对已往的工作实践来进行一种总研究、总鉴定，将零碎的、肤浅的、表面的感性认识，上升到全面的、系统的、本质的、理性的认识，并用文字把它表达出来。

一篇成功的总结，既要有客观性——确凿不移的事实根据；又要有理论性——基于事实的、具有普遍指导意义的经验和教训。

这使得总结不同于一般的工作汇报或工作报告。

要而言之，总结具有这样三个特点：

1. 事实的准确性

总结，是对客观事实的总结。事实本身确凿不移，总结出来的经验教训才能体现出客观过程的本质，才有认识和指导的意义。也就是说，总结一定要实事求是。是成绩要充分肯定，是缺点要勇于承认。既报喜，又报忧。要做到这一点，就必须坚持实事求是的严肃的工作作风。否则，总结就只能把人们的认识引入歧途，用以指导实践，就会给工作造成损失。如"四人帮"时期的总结颠倒黑白，杜撰出各种知识分子读书越多越蠢的所谓事实，从中得出"知识越多越反动"的反动结论。

事实的准确性，不仅指所总结的这类事实的客观存在，还指这类事实必须具有普遍意义，体现出事物的本质和主流。

2. 概括的正确性

总结的效用，不止在于它摆出事实，告诉人们做了什么，做得怎样；更重要的在于揭示出为什么这样做，这样做的普遍意义，这就必须在事实的基础上进行理论的概括。

对于同一类事实，可以从这样的角度概括，也可以从那样的角度概括，可以从表层概括，也可以从深层概括。总结中概括的正确性，是指它要从总结以前、指导以后的效用角度，概括出各种事实的内在联系。

有些总结依据的事实是确凿的，运用的归纳方法也是正确的，但角度不对，脱离总结经验、指导工作的效用目的，如写关于计划生育工作的总结，把概括的重点放在证明社会主义制度的优越性上；写教育改革的总结，概括出知识分子是四化建设的重要力量，这样的总结空泛无力，是没有用途的，

也有些总结，角度正确，但没有抓住问题的实质，没有揭示出事物的内在联系。如总结落实知识分子政策，概括出要对知识分

子加强思想教育的经验。加强思想教育固然是重要的,但从全局性的角度来讲,落实知识分子政策的实质性问题,并不在于此。

从指导工作的效用角度入手,揭示出事物的内在联系,这种概括的正确性,是成功的总结必然具备的重要特点。

3.结构的条理性

总结的结构,不同于记叙类文体的结构,它不拘泥于时间、空间的顺序;也不同于一般的议论文,不务求概念、判断、推理的逻辑形式。总结的结构以清楚、明了为前提,比较强调分门别类的条理性。例如,毛泽东同志的《三个月的总结》,就把 1946 年 7 月全国规模内战爆发以来的三个月战争的一系列经验,分成了 19 条来阐述。

有些总结,虽然没明确地立出条目,但各层次间逻辑分类的条理性总是很清楚的。

思考

1.什么是总结?

2.总结的特点是什么?

第二节　总结的种类和写作要求

一、总结的种类

按照不同的标准尺度,可以把总结划分为不同的种类。

1.按内容分类

按内容来划分,可以分为工作总结、业务总结、学习总结和生产总结。其中工作总结应用范围最广、使用频率最高。相应的例子,如《浙江大学 2012 年科研工作总结》,《开展学雷锋活动的总结》,《加强企业经营管理,提高劳动生产效率》等。

2. 按范围分类

按范围来划分，可以分为单位总结、部门总结与个人总结。相应的例子，如《××税务局 2012 年税收工作总结》、《总务处 2012 年财务工作总结》、《英语学习总结》等。

3. 按时限分类

按时限来划分，可以分为年度总结、季度总结、月份总结。相应的例子，如《临海市三年来文艺工作回顾》、《××剧团第二季度演出总结》、《十月份营销总结》等。

4. 按性质分类

按性质来划分，可以分为综合总结与单项总结。综合总结是指对某个单位在一定时期内各方面工作的总回顾，内容周详，涉及面广，既包括基本情况及成绩经验，也含有教训失误和改进意见。例如，《××大学 2012 年度工作总结》谈到了教学、科研、人事、后勤、思政等方方面面，是一份明白无误的综合总结。单项总结，顾名思义，是对一个单位某一方面的工作所作的回顾。此类总结内容单纯集中，篇幅少，针对性强，深入而有重点地探讨某一方面的规律，具有以点带面的指导意义。例如，《芭蕾舞剧〈白毛女〉赴新加坡演出总结》。

需要指出一点，上述分类各有侧重，互有交叉，只是为了研究方便而作此划分。在实际工作中，同一份总结按照不同的角度和标准，可归入不同种类。例如《××大学 2012 年度工作总结》，按内容来定位，属于工作总结；按范围来分类，属于单位总结；按时限来分类，属于年度总结；按性质来划分，属于综合总结。因此，在确定总结之类别时，可采取自由灵活的标准，不必拘泥一端而顾此失彼。

二、总结写作的具体要求

1. 充分占有材料

写作总结前的准备，主要就是要充分占有材料。总结是对以往工作情况的回顾、反思和检查,其基本内容就是反映工作过程的大量材料。因此,做好收集材料的工作,对于总结的写作具有重要的意义。充分占有材料,尤其是掌握第一手的原始材料,是撰写总结的前提和基础,也是得出科学结论、寻找客观规律的重要依据。一篇总结如果内容单薄,材料贫乏,即使是说得天花乱坠,恐怕也未必合乎事实,更谈不上可信度和说服力。

2. 正确地评估工作

把材料收集来还不够,还需要对工作进行正确地评估。所谓正确地评估,就是用辩证唯物的观点,全面地总结工作,一分为二地看问题,既要肯定优点和成绩,也要反映缺点和问题;既要总结成功的经验,也要分析失败的教训。总结应当以客观事实为基础,如实反映工作过程,不能夸大成绩,随意拔高;或者缩小缺点,文过饰非。这个过程,也就是把握材料的过程,是对材料进行查实、分析、研究、分类、归纳的过程。

3. 总结出规律性的东西

我们经验,既要回顾某项活动的全过程,更要从中找出规律性的东西。由单纯的回顾过程到对其中规律的认识,是由具体到抽象、由感性认识到理性认识的深化和发展。因此,我们写总结时,还要处理好过程和规律的关系,既不要丢开过程单写规律,也不要忽略规律单写过程,而要把两者有机地统一起来。从某种意义上来说,总结的目的就是抓规律,即寻取能够指导工作正常开展的规律性的东西。在总结中,我们要回顾工作的全过程,但却不能仅仅停留在表面现象的认识和客观材料的罗列上,而应该由对工作的感性认识升华到理性认识,从中总结出具有指导意义的规律来。

思考

1. 总结有哪些种类?
2. 总结有哪些写作要求?

第三节　总结的结构形式

总结在结构形式上，一般由标题、正文和落款三部分组成。

一、标题

总结的标题要根据总结的目的要求和具体内容来拟定。一般来说，总结标题的拟制有以下三种方法：

1.由单位名称、时间期限、文体名称构成标题

如《杭州电子科技大学2012年度工作总结》，这类标题多用于全面的综合性总结。

2.使用正、副两个标题，正标题突出中心，概括总结内容，副标题标明单位名称、时间期限、文体名称

如《坚持教学改革，加强能力培养——杭州电子工业学院1990年教学改革工作总结》，这类标题多用于单项的专题性总结。

3.通过归纳、概括全文内容重点，提供标题

如《从改变校风入手，加强学生思想政治工作》，这类标题也多用于单项的专题性总结，尤其是经验总结，一般都用这种方法拟题。

不管是全面的综合性总结，还是单项的专题性总结，都必须有概括内容的标题。有的初学者常用"总结"、"小结"、"个人总结"等作为标题，没有概括写出总结的内容或中心，是不符合总结标题的要求的。

二、正文

正文是总结的主干部位，在这一部位中，作者要对总结的全部内容采用合理的结构形式予以介绍。

1.基本情况概述

这部分要求全面、简要地说明某一时期所作的各项工作，或某项工作的各个方面，应着眼于大事，清楚地反映出工作的开展

过程。

2.取得的成绩

这部分要对应基本情况概述,有重点地介绍工作中取得的主要成绩和经验。要将主观评价和客观材料有机地结合起来。

3.存在的问题

总结工作中的问题,要有重点,分主次,具体问题具体分析。

4.今后的打算

总结的结尾通常用简短的篇幅,作出结论,说明今后的打算和努力的方向。即在总结经验的基础上,针对存在的问题,提出未来的打算和改进的意见。

以上只是就一般情况而言。在写作中,采用哪种结构形式,要根据不同情况而定,可以灵活变通。总之,不管你写的是哪种总结,不管你采用哪种写法,都要以有利于全面、系统、深入地表现总结内容为根本原则。

三、落款

总结的落款包括总结者署名和写作日期两个方面。

如果标题中已写明单位名称,则只写上日期即可。

如果是报到上级机关去的总结,还应盖章以示郑重。

例文

浙江省文物局2012年工作总结

2012年,是党的十八大胜利召开的重要一年,是全面贯彻省第十三次党代会和全国文物工作会议精神,加快推进文化强省建设,推动文化大发展大繁荣的关键一年。全省文物系统坚持以邓小平理论、“三个代表”重要思想为指导,深入贯彻落实科学发展观,紧扣文物博物馆事业“十二五”规划的各项目标任务，以改革创新为动力，以夯实基础为着力点，抓重点、攻难点、出亮点，取得了显著成绩。

一、贯彻落实全国文物工作会议精神，抓实抓好各项重点工作

全国文物工作会议召开后，国家文物局召开了贯彻落实全国文物工作会议精神座谈会，我省作为东部地区代表作了典型发言。在年中的全省文物工作座谈会上，对这两次会议精神分别作了传达贯彻，并围绕建设文物强省和“两富”现代化浙江就如何贯彻落实进行了部署。5月，全国人大文物保护法执法检查组赴杭州、绍兴、宁波、嘉兴等地开展贯彻实施《文物保护法》情况的检查，我省向检查组作了关于贯彻实施《文物保护法》总体情况的汇报，全力配合做好各项工作，确保检查组圆满完成了在我省的各项任务。根据《国务院关于开展第一次全国可移动文物普查的通知》的部署和要求，着手做好省里的机构组建、方案制订等前期工作，为国有可移动文物普查工作的开展打下了基础。

二、“三普”成果得到巩固，世界文化遗产申报与管理工作扎实推进

根据国务院的统一部署，在省政府的有力领导下，我省“三普”已圆满完成，共调查登录不可移动文物73943处，其中复查12215处，新发现61728处，调查总数、登录总数及新发现总数均居全国首位，形成了具有浙江特色的丰硕成果，为构建基础厚实、梯度合理、覆盖广泛、类型多样的历史文化遗产保护体系打下了坚实基础。省委、省政府主要领导充分肯定了我省在“三普”工作中取得的成绩。为了进一步巩固和宣传普查成果，省政府召开“三普”工作总结表彰大会，表彰了全省3个先进县、30个先进集体和174名先进个人。编辑出版了《浙江省第三次全国文物普查丛书》，举办了“三普”成果巡回展，向全社会汇报展示了“三普”的历程和成果。在省政府的统一部署下，各地及时公布了一批不可移动文物保护名录，出台了一系列保护办法和措施，普查成果得到有效巩固。

大运河(浙江段)保护和申遗工作进入关键阶段，省级保护规划已经国家文物局原则同意，由省政府批准公布。大运河申遗点段的保护与整治、展示标识系统设计、监测平台需求研究、资源调查成果整理与研究、立即列入点段“四有”档案编制等工作顺利推进。按照国家文物局统一部署，完成了《世界文化遗产预备名单》更新调整工作，我省共有7个项目被列入《中国世界文化遗产预备名单》，其中单独项目2个，跨省联合申报项目5个。

杭州西湖文化景观申遗成功后，着力推进了遗产保护管理体系和遗产监测预警管理体系建设，有效提升了遗产地的保护管理水平。杭州西湖文化遗产预警监测体系建设项目已纳入《中国世界遗产监测预警体系建设规划》，并被国家文物局列为国家世界文化遗产监测工作试点项目。

三、文物保护抢修工作顺利开展，考古工作成果丰硕

做好重要濒危文保单位保护工作，提请省政府批准公布了5项国保单位保护规划和27处省级以上文保单位保护范围及建设控制地带，上报了111处省级以上文保单位保护区划划定方案，论证、审查了通济堰、衢州府城墙等国保单位保护规划和一批省级以上文保单位保护范围、建设控制地带内建设项目方案。深入实施文物保护工程，加强文物保护工程的中期管理，上报国保单位保护工程立项9项，审批省级以上文保单位保护工程设计与施工方案99项，竣工验收省级以上文保单位维修工程近20处。开展资质单位年检工作，报请国家文物局批准施工一级资质单位3家，授予文物保护工程资质单位11家。

协同省住建厅做好历史文化名城、名镇、名村(街区)申报和保护工作。召开了2012年度浙江省历史文化名城保护专家委员会全体会议，报请省政府审定公布了第四批省级历史文化街区、名镇、名村45处。配合有关单位，做好相关立法调研和历史文化村落普查、保护、利用工作。经省人大常委会审议，通过了《浙江省历史文化名城名镇名村保护条例》，召开了全省历史文化名城名镇名村保护工作暨宣传贯彻《浙江省历史文化名城名镇名村保护条例》会议。举办了全省文物保护培训班和全省历史文化名村保护与发展培训班。

实施了桐庐小青龙遗址等29项考古发掘项目并取得了重要成果，余杭玉架山遗址入选了“2011年度全国十大考古新发现”，良渚古城考古项目获得了国家文物局田野考古一等奖。上报了《良渚古城遗址》等4项考古工作计划，为考古科研工作明确了思路。组织实施了宁波东钱湖、绍兴宋六陵等大遗址考古调查工作。妥善处理了杭州临安城遗址内御园房产开发项目、乐清雁楠公路设计蔡湖南墓部分迁移等事项。国家水下文化遗产保护宁波基地象山工作站揭牌成立。象山渔山小白礁清代沉船水下考古发掘项目顺利实施并取得了重要成果，千岛湖水下古城遗址进行了水下拍摄电视直播。承办了全国考古工作会议、中国考古学会年会和全国基建考古南方片区协作会。召开了全省考古工作会议，全面总结回顾新世纪以来浙江考古成绩,部署了下一阶段考古工作的目标和任务,起草了《浙江省省级考古遗址公园管理办法》(征求意见稿)。

四、博物馆建设与管理不断优化,公共文化服务能力显著增强

浙江自然博物馆、中国丝绸博物馆、宁波博物馆被评定为国家一级博物馆,我省国家一级博物馆总数上升为4座。杭州博物馆(二期)、安吉生态博物馆(中心馆)等相继建成开放。审查、论证了一批博物馆建筑和展陈设计方案。研究制定了《浙江省民办博物馆补助资金管理办法》(草案)和《国有博物馆对口帮扶民办博物馆试点工作的实施意见》,开展了国有博物馆对口帮扶民办博物馆试点工作并召开了专题工作会议,已结成8对帮扶对子,并对45家民办博物馆补助了233万元免费开放经费。根据国家文物局的统一部署,开展了2011年度博物馆、纪念馆年检工作,全省通过年检的博物馆总数达244座,其中通过国家文物局年检的博物馆203座,位居全国第一。

在全国博物馆免费开放最佳做法推介评选活动中,浙江省博物馆、浙江自然博物馆分别获得了全国博物馆免费开放"最佳宣传推广奖"和"最佳网站服务奖"。组织开展了全省"博物馆免费开放最佳做法"推荐表彰活动,有24家博物馆获奖,示范引领作用明显。在全国博物馆文化产品创意设计评选活动中,我省选送的"神徽挂饰"、"琮形盆栽"、"多功能双面披肩"分别获得了铜奖、提名奖和优秀奖。全省各级各类博物馆全年推出陈列展览800余个,吸引观众超1900万人次。深入实施浙江省陈列展览精品项目,补助了一批优秀陈列展览项目,评选出"吴越胜览——唐宋之间的东南乐国”等10个精品奖项目和“书写天地间——王伯敏的中国书画研究与创作”等14个单项奖项目。积极推进博物馆藏品资源整合共享，召开了全省“加强馆际合作办展促进馆藏资源整合共享”专题工作会议，成功实施了“发现历史——浙江考古工作十年回顾展”、“龙行浙江——浙江出土恐龙化石展”等5个资源整合共享项目，深受基层博物馆和广大观众的欢迎，取得了显著的社会效益。

五、馆藏文物管理趋于规范，社会文物管理继续加强

制定下发了《博物馆藏品保管工作格式文本》，举办了全省博物馆藏品保管培训班，编制了纺织品文物保护修复设备提升计划方案。审核通过了一批馆藏书画修复保护方案，基本完成了全省馆藏书画文物专项定级鉴定工作。认真履行社会文物管理职能，强化文物拍卖市场与进出境文物监管。全年共举办文物艺术品拍卖会56场，审核文物拍卖标的37358件，审核申报文物拍卖经营资质企业3家，新增文物拍卖企业2家。开展了全省文物拍卖企业资质年审，做好《文物拍卖经营许可证》的换发和文物进出境管理等工作，全年办理文物临时进境审核26起，文物出境许可证核发9起，旧家具出境许可104起。承办了全国文物进出境管理工作座谈会。配合做好中国丝绸博物馆征集美国丽蒂娅·葛顿收藏的西方近现代时装藏品、浙江省博物馆接收香港曹其镛先生捐赠漆器藏品等工作。

六、科技区域创新联盟建设富有成效，文物保护科技水平明显提升

在科技部、国家文物局指导下，科技区域创新联盟启动了“文化遗产数字化公共服务平台与产业应用示范”等

3项国家科技支撑计划项目及课题;参加了国家创新工程预备项目、“指南针计划”、“中华文明探源工程”、国家文物局重点科研基地课题、国家创新联盟课题的申报,并有多个课题获得立项;联盟基础条件建设初见成效,“浙江省科技考古与文物保护研究试验基地”落成,“纺织品文物保护国家文物局重点科研基地”正式挂牌运行,并在浙江理工大学设立相关实验室,示范应用基地“纺织品文物修复展示馆”建成开放。浙江省博物馆和浙江大学等单位合作申报的“数字博物馆关键技术系统及应用研究”项目被列入省重大科技专项计划重点项目。积极开展全省文物保护科技项目申报,有14个项目获得立项。成功举办了“指南针计划”专项成果展《惠世天工——中国古代发明创造文物展》。推进科技援疆工作,浙江省文物局、浙江大学与新疆维吾尔自治区文物局、塔里木大学共同签订了《新疆文化遗产保护与研究战略合作框架协议》。

七、文物安全工作机制更加健全,文物执法监管力度持续加大

召开了省文物安全工作联席会议第一次全体会议,为有效发挥联席会议成员的协作配合、联合作业,共同做好文物安全工作奠定了基础。根据国家文物局统一部署,联合省海洋与渔业局,在椒江等地开展了辖区海域内文化遗产联合执法行动,并进行了海上联合执法巡查、应急预案演练、执法培训等工作,得到国家文物局的好评。完成了国家文物局委托的《文物执法巡查档案标准研究》课题,正式启用了文物行政执法网络监管平台,提升了我省文物执法监察工作信息化、科学化水平。

积极开展日常文物执法巡查,全年出动14489人次,检查文博单位8051家次。围绕重要节假日，会同省公安厅开展了以文物消防安全等为重点的安全检查和巡查。部署开展了加强田野文物安全和文物安全隐患排查整治专项行动。进一步加大了文物违法案件查处力度，全年查处、督办文物违法案件59起，罚款69.2万元，重点查处了国保单位瑞安利济医学堂建设控制地带内违法搭建钢构建筑和省保单位庆元袅桥保护范围内违法建桥等案件。办理各类涉案文物鉴定58起，鉴定各类器物2377件，实地勘察鉴定古墓葬、古遗址、古建筑76座。根据国家文物局要求，对宁波市历史文化街区的文物保护工作进行了专题调研。继续做好文博风险单位安全技术设施的新建、改造工作。在国家文物局组织开展的全国文物行政处罚案卷评查中，我省选送的案卷有两个荣获"十佳案卷"，两个荣获"优秀案卷"，获奖率名列全国前茅。组织开展了第二届全省文物行政处罚案卷评比活动，评出获奖案卷12个。

八、宣传工作富有成效，先进典型不断涌现

在"5.18国际博物馆日"和"文化遗产日"期间，举办了"浙江省5.18博物馆学术论坛"和以湖州主场城市活动为中心，以省本级活动为主线，以全省各地的活动为基础的上下联动、形式多样的宣传活动。启动了《浙江馆藏文物大典》(暂名)、《中国历代绘画大系》、《浙江通志·文化遗产卷·文物分卷》等重要文集的编纂工作，取得了较大进展。继续办好"一网一刊一年鉴"，浙江文物网全年发布信息3万余条，其中原创信息4298条，被新华网转载107篇，在46家省级部门网站测评中，综合得分位列第6。杭州市余杭区被国家文物局列为全国文化遗产知识宣传普及工程试点县之一。举办了"新时期博物馆展陈与教育学术论坛”、“中国生态博物馆建设安吉论坛”等学术会议,进一步提升了学术研讨水平,扩大了我省文博工作的影响力。

在全国文物工作会议上,余姚市河姆渡遗址博物馆和嘉兴市文物局被人力资源与社会保障部、国家文物局授予“全国文物系统先进集体”荣誉称号,省文物考古研究所刘斌被授予“全国文物系统先进工作者”称号。在省政府召开的杭州西湖文化景观申报世界文化遗产工作总结表彰大会上,省文物局等8家单位被授予先进单位荣誉称号,陈易等11位同志荣记一等功,吴志强等26位同志荣记二等功。在省人力社保厅、省文化厅、省文物局组织开展的全省文物系统先进集体和先进工作者评比表彰中,浙江省博物馆等17家单位和陈水华等20名个人获“先进集体”和“先进工作者”称号。

这是浙江省文物局的一份年度工作总结。文物工作近年来日益重要,千头万绪,事务众多,一年下来很容易使人不知从何说起。该总结作者思路清晰,言之有序,将繁多的各项工作表述得有条不紊,工作实绩与心得体会结合紧密。既总结了一年来的工作经验,也为今后的工作指明了方向。

思考

1. 总结通常由哪些部分组成?
2. 结合个人实际,写作一篇大学一年级学习总结。

第五章 调查报告

第一节 调查报告的定义、特点与作用

一、调查报告的定义

所谓“调查”，就是用马克思列宁主义、毛泽东思想、邓小平理论、“三个代表”重要思想的立场、观点和方法，对现实生活中或历史上具有重大意义的问题，进行深入细致的了解，加以科学地分析研究，透过现象揭示本质，从而总结出具有方向性和普遍意义的经验，或找出规律性的东西，引出正确的结论；所谓“报告”，就是用书面形式把调查成果告诉人们。

因此，概括起来，调查报告就是指人们在工作中对某件事物、某个问题进行实地调查后，经过分析研究，写成的一种书面报告。常见的“调查”、“调查记”、“考察报告”等，都是调查报告。

二、调查报告的特点

1. 针对性

从实际出发，调查研究各种社会情况，推广典型经验，及时回答群众迫切要求解答的问题，决定了调查报告有强烈的针对性。调查报告反映的问题，通常是当前党和国家工作中的重要问题亦即广大人民群众最为关心的问题。例如，经济体制改革、政府机构改革、社会治安、商品生产与消费、产品质量、农民负担、素质教育、下岗工作再就业、反腐倡廉等诸多方面的问题，常常是与人民群众关系密切因而也迫切需要了解的问题。因此，一份好的调查报告，往往是缘事而发，针对性强，显示出鲜明的目的和倾向，而它所提示的问题也经常是当前现实生活中客观存在的无法回避的社会

问题。

调查报告带有明确的实践目的,是为解决某一实际问题而写的。写调查报告的根本用意即在于通过分析典型事例,查漏补缺,总结出有指导性和普遍意义的经验,用以推动工作。因此,针对性是调查报告的灵魂,针对性愈强,指导性愈大,调查报告的作用也就愈重要。

2.真实性

作为调查研究成果的反映,调查报告显著的特点是尊重客观事实,以系统性的事实作为文章的主要篇幅。真实的事实是调查报告赖以存在的基石,调查报告必须用事实说话,无论是总结经验,研究新生事物,还是揭示事实真相,均须以充分、确凿的事实材料为依据。

3.典型性

并非所有的事实材料都有重要性和普遍价值。唯有那些真正反映了事物的本质和规律的材料,才能以一当十,以少胜多,具有雄辩的说服力,才能更好地服务于表现主题的需要。所以调查报告中提供的材料必须具有典型性。典型材料能够客观地反映同类事物的本质特点,有无法辩驳的代表性。以典型材料反映现实生活与社会事物,无论是总结经验,表彰先进,还是揭露问题,归纳教训,都具有极大的参考价值和指导意义。

三、调查报告的作用

1.为上级机关正确决策提供依据

调查报告反映了社会情况和现实问题,汇总了典型事例、丰富材料和有说服力的结论,然后上报给上级机关,使其能够正确估计形势,为以后制定方针政策和工作计划提供了客观依据。通过调查报告,可以验证国家的政策法规在执行过程中的可行性,然后依据反馈信息,自觉地加以调适和修正,从而更好地服务于现实社会。

2. 宣传先进经验

调查报告报道了先进经验，揭示出新事物的内在规律，表彰先进人物，使人见贤思齐，既推动了本单位工作的健康发展，也为相关部门提供了很多的启发。

3. 揭露鞭挞丑恶弊端

调查报告密切关注社会现象，能够暴露现实社会中的弊端。调查报告用确凿事实揭露社会生活中的不良风气和丑恶现象。分析原因，揭露危害，提出解决方案，唤起全社会的注意。

思考

1. 什么是调查报告？
2. 调查报告有哪些特点？
3. 调查报告有哪些作用？

第二节　调查报告的分类和写作要求

一、调查报告的分类

按照不同的标准来划分，调查报告可以有不同的类别。常见的是根据内容来划分，有以下几种：

1. 典型经验调查报告

这类调查报告通常以对某项工作取得卓越成就的单位部门或实际工作中成绩突出的个人为介绍对象，描述其成功经验、先进事迹和发展历程、具体做法，并且概括其现实意义和今后设想，以利有关方面学习借鉴。这是使用频率最高的调查报告。如《"养鸡状元"和他的合作社——嘉定县黄渡乡新陆禽蛋生产合作社调查》。

2. 新生事物调查报告

此类调查报告以介绍现代化建设过程中的新事物新办法为主，反映其性质、特点、历史背景和发展过程。阐述其作用和意义，展示其强大的生命力。如《威海农村“兼并联合,共同富裕”调查》。

3.历史真相调查报告

这类调查报告,主要是对某一历史事件进行深入细致的调查探访,运用翔实的材料、确凿的史实,查清真相,辨明是非,还事物的本来面目,起到拨乱反正、提高认识的作用。如新华社刊发的《中美撞机事件真相》,列举了大量的科学材料,驳斥了美方的错误论调,捍卫了国家尊严。

4.问题弊端调查报告

这类调查报告针对现实工作和社会生活中存在的问题、弊端和不良现象进行曝光,用确凿的事实,进行细致深入的剖析。说明背景,解释原因,指出危害和后果,以引起相关人员注意,或接受教训,免蹈覆辙;或亡羊补牢,提出举措。如《着力减轻国有企业非税负担》就是一个揭露弊端的调查报告。

5.基本情况调查报告

这类调查报告针对特定地区、部门或者社会的基本情况,进行比较系统深入的反映,目的是使人对调查对象的方方面面有全面的了解,内容广泛,举凡政治、经济、文化、教育等,均可在调查之列。如陈方《青浦调查》。

二、调查报告的写作要求

1.观点和材料结合,突出观点

调查报告是人们对客观事物进行深入调查和认真分析后写成的书面报告,它以叙述为基本的表现手段。这一特点决定了调查报告必须用事实说话,而不能空泛议论,用逻辑论证的方法推出论点。但用事实说话,也不等于只是罗列现象。同其他文体一样,调查报告必须有一个总的观点,而观点必须和材料结合起来。材料应根据一定的观点来选择和组织,观点也应该以一定的材料为依托,并成为材料的灵魂。在大量地占有材料和细致地鉴别材料的基础上,就要考虑如何用材料来说明观点。

2. 以叙述事实为主,夹叙夹议

以叙述事实为主,说明调查报告材料性强。调查报告要揭示事物的本质和内在规律,找出具有普遍意义的经验,但不是通过逻辑推理和论证的方法,不以议论为主,而是靠事实来反映客观情况,说明问题的实质。因此它用叙述作为基本的表现手段,以叙述事实为主,以客观的态度来叙述事实的真相,通过具体情况、具体做法、具体经验、具体数据的介绍,分析揭示事物的本质规律。

夹叙夹议,就是说以叙述为主的同时进行必要的议论。一个典型、一项经验,好,好在哪里?对,对在哪里?新,新在哪里?要使读者具体了解,就必须让事实说话,通过确凿的、有说服力的材料来说明问题。

调查报告报道事实必须准确、翔实,必须把事情的前因后果、来龙去脉交代清楚,细致的描绘和形象的刻画倒并无必要。为了揭示事件的本质意义,表明自己的态度,在叙述事实的过程中,作者可以发表意见,进行议论。总之,就是叙述与议论相结合。

思考

1. 根据内容划分,调查报告有哪几种?
2. 调查报告有哪些写作要求?

第三节　调查报告的结构形式

调查报告在结构形式上,一般由标题、前言、主体和结语四部分构成。

一、标题

调查报告的标题一般有单标题和双标题两类。

单标题又分公文式和论文式两种形式:公文式标题由调查单位、调查地点、调查内容和文体构成,如《中纪委调查组关于安徽省霍邱县西皋粮站重大贪污案的调查报告》。论文式标题由调查报告内容的概括构成,它常常是反映了全面的中心思想,或是指出了主要问题,如《坚持改革是提高企业经济效益的必由之路》。

双标题有正标题和副标题。一般正标题表明调查的主题或内容,副标题则具体表明调查的单位或内容范围,写在正标题的下一行,前面用破折号,如《不要让子孙后代埋怨我们——关于北京河流污染情况的调查》。这种标题又叫新闻式标题,是将具有较强新闻价值的调查内容予以概括、归纳所形成,它既可以用直接点出调查对象的形式出现,又可以用间接烘托调查对象的形式出现。

二、前言

一般来说,调查报告常常在正文的前面,写一段不加任何小标题的文字作为开头,类似新闻消息中的导语。这一部分叫前言、引言、导言或总提。在这一部分中,主要是介绍基本情况,交代调查对象及调查经过,说明调查目的,以及所要解决的主要问题,等等。

调查报告的前言起提示全文的作用,必须简明概括,以帮助读者正确、深刻地理解全文。也有不另写前言,下笔就写正文的。

三、主体

调查报告的主体部分写的是调查已经所得的具体情况、做法和经验。这是调查报告的主干。对调查情况的具体叙述要在这里进行,作者所掌握的大量材料也要在这里使用,在写作时必须认真地予以组织。

主体部分常见的安排有四种:一是按事情发生、发展、变化的过程来写。这种写法叫做纵式结构;二是按照调查的先后顺序写,把调查的问题逐个阐述清楚,这种方式叫做点式结构;三是根据内容的特点,把问题的几个方面列举出来,这种写法叫做横式结构;四是按照事物的本质区别,将两个截然不同的调查对象放在一起,把这两种事物加以对比,用对照比较的方法写,使用此法务须慎重。

四、结语

结语也就是调查报告的结束语，即全文的结论。就是对调查的事实进行科学的分析后所作的结语。这部分，需要写出经过调查研究后，对功过是非所作的判断和结论，回答调查时所提出的问题。调查报告的结语，是作者对问题作了调查研究、经过充分分析之后得出来的结论，不是凑上去的尾巴。当然，如果正文已经把话都说完了，也可以不必另写结语。

例文

构建社会主义和谐社会的初步实践
——“和谐廊坊”建设调查报告

王彦坤　梁跃民

公元前1世纪，出生于河北的一代儒学大师董仲舒提出“德莫大于和”，体现燕赵先哲对和谐社会理想的深深向往。时光老人在走过20个世纪后，还是这片燕赵大地上，河北省廊坊市勇于探索、积极推进，率先进行了社会主义和谐社会的构建实践，正在走出一条实现和谐社会理想目标的成功之路，初步探索出一种具有廊坊特色又具有普遍借鉴意义的和谐社会模式。

和谐之城的“和谐乐章”：一种正在实践中的和谐模式

廊坊市，地处河北中部，位于京津之间和首都经济圈腹地。走进这个新兴的城市，一股风清气正、惠民亲商、亲水亲绿的浓浓和风就会扑面而来。在这里，你会体验到那自然环境的清新和市容环境的洁净，感受到经济发展的强劲势头、干部队伍的团结进取、干群关系的亲密融

洽和社会环境的安定祥和。你会看到这里:

——**形成了以加快发展为主旋律的和谐经济环境。**廊坊把"环境建设也是生产力"的理念,贯彻到政务环境、法治环境、人居环境、人才基础、基础设施、服务体系等方面,构建起了加快发展的制度平台。他们通过每年实施的软硬环境建设"10项工程",健全和完善了良好的体制和政策环境。目前,廊坊市县两级机关和企事业单位整体通过ISO 14001环境管理体系认证,成为全国目前唯一通过此项认证的中等城市;取消了各类行政审批768项,在实现了省内同等城市中审批项目最少、效率最高;建立市行政审批服务中心,实行集中办公,为企业和居民提供着便捷、高效、透明的服务;公务员注重从一言一行做起,有效消除了"生、冷、硬、黑"等不良现象。中介服务体系、生产力促进中心、标准化体系、"数字廊坊"、信用体系等软环境建设都取得了阶段性成果。所有这些,构成了廊坊良好的经济发展环境,成为和谐廊坊的重要支撑。

——**形成了以积极进取为主基调的和谐政治环境。**廊坊按照"树正气、讲团结、谋发展"的总要求,着力营造了一个融洽、和谐、进取的政治环境。他们强调各级班子的团结一致。班子成员之间长处互相学习,缺点互相提醒,困难互相帮助,成为领导和谐廊坊建设的"领头羊"。他们强调各级班子的功能协调。遇有重大问题和组织重大活动,市四大班子都坚持集体决策、个人负责、勤于沟通、互相支持,形成了领导和谐廊坊建设的坚强核心。他们强调各级公务人员的积极性、主动性。每一名公务员都充满激情地投入工作,没有左顾右盼,没有内耗生事。在廊坊,干事、创业、为民的人最红、最香。全市部门一门心思干事业、心无旁骛谋发展蔚然成风。

——**形成了以平安稳定为目标的和谐社会环境。**廊坊坚持社会事业全面进步的发展理念，建设了较为齐全的教育、科技、文化、体育、卫生等基础设施，健全了社会保障体系和医疗救助体系，提出在省内率先于2007年基本普及高中教育，并第一个实现了机关事业单位、国有集体企业和外商投资企业养老保险的全覆盖，国有企业下岗职工基本生活保障率达100%；廊坊地处京津之间，人口流动频繁，刑事发案率却是全省11个市最低的，所有的居民楼房没有安装防盗网，却很少发生入室抢劫偷窃案件。

——**形成了以繁荣和发展为主题的和谐文化环境。**廊坊重视文化建设，形成了精品文化不断涌现、文化设施日益完善、文化生活更加丰富、文化市场繁荣有序、文化产业迅速发展的新局面。他们自编自导自演文艺作品，举办“彩色周末”活动，建立了高标准的文化艺术中心和320多所市民学校。“廊坊数字图书馆”、廊坊博物馆即将投入使用。康乐社区被中央文明办、民政部命名为“全国创建文明社区示范点”，市交通局等单位被评为全国创建文明行业工作先进单位，丰富多彩和日趋活跃的群众文化生活和文明生态的生活方式成为廊坊城市一道靓丽风景线。

——**形成了以适宜人居为特色的和谐市容环境。**廊坊以“园林式、生态型、现代化”为城市定位，贯彻“把森林引入城市，把城市建在林中”的建设理念，建成了“蓝天、碧水、净土、绿色、宁静”的特色城市容貌，市区建有各具特色的公共游园80多个，建有双环城市绿化带、城市中心广场和污水处理厂等一批大型生态公共项目和环保基础设施。如今的廊坊市区,净、亮、绿、美水平不断提高,绿化率达到40%,全市人均绿地面积达到12平方米,全年空气质量二级以上天数达到310天,被誉为“京津的后花园”。

综观今日的廊坊,不难得出这样的结论:廊坊的和谐,是全方位的和谐,又是不断成长的和谐。廊坊人秉持“把现在的事情做好,把长远的事情做对”的理念,既实现了现在的初步和谐,又为将来更高层次的和谐奠定了基础,形成独具特色的“和谐廊坊”现象,正在谱写一曲社会主义和谐社会的优美篇章。

和谐从哪里而来:从自发到自觉的初步实践

上世纪80年代,廊坊还是一个名不见经传的小城。是什么原因使这样一个既没有悠久历史文化积淀,又没有得天独厚的自然条件的新兴城市走在了构建和谐社会的前头?通过调查,我们发现,从建设的起步阶段开始,廊坊就不自觉地确立了科学发展的理念,坚持经济社会全面、协调和可持续发展,优化发展的政治、经济、社会和自然环境;不自觉地坚持以人为本,充分考虑群众各方面的生活需要,并为此进行了不懈的探索和努力。学习党的十六届四中全会《决定》和胡锦涛同志关于建设社会主义和谐社会的重要讲话以后,廊坊市委、市政府意识到,自己以往的努力是与党中央构建社会主义和谐社会的战略决策是一致的。于是,他们把构建和谐社会的自发行动升华为自觉实践,推动和谐廊坊建设不断走向深入。

——**以发展促进和谐**。廊坊始终抓住发展这个最大的要务,抢抓机遇、谋划自己,乘势而上,快速发展。他们做大了高新技术产业,做旺了会展旅游经济;他们抓住了国家启动京津冀都市圈发展规划的机遇,办好了“5.18”

环渤海暨东北亚国际商务节，才使廊坊成为环渤海地区的一条鲜亮的经济隆起带，爆发出勃勃生机和活力。目前，廊坊市4个省级经济技术开发区发展迅猛，8大支柱产业强势发展，一批龙头企业实力增强，22个工业园区和33个集镇的强大产业带异军突起，14个产业基地快速扩张。建市以来共吸引国内投资288.3亿元，国外投资10亿美元，先后有40多个国家和地区的485家企业在廊坊投资置业。廊坊建市15年，国内生产总值增长5倍，财政收入增长14倍，城镇居民人均可支配收入和农民人均纯收入连续居全省第一。经济的持续健康高速发展，为和谐廊坊奠定雄厚的物质基础。

——**以人才实现和谐**。人才是建设和谐社会的重要实施者和推动者。廊坊坚持围绕构建和谐社会这个主题，高度重视引进人才。从1999年开始，每年引进1000名域外大学生、1000名中高级人才为内容的“双千工程”全面启动；建立人才开发基金，对落户的博士、硕士分别提供23万元和10万元的购房资金，凡参加人才交流会的域外大学生可报销路费、免费住宿。5年时间，1.7万名域外人才涌入廊坊，市区每4个人中就有一个大学生。不仅如此，他们还高度重视现有人才的“人尽其才”。截至2004年年底，先后选派近300名优秀干部到清华、北大及境外高校“充电”，到经济发达地区挂职锻炼。廊坊的“人才高地”为和谐廊坊输送了源源不断的活力。

——**以基层支撑和谐**。没有基层的和谐，和谐社会就没有基础。廊坊构建和谐社会坚持从基层做起，多干大多数群众受益的事，多干长远起作用的事。他们把优秀干部放在一线，放在基层，放在与老百姓打交道最多的

"七所八站",从待遇、荣誉、干部选拔等方面大力向基层倾斜。全市实施了以党支部建设为核心的基层组织建设,以"三级联创"(创农村基层组织先进县、五好乡镇党委、五好村级党支部)为统揽,大力推进"一制三化"(党支部领导下的村民自治运行机制,党支部工作规范化、村民自治法制化、民主监督程序化),提高了村务公开、民主管理水平。按照"四有"(有人干事、有钱办事、有章理事、有室办公)的标准,组织120个市、区直部门进行结对帮建,使各社区普遍建起了民事调解、志愿者和治安巡逻"三支队伍",以及居民文化教育、老年及青少年活动、医疗服务、再就业、物业管理等"五个中心"。基层基础工作的坚强有力,确保了"和谐廊坊"建设不断顺利推进。

——**以机制成就和谐**。健全的制度和完善的机制,是社会有序和谐的保障。廊坊市坚持用制度管出和谐,靠机制保障和谐,创建了比较完备的和谐机制。他们规定了"民主议事日",全市各级干部在这一天深入村街参加民主议事活动,围绕干部作风、土地管理、计划生育等热点难点问题,面对面地和群众交谈,对提出的问题现场或限期解决。他们实行了领导接待日制度,坚持定接待时间、定接待地点、定接待领导、定接待程序、定工作制度,向群众敞开大门,事先向社会公开。为解决城市管理中多家管理又管不好、多家执法又有缺位的问题,廊坊市成立了城市管理综合执法局。他们实行了媒体公告制度,连续两年将1万多户贫困群众的名单在《廊坊日报》登报公布。全市70个"窗口"部门开展了"民主评议行风"活动,普遍推行了公开承诺制、限时办理制、"零距离"服务,每月组织20个参评部门集中上街开展"阳光投诉"活动,组织行风监督员和群众代表对所有被评议单位和部门进行听证质询，接受社会监督。这些机制覆盖了社会生活的主要方面，成为廊坊和谐发展的基础。

——**以稳定保障和谐**。没有安定团结的稳定局面，和谐社会就无从谈起。廊坊进京通道大小116条，多数县（市、区）与北京接壤，群众的进京上访的便利条件得天独厚，但多年来廊坊进京赴省的上访量一直在全省居后位，跻身全国信访工作先进行列，奥秘就在于他们建立了一整套精细求实的、维护社会稳定的长效机制。他们以创建“平安廊坊”为载体，大力实施“十百千”工程，市、县、乡三级党委和政府分别负责解决影响本地稳定的10个重点信访案件，把矛盾纠纷的排查、防控、调处融为一体，实现了矛盾纠纷排查调处工作的经常化、制度化，从而保证了廊坊社会秩序的稳定安宁。

——**以精细提升和谐**。没有精细精致，精益求精，就形不成和谐完美。廊坊充分发扬“纳米精神”，从大局着眼，小处着手，从小事抓起，从细微之处做起，以方方面面的精细，提升整体工作的和谐完美。在城市建设与管理上，他们按照“一街一景”、“一楼一式”体现特色。从栽好一棵行道树、铺好一块路沿砖、装好一盏亮化灯做起，善于“小题大做”。冬天早5点亮一次路灯，以方便中小学生上学；精心打造了小饭桌、小诊所、小家政、小维修、健康小路径“十五分钟生活圈”；要求党政干部参加公务活动，必须穿西装、打领带、讲礼仪。一点一滴的小事，成就了廊坊和谐的扎实、可亲。

“和谐廊坊”建设对构建社会主义和谐社会的深刻启示

通过深入全面的调查，我们看到，“和谐廊坊”建设在经历了一个从自发到自觉的过程后，在构建社会主义和谐社会的实践方面走在了前头,形成独具特色的"和谐廊坊"现象。尽管廊坊具有自己的市情特色,但"和谐廊坊"现象的出现不是偶然的,他们的经验也内在地体现了构建社会主义和谐社会的一般规律,对于构建社会主义和谐社会提供了深刻的启示。

——**构建社会主义和谐社会,必须牢固树立和全面落实科学发展观和正确的政绩观。**事实表明,一些地方经济发展速度很快,但并没有实现社会和谐,就是因为没有很好牢固树立和全面落实科学发展观,也没有坚持正确的政绩观。廊坊的实践则说明,牢固树立和全面落实科学发展观,是一个地方能否实现和谐发展的基础和前提。对一个地方来说,首要的就是要根据本地实际,树立超前的发展理念和制定实施科学的发展战略;在实际工作中坚持一张蓝图绘到底,坚持在实践中不断完善深化,避免因政策不一致产生新的社会矛盾;工作不盲目、不急躁、不飘浮,宁可牺牲眼前政绩,不能断送未来发展的前途;不热衷于铺摊子、造声势、搞短期行为和"形象工程"、"政绩工程",追求经得起实践检验和人民群众真心拥护的发展成果。总之,就是要审时度势,深入研究和把握本地经济社会发展的内在规律,认真学习借鉴先进地区的成功经验,努力在全国的大坐标中寻找定位,使执政理念、工作机制、主要举措都体现建设和谐社会的要求。

——**构建社会主义和谐社会,必须切实提高党的执政能力。**构建社会主义和谐社会是一项异常复杂艰巨的社会系统工程,需要调动和整合方方面面的力量,协调和理顺方方面面的利益关系,规范和建立方方面面的制度和机制,处理好人与自然和谐相处的方方面面问题。所有这一切,都离不开党的正确领导和正确施政,都向党的执政能力提出了新的更高的要求。党能否总揽全局、协调各方，营造和谐发展、风清气正的政治环境；调动一切积极因素、激发全社会的创造活力；及时处理经济社会发展中的各种矛盾和问题，保持社会稳定有序，是社会主义和谐社会能否顺利推进的关键因素，也是提高党的执政能力的重要课题。廊坊的经验表明，一个地方，党组织要善于谋划和领导发展，激发社会活力、管理社会事务、开展群众工作和维护社会稳定，才能肩负起构建社会主义和谐社会的领导使命。

——**构建社会主义和谐社会，必须坚持以人为本，为了群众，相信群众，依靠群众。**人是社会进步的主体。构建社会主义和谐社会的一切工作，都要紧紧围绕着人来进行，把做好人的工作，作为一切工作的出发点和落脚点，通过发展不断实现和保障人民群众的各种权益，使构建社会主义和谐社会的事业与最广大人民群众的根本利益紧密联系起来，做到权为民所用、情为民所系、利为民所谋，关心群众疾苦，倾听群众呼声，始终与人民群众同呼吸、共命运、心连心，着力解决与人民群众生产生活密切相关的问题，在各个方面充分体现人性化、人情味，使人民群众自觉地投入构建社会主义和谐社会的实践中来。只有这样，社会主义和谐社会建设才会不迷失方向，才会有用之不竭的动力源泉。

——**构建社会主义和谐社会，必须坚持大处着眼，小处着手，一点一滴，做实做细。**社会和谐涉及社会各个方面的细微之处。实现社会和谐，不仅需要着眼社会宏观领域的和谐，更需要注重社会微观层面的和谐；一个个微观层面的和谐集聚起来，必然构成整个社会宏观领域的和谐。廊坊就是大处着眼，小处着手，从栽好一棵行道树、铺好一块路沿砖、装好一盏亮化灯这些细微之处做起,善于"小题大做",把涉及群众利益的"小事"当作党和政府工作的"大事",有的放矢地做思想工作,及时化解矛盾,营造全社会的谐氛围。

——**构建社会主义和谐社会,必须善于协调利益关系,化解利益矛盾。**构建社会主义和谐社会,最重要的就是协调利益关系,有效化解利益矛盾。解决这个关键的艰难而重大的课题,一是着眼于把"蛋糕"做大,做大经济总量,实现全社会的物质丰裕,从而在动态发展过程中照顾到方方面面的利益,不断提升公平的实现程度,为解决利益矛盾提供现实基础;二是善于运用示范引导、提供服务、说服教育、民主协商等方法,通过艰苦细致的工作处理人民内部矛盾;三是善于从机制上拓宽民主渠道,建立以利益调节为核心的社会整合机制,建立规范的对话和协商机制,引导各个利益群体以理性、合法的形式表达利益诉求,把利益矛盾化解在基层和萌芽状态——构建社会主义和谐社会,必须统筹兼顾,全面推进,长期努力。构建社会主义和谐社会是一项系统工程。只靠某一方面的努力和成就是不行的,必须统筹兼顾,全面推进,实现方方面面的和谐,形成共建和谐社会的强大合力。一是要营造风清气正、求实干事的政治环境,实现党政同心、干群一致、政企协调、社会各阶层和不同利益群体之间和谐有序。二是要培育诚信宽容、精细务实的社会环境,实现市民素质不断提高,逐步形成正确的社会价值观、伦理道德观以及文明、科学的社会风气,造就了全体公民诚实守信的美德、海纳百川的胸怀、精细精致的理念和创新务实的作风。三是要构筑亲水亲绿、适宜人居的自然生态。实现经济发展符合人与自然和谐一致的要求,在经济社会高速发展的同时，保持环境的整洁优美。

构建社会主义和谐社会，又是一项长期的伟大事业。廊坊的实践表明，构建社会主义和谐社会，我们还仅仅处于起步阶段；我们的实践还仅仅是初步的，我们积累的经验也是不成熟的和不丰富的。构建社会主义和谐社会的使命神圣、任重道远。经过长期不懈的努力，不断解决遇到的新情况、新问题和新矛盾，继续探索掌握和运用客观规律，不断积累丰富的实践经验，社会主义和谐社会这个中国共产党孜孜追求的美好社会理想就会变成中国最广大人民生活的幸福现实。

（作者单位：河北省社会科学院邓小平理论研究中心）

这是一篇典型经验的调查报告。调查报告紧跟时代形势，从河北省廊坊市构建社会主义和谐社会的实践，探索实现和谐社会理想目标的成功之路，提出了一种具有普遍借鉴意义的和谐社会模式。调查报告的发表，对全国各地的和谐社会建设都具有指导意义。

思考

1. 调查报告的结构包括哪些部分？
2. 根据当前形势需要，作一次调查，写作一篇调查报告。

第六章　会议记录

第一节　会议记录的定义与作用

一、会议记录的定义

会议记录即会议的笔录。它如实地记录会议的情况和内容，是记载、储存会议信息的书面形式，是机关、团体、企事业单位经常使用的应用文体之一。

二、会议记录的作用

会议记录的作用有三个方面：一是备忘，如会后研究、处理有关问题时，需参照会议记录；二是备查，如撰写会议纪要，传达会议精神，或上报会议内容时，要以会议记录为依据；三是备考，如重要会议的记录，要存档，作为会议内容的凭证，供日后查考。

可见，会议记录虽不是国家规定的行政公文主要文种，但却有相当重要的意义，不可轻视。

思考

1. 什么是会议记录？
2. 会议记录有哪些作用？

第二节　会议记录的写作格式

会议记录在写作格式上包括会议基本情况和会议内容两部分。

一、会议基本情况

会议基本情况包括六项：

1.会议名称

该项要写明召开会议的机关、会议的年度、届次，会议的具体名称。

2.会议日期

该项要写清楚会议开始的时间，有时还要注明上午、下午还是晚上，或具体的时间。如2时即凌晨2时，下午2时为14时。

3.会议地点

该项要写明在什么地方召开的会议，必要时还要写明在第几会议室召开的。

4.参加会议人数

参加会议人数这项包括四种情况：一是人数不多的会议，可把出席人的名字都写上；二是工作例会，由固定人员参加，也可只写缺席者的名字，注明其他人全部到会；三是人数多的会议，可只写人数；四是有的会议扩大了规模，列席人员也要记上。

5.主持人

该项要写明召开会议的领导人的姓名，并注明职务。主持人是会议的统帅和舵手。他可以决定议项，归纳讨论结果，交付表决。

6.记录人

该项即负责记录人的姓名。

这一部分，要在临近开会之前写好，它是会议的自然情况，是会议记录的重要组成部分，不能遗漏和忽视。

二、会议内容

1.议项

议项即会议项目，也是议题，如有几项，每项前可加序码，使记录眉目清楚，层次分明。

2. 与会人发言

这是会议记录最主要的所在,先要记上姓名,不能用姓加职务名称代替,如李处长、张科长等。一般在议项讨论之前,往往由主持人提出议项内容和议决要求,之后再由参加会议的人发言、讨论、表态。这些发言内容,都要一一加以记录。

3. 议决结果

一般由主持人加以归纳,应逐字逐句记录。无异议,应记上"一致同意"、"一致通过"。有持异议的,要详细记录其不同意见。

思考

会议记录在写作格式上包括哪些内容?

第三节 会议记录的方法、要求与注意事项

一、会议记录的方法

会议记录的方法有两种:一是详细记录,一般情况下,比较重要的会议,都要详细记录;二是摘要记录,比较一般的会议,对每个人的发言可以有详有略地记录。但关键性的问题,特别是意见不一致的问题,仍要详细记录。如果与会人员看法一致,没有争论,没有交叉意见,才可抓住每个人发言的中心、重点,摘要记录。

二、会议记录的要求

对会议记录,有三个要求:

1. 快

不快,就不完整,片片断断,残缺不全。

2. 准确

不准确,就会离开发言人的原意。

3. 详略得当

这是指摘要记录而言。详略不当,关键处过于简略,次要处过

于详细，自然也不合要求。

在这三点之中，快是关键。不能快，就难以做到准确和详略得当。

三、会议记录的注意事项

(1)必须如实记载，不能增删改动。

(2)会后必须及时整理，以备使用查阅。

(3)如要印发整理后的记录，须经发言人核对。

(4)会议记录的整理，尽可能做到语言文字的规范化。如果要公开发表，应把口语变成书面语，并要符合原意，但发言中引述部分不要改动，如果其中的口语不规范，可适当注释。

会议记录的例文略，具体内容同上述所列各条款。

思考

1. 会议记录有哪几种方法？

2. 会议记录有哪些要求？

3. 会议记录要注意些什么？

第七章　简　报

第一节　简报的定义、特点及作用

一、简报的定义

简报就是有关情况的简要报告。它是机关、团体、企事业单位编发的反映情况、沟通信息、交流经验、指导工作的一种常用文书。

简报是机关、团体、企事业单位内部经常使用的一种事务文书，用以向上级汇报工作、反映问题；或用于平级单位互通信息、交流经验；或用于对下级指导工作、安排任务；等等。简报能迅速及时地反映实际工作中出现的各种问题和情况，兼带汇报性、交流性、指导性，是一种最常用、数量大、种类多的文件。

简报是个统称，它还有其他别名，如简讯、情况反映、动态、信息交流、工作报道、参阅文件、内部参考、快报等。向上级机关呈交的反映情况的简报不受行文规定的限制；向下级或平级机关递送的沟通信息、指导工作的简报可以广泛地发行。

二、简报的特点

1.简

简报的最明显的特点是它的简。它内容简约，文字简明，篇幅短小，信息量大，能够让人在短时间迅速及时地了解和掌握更多的情况。

2.实

真实是简报的生命。简报对于本单位工作进程具有重要意义，因此，必须本着实事求是、严肃认真的态度，拣选真实可靠的材料，科学地分析事件和问题。简报所引用的数据、事例、人物、言论等必须仔细精确无误核实。要坚持一切从实际出发，力避夸大成绩、隐瞒失误、虚假浮夸、锦上添花、道听途说、添枝加叶等错误倾向。

3.快

编发快，这是简报的突出特点。简报在所有事务文书中最讲究时间性和时效性，一贯有“轻骑兵”之称。它要求发现问题快、写得快、编得快、印得快、发得快，以便让有关方面及时迅速地了解情况，制定出相应的对策。只有加快信息传播速度，才能及时地解决新问题。

4.新

新是简报的重要特征。简报的目的是为了让有关部门及时了解新动态、新信息、新经验、新情况，以便把握全局、制定对策、指导工作。如果简报反映都是尽人皆知，老生常谈的内容，那就失去了编发简报的意义和作用。

三、简报的作用

1.汇报情况

简报可以用来向上级机关反映情况、汇报问题，从而使领导部门及时准确地了解下情，有针对性地指导下级工作，为制定相关决策法规提供参考和依据。同时，简报又可以反映基层单位对方针政策、法规制度的执行情况，便于上级领导发现问题，及时改正，最终使制定的决策法规更加合乎实际，反映民意。

2.指导工作

上级机关可以通过简报向下级传达有关政策和决策，对下级单位起到指导作用；还可以通过简报处理某些问题，通报某些情况和经验，对下级机关工作起到指导作用。简报下发给基层组织，能够起到传达领导重要指示、推广典型经验、贯彻会议精神的作用。通过简报可以表彰先进、树立典型、批评失误、发现问题、激励后进，推动各项工作全面发展。

3.交流信息

简报可在平级单位间转发,交流工作中的新情况、新问题、新经验,促进相互学习、取长补短的优良工作作风,从而加强单位之间的协作,更好地促进工作的开展。

思考

1.什么是简报?
2.简报有哪些特点?
3.简报有哪些作用?

第二节　简报的分类和写作要求

一、简报的分类

简报使用范围广泛,应用频率高。可按照不同的角度和标准来进行分类。按照时限来划分,有定期简报和不定期简报;有长期简报和临时简报;按性质来划分,有综合简报和专题简报;按发送范围和保密程度来划分,有内部简报和公开简报等。如果从反映内容来加以划分,常见的简报有以下三种:

1.动态简报

动态简报主要用来准确、及时、扼要地反映当前工作中的新情况、新观点和新问题,是反映本系统、本地区、本部门、本单位内部最近一个时期内产生的动态、事件和情况的一种简报。它的特点是内容新颖、迅速及时、简明扼要。动态简报能够使领导部门及时了解社会动向工作进展,为下一步的部署安排提供参考。

2.工作简报

工作简报主要用来反映各个单位、部门和地区一段时期内的工作情况。它要求兼顾深度与广度,既谈成绩和经验,又谈失误及教训。工作简报应在全面了解情况的前提下,抓住主要问题,围绕中心工作，深入剖析，反映实情，切忌不分轻重缓急、有闻必录，写成流水账形式。

3.会议简报

在重要会议或大型会议召开时，通常都由主持会议的部门或会议秘书处来编排、印发会议简报。它要求及时报道会议的日常安排、指导思想、会议进展、中心议题、领导人的指示、会议讨论的问题、与会人员的建议、对会议的评价和反映、会议决议等。编发会议简报可以让领导者和上级机关及时掌握会议动态，加强指导；同时使与会人员了解大家讨论的主要问题，以及共识和歧义等等。会议简报对时效性的要求非常严格，经常是当日编好印好，即日发出，快捷迅速。

二、简报的写作要求

1.要真实、典型

简报是上级机关了解下情的窗口、制定决策的依据和同级单位学习的榜样。因此，所引材料必须真实可靠。撰写者应该深入实际，拣选出真实、客观的第一手材料，数据、事例、人物的发言讨论都必须一一核实。简报的选材还应该有一定典型性，即选择最能反映事物本质和内部联系的材料。例如，工作中具有普遍性和代表性的问题，与国家的路线、方针、政策有密切联系的重要情况，或者与人民群众关系密切因而值得关心的问题，等等。

2.要集中、新颖

为加快信息传播速度，使上级领导和同级机关迅速周知事项，简报必须紧扣中心主题，抓住要点。简报还应该新颖。根据不同时期工作要求，把那些有发展潜力和一定倾向的新生事物，或者工作中的新动态、新问题，及时收集，用心整理，写入简报。

3.要迅速、高效

简报有强烈的时效性。编发简报快慢与否，直接影响工作效果。如果做到迅速及时，就可以引起有关部门重视，促使情况向好的方向发展。因此,欲使简报淋漓尽致地发挥作用,从搜集、整理材料到编审、印发,都须讲求时效性,力争将萌芽状态的新事物或者工作中刚出现的新问题,及时报道,指导工作。

思考

1. 常见的简报有哪几种?
2. 简报有哪些写作要求?

第三节 简报的结构形式

简报的结构格式一般可以分为报头、正文和报尾三部分。

一、报头

报头在第一页上方,约占 1/4 到 1/3 的位置,其下用一条横线与正文隔开。报头包括下列各项:

1. 简报名称

在报头居中偏上位置,用醒目的大号字体标出(可以套红,也可不套红),如“文化简报”、“情况反映”、“商业动态”等。

2. 期数

在简报名称之下居中位置写明本年期数和总期数,总期数用括号括起来。

3. 编发单位

在期数之下、横隔线之上的左侧,顶格书写编发单位的名称,如“××大学教务会议秘书处”。

4. 印发日期

在期数之下、横隔线之上右侧位置标明具体的印发日期。

5. 编号

在简报名称右上方标明编号,以方便登记和回收。

6. 密级

如果简报内容涉及机密，应在简报名称左上侧标上密级，如“绝密”、“机密”、“秘密”等。若不需标明密级，可写明“内部刊物，注意保存”字样。

二、正文

正文又名报核，其格式由标题、导语、主体和结尾四个部分组成。正文部分是简报的中心部分，可以刊登一篇文章或一组文章。

1. 标题

标题应概括文章内容和中心主题，力求简明、醒目、贴切、大方。有时可采用正副标题相结合的形式，正标题包括主要内容，副标题则起到补充、说明背景、烘托气氛的作用。

2. 导语

导语是正文的开头部分，以精炼的一段文字概括文章内容，交代时间、地点和意义，开门见山，引人入胜；也可把结论先行交代或把事件结果提前来写，言简意赅，使人一目了然。或者采用“提问式”导语，一上来就用若干个设问句提出主要事实，引而不发，逼出下文。

3. 主体

主体是简报的重点所在，务必写得生动有力、紧扣主题。主体部分应该选用典型事例、真实数据和有重大意义的问题情况，深入论证，细致分析，得出有指导意义的结论。

4. 结尾

结尾要求干净利落，简短有力。或者总结全文，或者作出指示，或者提出要求，或者展示前景，或者发出号召。当然，有的简报内容简单，正文已阐述得相当清楚，那么就可省略结尾，不必画蛇添足。

三、报尾

在简报末尾，用两条上行横线和正文隔开，中间写明发送范围和印发份数。

例文

国家社科基金
管理工作简报
第3期(总第192期)

全国哲学社会科学规划办公室　　　　2011年1月31日

2011年国家社会科学基金项目成果验收情况报告

2011年1月,我办共审核、审批了138份国家社会科学基金项目成果鉴定结项材料,其中105项成果质量较好,准予结项,结项率为76.1%,33项成果因存在不同程度的问题未能结项。

一、成果结项情况及部分成果介绍

本月结项的105项成果中,鉴定等级为“优秀”的有18项,占结项总数的17.1%;“良好”36项,占34.3%;“合格”43项,占41%;免于鉴定8项,占7.6%。共有900多篇阶段性成果公开发表,有25项阶段性成果获省部级社科类优秀成果奖。等级为“优秀”的成果主要呈现出以下几个特点:

一是学术价值厚重。例如,鉴定专家认为,清华大学李子奈教授主持完成的《计量经济学模型方法论基础研究》,“提出了完整的计量经济学模型方法论基础研究框架,是对该领域的奠基性研究,具有较高学术价值和理论价值,反映了研究者深厚的学术功底和理论造诣”;云南师范大学骆小所教授主持完成的《中国云南语言地理研究》,“对理论语言学的建设和民族学、民族史研究具有重要学术参考价值,对保护多民族语言文化和非物质文化遗产及制定国家语言文字政策等也都具有重要现实意义”。

二是研究视角新颖。例如,鉴定专家认为,中共山东省委党校商志晓教授主持完成的《十六大以来党的建设的体系与布局研究——对党的建设理论与实践创新的总体把握和考察》,“提出了党的建设新布局的党建新概念,将党的建设理论研究由传统意义上党的自身建设拓展到在中国特色社会主义建设大视野下的执政党建设,从全新的视角全方位、深入具体地探讨了执政党建设规律”;首都师范大学冯艳博士主持完成的《自由摹状词理论研究》,“选题属于当代哲学逻辑与逻辑哲学研究的前沿课题,采用分支融合方法探索了自由摹状词理论与模态逻辑的结合,体现了新的研究视角和研究思路”。

三是理论与实证结合紧密。例如,鉴定专家认为,苏州大学周毅教授主持完成的《信息权利全面保护背景下档案资源开放与开发问题研究》,“在深入探讨信息资源开发服务理论体系建构的基础上,对档案资源开放和开发的实际工作进行了大量调研,使成果既具有理论内涵,又对现实有很强的借鉴意义。”

二、复审项目的研究修改情况

本月验收了 52 项以前申请结项未通过、需参照专家意见修改后报我办复审的项目,经仔细审核和严格审批,准予结项。这些项目课题组参照专家的修改建议,认真修改成果,进一步提高了质量。例如:

《资产结构、资产流动性与企业价值研究》课题组根据鉴定专家意见,不仅对成果进行了认真修改完善,还对语言文字进行了提炼、对篇章结构进行了调整。课题组在修改说明中写道,“全国社科规划办在结项中严格要求、严把质量关的做法成就了国家社科基金项目高水平、高质量的特点”。

《民族学和社会学中国化的探索:抗战时期专家对西南地区的调查研究》课题组仔细归纳整理了专家意见并对成果作了充分的修改,提交了长达60多页总计7万余字的修改说明,态度非常认真。课题组认为,“全国社科规划办对国家社科基金项目科学严谨、认真负责的管理方法和工作态度,尤其是采用同行专家双向匿名的鉴定方式,紧紧把握了哲学社会科学研究的内在规律”。

《移民区域和谐社会建设研究——以黄河三角洲为例》课题组根据专家意见经集体讨论后形成总体修改思路,对修改任务进行具体分工,在广泛调研、认真修改的基础上提高了成果质量。课题组认为,“鉴定专家认真负责、意见中肯,所提建议对课题修改和今后的学术研究均有重要指导意义”。

三、未结项成果存在的主要问题

本月审核、审批的138项申请鉴定结项成果中,33项成果未能结项,占23.9%,其中28项需参考鉴定专家意见修改后报我办复审,4项需修改后重新申请鉴定结项,1项终止研究。这些成果中突出存在以下几类问题:

一是研究内容游离主题。例如,《南方民族走廊族群关系研究——法人类学的视角》,未能紧紧围绕南方民族走廊族群关系这一主题展开研究,文章鲜见“关系”的阐述,只是围绕法人类学对南方部分民族习惯法进行了介绍、探讨,给人以“文不对题”之感。

二是研究方法存在缺陷。例如,《新时期促进阶层关系和谐研究》，采用的“偶遇随机调查法”在操作上不规范、不严谨，直接影响了研究结论的准确性；《中小企业二次创业决策的行为经济学研究》，研究假设和对象更多地从文献出发，对实践问题归纳研究不足，定量研究基础上的定性分析也不够，有些定量模型的构建给人以“为建模而建模”的感觉。

三是主要概念界定不清。例如，《我国三大都市经济圈体育发展模式研究》，对体育事业发展中的“群众体育”、“竞技体育”、“体育产业”等概念的划分或界定不清晰，未能很好区分它们的内涵与外延，研究中相互交杂；《英国作家戴维·洛奇研究》，研究重点之一是“危机母题”，虽然文中列出了对其各种不同的定义，但始终未能予以明确界定，究竟采用何种阐释模糊不清。

四是文献引用不规范。例如，《湘楚文化与20世纪湖南作家》，成果50余万字，参考了大量历史文献与研究著述，却少有具体的来源注释和引文注脚；《西部大开发与西藏农牧区的稳定和发展》，直接从网上下载引用的资料太多，有些没有查证核实，缺乏权威性，大量引文没有注明出处且未校注页码。

四、各省(区、市)社科规划办和在京委托管理机构组织成果鉴定工作的基本情况

在本月成果验收工作中，教育部社科司、全军社科规划办和北京、河北、吉林、黑龙江、上海、浙江、福建、江西、山东、湖北、湖南、广东、四川、云南等省(区、市)社科规划办在遵守鉴定时间、执行双向匿名、专家遴选与回避、分值统计等方面均严格执行我办有关规定。

个别单位在组织鉴定工作中还存在一些问题，包括项目鉴定、审核时间超过我办期限和分数计算错误。对这些单位,我办在逐项复核并校正其工作失误的同时,已去函提醒,并要求其抓紧整改。

五、成果鉴定认真负责专家记录

参与本月验收成果鉴定工作的近700位专家,绝大多数能够按照要求履行鉴定专家职责,其中有32位专家因鉴定态度非常认真负责,评价意见客观中肯,被记入我办“成果鉴定工作认真负责的专家档案”。名单如下:

(略)

报:云山、奎元同志和全国社科规划领导小组成员

这份工作简报,短小精悍,信息量大,上报和下发之后,既能供领导决策参考,又能对面上工作起到及时有效的指导作用。

思考

简报的结构可以分为哪几个部分?

第四篇　学术论文写作

第一章 学术论文概述

第一节 学术论文的性质与分类

回顾逝去未久的21世纪的第一个十年,世界科学技术的发展速度终于可以真正用日新月异来进行描述。从20世纪末兴起的ICQ、QQ、MSN到21世纪初的Skype、新浪UC、网易泡泡、搜Q,以及21世纪00年代中期之后诞生的阿里旺旺、飞信、微信等各种即时通信工具,就显示了通信科技领域瞬息万变的创新趋势。今天,科技实力仍然是衡量一个国家在世界体系中的地位和话语权的重要标准。服务于国家建设,服务于民族振兴,服务于社会发展,服务于文明进步,服务于"中国梦"的实现,是广大科技工作者从事学术研究的根本使命。而要想使学术研究的技术价值、经济效益、思想意义得以真正实现,就必须通过一定的媒介形式,将研究成果公布于众。与其他各种各样的媒介形式相比,学术论文可以说是表述科研成果最简捷、最有效的载体和手段。

一、学术论文的概念与性质

学术论文(Scientific Papers),就是指以文字形式记录一项学术课题在实验性、理论性、观测性上获取的新成果、新进展、新见解、新知识,并用于交流、讨论、发表或其他用途的书面文件,因此它不同于一般的短论、杂文、评述等文章。学术论文是治学,即做学问的结果,它区别于学习的最大特点是研究和创造,而不是理解与接受。学术论文可以检验旧有的文献资料,并据此发现新问题,促进科学发展与社会进步。2012年,世界上平均每天约有超过30万篇学术论文正式发表,包括纸媒发表与线上发表,这是以信息化、数字化、全球化为基本特征的知识经济时代的显著标志之一。提高学术论文写作的能力,对于培养复合型的高端专业人才,以及促进国际科技与文化交流有着重要意义。

学术论文是指对人文社会科学、数理自然科学、工程科学技术的现象、问题、观念进行系统的研究,以探讨其本质特征及发展规律的理论性文章。完整的论文写作过程是与整个学术研究过程相契合的,论题的确定与课题的选择、内容的形成与成果的表述须协调一致。课题研究是论文写作过程中的关键环节,也是学术研究的主要步骤,成果的取得离不开课题的研究。论文的执笔写作,则是研究成果的深化和整理,是学术研究的继续。正是因为论文写作与科学研究关联密切,所以我们常常把它作为考察一个人的科研能力的重要手段。从 20 世纪 90 年代中期起,中国大学开始由单纯教学型向教学研究型转变,其主要的衡量标准就是学术论文生产的数量和质量,它的培养目的是与国际通行的研究生教育接轨,以适应知本化的社会和知识经济的时代。对于在校大学生来说,通过学术论文写作的学习和实践,可以有效地完善自己的逻辑思维,充分发挥自身的创新能力。

学术论文的基本功能主要是:科学研究的手段和学界交流的工具;阐释创见的论坛和流播成果的载体;探索新知的武器和培养能力的途径;指导实践的指南和制定决策的依据;解放思想的旗帜和深化认识的阶梯;文明发展的摇篮和人类进步的档案。作为思想文化传播的动力源和社会经济发展的加速器,学术论文与科学研究有着密切联系。在科学社会主义的伟大导师马克思(Karl Heinrich Marx)看来,科学是一种在历史上起到巨大推动作用的革命力量,也诚如他的挚友恩格斯(Friedrich von Engels)所说,“一个民族想要站在科学的最高峰,就一刻也不能没有理论思维”。论文的学术价值、社会意义和经济效益的大小,则是衡量作者研究能力的重要标准。同时,学术论文还是对作者进行业务考核、职称评定和学位授予的重要依据之一。学术论文的重要性，就好比农学家在农业发展中的作用。一位农民不懂理论，仅凭长期探索也可能获得成功，但这也是暗合于法则的，且只知其然，不知其所以然，要进一步提高仍有局限。所以，农民也懂得向农业专家请教的道理。

二、学术论文的基本分类

各门学科各类专业的学术研究有着各自不同的研究领域，而具体的单位和个人的研究环境、研究水平、研究条件等均有较大区别，所以有必要对学术论文进行分类。根据以下两种不同的分类标准，学术论文可以分为如下几种主要类型：

1. 按性质内容分类

按性质内容来分，有人文社会科学论文、数理自然科学论文、工程科学技术论文等。人文社会科学论文反映哲学社会科学各领域的研究成果，阐述人类社会现象及其规律，包括基础哲学科学（哲学、逻辑学、伦理学、美学等）论文、基础社会科学（政治学、经济学、语言学、心理学、社会学、民族学、法学、艺术学、文学、史学、科学学、情报学、系统学、人文地理学等）论文、应用哲学科学（职业伦理学、科技哲学、技术美学等）论文、应用社会科学（教育学、管理学、行政学、国际关系学、新闻传播学、档案学、文献学、图书馆学、人口学、统计学、考古学等）论文；数理自然科学论文主要反映各种数理基础学科，以及部分应用科学领域的研究成果，包括基础数理科学（数学、数理逻辑等）论文、应用数理科学（普通应用数学、计算机数学、经济数学、管理数学、应用物理学、应用化学等）论文、基础自然科学（化学、物理学、生物学、动物学、植物学、生理学、医药学、天文学、海洋学、地质学、军事学等）论文；工程技术论文主要反映工业生产中实际应用的技术研发成果，以达到改造自然、惠及人类的预定目的，包括绝大部分应用自然科学及相关的工程科技（农业工程、建筑工程、机械工程、软件工程、电机工程、化学工程、材料工程、环境工程、能源工程、国防工程、采矿工程、冶金工程、航空航天工程、电子信息工程、生物医药工程等)论文。由于第三次工业革命浪潮的来临,许多学科交叉互渗,既可以是在某类性质科学内部、也可以是在各类性质科学之间进行,由此产生了一些新兴的交叉学科、多边学科,这方面的学术研究及论文在逐渐增多。比如工程技术上的突破,往往需要建立特殊的数学模型理论,因为单从数学角度推导出的结果在工程领域并不实用,而纯粹按照工程的原则去设计同样不怎么奏效,这就要求我们从跨学科的视野去进行探索和总结。

2. 按应用目的分类

按应用目的来分,有会议论文、报刊论文、学位论文等。在各类学术研讨会上宣读和评议的论文是会议论文,在内部或公开报纸刊物上发表的论文是报刊论文,高等院校学生为达到一定阶段教育目标而创作的论文是学位论文。会议论文因受时间、场所、对象等方面的限制,所以要求突出重点和关键点;报刊论文是学术研究成果的专业化书面记录,可利用图书情报机构索引;学位论文又因所受教育的不同阶段、不同层次而形成不同级别,一般其学术价值不及会议论文和报刊论文。会议论文、报刊论文与学位论文之间能相互转化,会议论文可以已经是报刊论文,也可以在会议后发表为报刊论文,学位论文如学术水平达到发表要求,并经审稿通过发表在某刊物上即为报刊论文,如被某学术会议主办单位收纳则成为会议论文。据统计,2012 年全年各类重大国际会议竟达 1.5 万次以上,这还不包括区域性会议及各学会的年会。而中国科技工作者则参加了约在 100 个国家和地区召开的 3000 个左右的国际会议,《科学技术会议录索引》(ISTP)所收录的我国作者发表的会议论文数量,仅次于美国居世界第二位。提交大会学术委员会的交流论文及文摘报告更是不计其数,可见会议论文在学术交流领域举足轻重的作用。

高等院校的学业论文按照入读时段的不同，又可具体分为学年论文、毕业论文和学位论文。学年论文是正规大学本科三年级学生撰写的年度论文，目的在于培养学术研究意识与论文写作的初级能力，以同研究型教育模式接轨。大学专科生（三年制）撰写的毕业论文应稍高于本科生学年论文的水平，至少不应低于此水平；毕业论文是大学本科生与研究生毕业前提交所在教育单位的论文，目的在于总结在校学习与实践的成果，培养学生的专业知识综合应用能力，本科毕业论文要求明显高于学年论文；学位论文是高校本科生、研究生或具有同等学力的人员为获取学士、硕士和博士学位，提交给培养单位及其相应的学位审定委员会的学术论文。其主要内容是对自己从事本专业科学研究取得的创造性结果进行描述，而撰写的目的则是用以申请授予相应学位。就各种学业论文的重要性而言，学位论文当列首位，毕业论文次之，因为有些毕业论文在通过答辩后仅取得学历，而并不同时颁授相应学位。

学位论文在写法上要具有研究报告的特点，即不仅要表述研究成果，还应对研究过程作必要说明。学位论文分学士学位论文(Bachelor's Paper)、硕士学位论文(Master's Thesis)和博士学位论文(Doctor's Dissertation)三种。毕业论文和学位论文要求参加论文答辩，本科毕业论文通过答辩可取得学历证书，如同时授予学士学位则是学士学位论文；研究生毕业论文通过答辩则相应获得硕士、博士学位。关于学位论文的具体写作，请参见本篇第五章。学位论文往往会奠定一个人事业的基础，比如俄国哲学家车尔尼雪夫斯基(Nikolay Gavrilovich Chernyshevsky)23岁时撰写的学位论文《艺术与现实的审美关系》，两年后以《生活与美学》之名发表，引发了美学领域的巨大震动。

思考

1. 谈谈你对学术论文的认识和理解。

2.学术论文的基本功能主要有哪些?

3.试论述学术论文的各种分类方法。

4.学业论文具体可分为哪三种类型?

第二节 学术论文的思维与特征

在现代社会中,学术论文是科学研究成果的主要载体和传播工具,因为它比较学术专著具有三大明显优势:一是简便,其写作篇幅不长,付出的精力更集中于最有价值的部分;二是灵活,其对于研究成果的表达非常灵活,一缕之思亦可成文;三是及时,其创作周期比较短,对阶段性成果的反映非常迅捷。因此,许多影响人类生活的伟大创见,都是通过学术论文首先进入公众视野的。比如,美国心理学家华生(John Broadus Watson)1913年发表的《一个行为主义者所认为的心理学》,成为行为主义心理学的宣言;现代物理学奠基人爱因斯坦(Albert Einstein)1905年发表的《论动体的电动力学》,则宣告了狭义相对论的创立。学术论文的相对优势,是建筑在其独特的学术思维体系上的。

一、学术研究的思维

学术思维的类型主要有归纳和演绎、分析和综合、抽象和具体、逻辑和历史等,而其具体方法有三,一是纵向思考,二是横向思考,三是多向思考。学术研究与论文写作的思维是一个完整系统,它包括基础思维场和写作思维场,两个部分相互制约又相互配合,共同运行。

1.学术研究的基础思维场

基础思维场主要由写作主体的资质、禀赋、能力、兴趣、情绪、意志、气质、经历、知识等要素构成,它对写作思维场有很大的制约作用。基础思维场包括发散思维和收敛思维,发散思维围绕某个问题沿多个方向拓展,以求寻找尽量多的解决问题的新思路或新方案。其基本方法包括逆思、侧思、想象、联想、灵感、直觉、假说等;收敛思维场则由各种收敛思维相互作用、影响和交融产生。常见的收敛思维有分析与综合、比较与类比、抽象与概括、归纳与演绎、定性与定量等。收敛思维是纯理性思维,它的产生必须以发散思维为前提。基础思维场的显著特性就是混沌性,因为世界的本质是非线性的,混沌状态就是指"宏观混乱、微观有序"的状态,是有无相生,乱中有治。混沌状态有一种特殊的"蝴蝶效应"(The Butterfly Effect),假如一只南美洲亚马逊河流域热带雨林中的蝴蝶偶尔扇动几下翅膀,或许会在两周以后引起美国德克萨斯州的一场龙卷风。混沌性又影响了跃迁性,即思维场从常态不经过逻辑推理直接跳跃到高级态的特征。

2.学术研究的写作思维场

写作思维场存在于大脑区域,包括各种思维之间以及思维与知识、思维与经验之间的相互影响、制约、排斥、交融等作用。作者创作时的执著、兴奋与迅捷、流畅等,便是写作思维场能量大小的具体表现,基础思维的跃迁性就表现为写作思维的直觉性。主体的写作思维场在一瞬间可以判断、理解、把握和领悟出并非刻意追求的事物的"主要矛盾",且体现出一种瞬间给定主观结论的场效应。当对象与主体的内在信息"碰撞"时,便可超越逻辑推理,顷刻产生"灵感"和"共鸣",使写作思维场直接跃迁到直觉状态,即写作主体的意识和潜意识突然清晰、敏锐、积极地涌现,并与相关的信息实现最佳融合,指向性创造能力则立即跃迁到超常态的心理情境。也就是说,写作思维场中各因素融会协调,创造能力瞬间得以超常发挥,一气贯通。直觉不是个别思维因素的综合,而是整个写作思维场的非线性效应。写作思维场的演进包含了继承性和延续性,并孕育着创造性突变,即思维的跨越式变迁与间断。

国学大师王国维在《人间词话》中谈到做学问的三种精神,一是志存高远,即"昨夜西风凋碧树。独上高楼,望尽天涯路"。二是刻苦钻研,即“衣带渐宽终不悔,为伊消得人憔悴”。三是百折不挠,即“众里寻他千百度;蓦然回首,那人却在灯火阑珊处”。这三种治学境界,均是建立在执著追求真理的基础上。科学研究与论文写作的思维,必须与优秀的治学精神结合在一起,方能发挥出其出色的作用。做学问,学为基础、思为主导。19世纪英国著名艺术批评家拉斯金(John Ruskin)有言,“你梦寐以求的黄金就是作者在书中所表达的那种深刻的思想和他那渊博的知识。他书中的词语就是含金的矿石,你只有将它们打碎并加以熔炼,才有可能化石为金……而你的熔炉就是你那善于思索的大脑”,形象地比喻了读与思的关系。学术研究的最高方法就是博采与精攻相结合,试看文艺复兴时代的那些大师们,其博大精深令现代人难以企及,但孜孜于“虽未能至,而心向往之”,仍能获得具体的成功。治学要取得成就,必须注意广泛涉猎,不博则难以及深;当然,一味求博亦不可取,过宽则不能进深。孔子就讲求“多闻”、“多见”、“多识”,法国数学家彭加勒(Henri Poinaré)毕业于文学院,英国生物学家赫胥黎(Thomas Henry Huxley)是文学硕士,鲁迅曾经研修过医学,郁达夫早年攻读经济学,如此事例不胜枚举。1901年至今,在所有诺贝尔自然科学奖的获奖者中,有交叉学科背景的比例竟占了40%以上。究其原因,广博的知识利于形成对科学的广泛兴趣,并是孕育原创性成果的重要条件,而合理的知识结构则可以有效提高科研能力。德国古典哲学创始人康德(Immanuel Kant)说,想象力是一种创造性的认识功能,爱因斯坦则认为想象力比知识更重要。所以,文理并重即科学与艺术的互动,对于激发兴趣、活跃思维,开阔视野、启迪智慧有着不可估量的作用,宽口径、厚基础应该成为现代人才教育的基本原则。

二、学术论文的特征

经济合作与发展组织(OECD)指出:“研究与开发(Research and Development),是为了增加知识量,知识包括人类文化和社会知识的探索，以及利用这些知识去发明新用途所从事的系统创造性工作”，学术论文即是表述研究成果和促进开发的重要手段和途径。清代教育家唐彪在《读书作文谱》中说，“学人只喜多读文章，不喜多做文章。不知多读乃藉人之功夫，多做乃切实求己功夫，其曾益相去远也”，“读十篇不如做一篇”。所以，当代大学生应多练习写作学术论文，将理论与实践相结合，争做合格的新青年。美国学者沃德·里德尔(Ward. G. Reeder)提出学术论文的五项特性，即正确性、客观性、公正性、确证性和平易性，我们则将其概括为创新性、科学性和理论性这三个基本特征。

1. 客观公正，具有创新性

学术论文的基本观点必须来自具体材料的分析和研究，所提出的问题在本学科领域内应有一定的理论和实际意义，并通过独立研究提出自己的观念和看法。创新性是学术论文价值的核心，它表现在作者对某个问题与众不同的全新认识，即在主导思维上突破他人，探讨新理论、阐明新发现、介绍新进展、论证新成果。德国古典哲学最伟大的代表黑格尔(Georg Wilhelm Friedrich Hegel)曾说：“我们要能看出异中之同或同中之异”，学术论文代表人类利用和改造世界的能力，作者绝不可重复和模仿而只能有所创造。假如尊奉牛顿力学而没有把握绝对时空的概念，爱因斯坦就不可能提出量子、光电效应和相对论原理，现代物理学体系亦无法建立。著名学者胡适先生曾提出，“大胆假设，小心求证”，大胆假设才能创新，小心求证即是科学。当然，对于青年学生来说，要表述出有学术价值和社会价值的新见解并非易事。因此，如果能够使用新材料、运用新方法，从新视角对已有的观点加以阐释，有理有据并能自圆其说，还是可以体现出自己一定的创造性的。当然，创新又不能背离科学规律，大发“奇怪之语”、大作“虚妄之文”，诚如刘勰在《文心雕龙·夸饰》篇中云：“夸而有节，饰而不诬”。拼凑和偷换术语，制造低质量的论文来求取虚名；漠视与公众之间的交流或意气用事地攻击争鸣对手的人格,甚至无端地把学术探讨变成道德审判;依照个人好恶,随意曲解、崇拜、蔑视前人或他人的观点,与"以德治国"、"和谐社会"、"软实力外交"的方针是多么的不协调。学者既须坚持个人品行,独立思考,又要坚持学问致公,惠及大众;既须坚持旗帜鲜明,勇于创新,又要坚持虚怀若谷,择善而从。恰如马克思所言,"精神的普遍谦逊就是思想性,即思想的普遍独立性,这种独立性按照事物本质的要求去对待各种事物"。

2.严谨缜密,具有科学性

学术论文通过对客体的周详观察与了解,获取大量材料作为立论的依据,并从中找到规律、揭示本质、得出结论。学术论文提出问题、分析问题和解决问题,都要符合客观事物的发展规律,不违背常理、不违反科学,经得起实践的检验。判断真伪之唯一标准乃是实验,不管理论再怎么美妙,如无实验证明,只是镜花水月。全篇论文是一个有机整体,判断与推理须言之有序,天衣无缝。科学性的具体体现有:科研方法经得起论证,实验数据经得起复核,客观评价经得起推敲,所作结论经得起检验。作为科研成果的载体,学术论文孜孜于追觅科学境界。撰写学术论文必须善于创新,但创新并非故意标新立异,取无本之木建空中楼阁,以哗众取宠。在保证学术论文的科学性前提下的创新,方为有意义的创新。学术论文失去了科学性,不仅无法起到应有的作用,而且会适得其反,误导读者的认知。学术论文应运用确凿的材料、科学的方法来动态地剖析某种现象的本质,切忌臆断盲从、率性而发,涉嫌抄袭或蓄意造假则更是耻辱。比如,被称为"韩国克隆之父"的黄禹锡,因在美国《科学》杂志发表有关人类胚胎干细胞的论文涉嫌造假,2006 年 3 月被首尔大学停职并向国民道歉。因此,虽然学术论文提倡旁征博引、多方佐证,即所用论据当有主证和旁证,切忌孤证,但必须做到论点客观正确、论据翔实可靠、论证严谨有力,这是论文科学性的重要内涵和基本条件。论文材料言必有据、引必可信，学术论断方持之有故、言之成理。具体来说，学术论文应当在内容选择、过程分析、观点论证三方面的科学性上下功夫，避免形而上、绝对化和片面化，以远见卓识探索某一领域的真理，并最终揭示某一现象的基本规律以指导科学实践。

3.深刻规范，具有理论性

学术是专门的学问，必须自成一个理论认识体系。从提出问题到解决问题，从论述的展开到观点的明确，都要围绕中心一环紧扣一环。写入论文的所有内容都应纳入严密的推理过程之中，不能随意搬用公式定理描述现象，而要运用逻辑思维阐明各种现象的发展规律，以得出科学结论。理论性主要体现在三点，一是论文内容的深刻性。学术论文反映的不是一般的现象过程，不是浅显的经验法则，而是对事物本质和规律的理论认识，即从表面认识上升到理性认识。一篇合格的学术论文必须对课题的渊源、现状、实质、特点、功能以及未来趋势等均有较全面的阐述和分析。理论性的体现既可以是宏观的也可以是微观的，既可以是长篇大论也可以是精短小论，没有一定规律。二是论文风格的平易性。在学术研究中，论文表达应该明白晓畅，如朱熹之语："欧公文章及三苏文，好处只是平易说道理"。学术不是"精英"特权和"沙龙"专利，而是社会公器。马克思的《资本论》就是平易风格的典范，西方的人文学者在各自不同的领域内都以景仰的心态引证和发展其学说。康德就承认自己的文章过于晦涩深奥，"缺乏通俗性是人们对我的作品所提出的公开质疑，因为事实上任何哲学文本都必须是能够通俗化的"。为此，康德作了不懈的努力。三是论文行文的规范性，即要参照国际标准和国家标准的学术论文模式来进行写作。首先是体式明确，标注规范。必须以论点的推导路线驾驭布局结构，以论证的丰富内容合成全篇整体，以论据的深刻分析升华思想观念；其次是语言准确，表达简明。必须想得清、说得明，论得深、解得透,真正做到深入浅出、言简意丰。

创新性、科学性、理论性是一篇合格的学术论文所应具有的基本特征,因而也是必备条件。只有这样,说理才会如春风化雨,令人心悦诚服。自中国内地1978年实行改革开放以来,国内外学术交流日趋频繁,而学术论文则成为了最有效的科学传播媒介。如前所述,学术论文最忌抄袭剽窃,但近年来国际上学术不端事件时有发生,对学术风气产生了不良影响。美国教育部门规定,学术不端者在一定年限内(18个月到10年),不能获得政府的任何研究项目,也不能在任何咨询委员会、评审委员会任职,责任人身份信息则在网站上公开发布,具有相当的警示作用。2010年3月召开的国务院各部委"科研诚信与学风建设工作座谈会"指出,对学术不端行为要采取"零宽容"政策,勿使剽窃抄袭行为有立足之地,国内知名大学更相继引入"学术不端检测系统",这是一个良好的开端。无论学科内容和性质如何不同,但从总体要求看,所有专业的学术论文大致都有这样一些共同点:言人未言、言之有益、言之有物、言之有序、言之有文,这也与学术论文的创新性、科学性和理论性特点紧密相关。

思考

1. 何为学术研究的基础思维场?
2. 何为学术研究的写作思维场?
3. 简述学术论文的创新性。
4. 简述学术论文的科学性。
5. 简述学术论文的理论性。

第二章　学术论文的类型

第一节　人文社会科学论文

人文社会科学学术论文的种类非常多，比如语言学论文从自然环境、文化传统出发揭示特定民族语言现象的规律特点；历史学论文运用“比较研究”的方法，纵横古今、贯通中外，并与考古相结合，鉴别史料真伪，阐述历史现象之本质；经济学论文则活用发展中的马克思主义经济学说，客观分析和澄明当代新形势下出现的经济问题，如谨防中国经济“欧洲化”。因人文社会科学门类众多、包罗万象，无法一一尽述，只能就其各种主要类型作基本介绍。

一、人文社会科学论文的主要类型

1. 文学论文

文学论文主要涵盖中国古典文学、中国现代文学、外国文学、比较文学、文学批评、文学史论、文学语言、文学写作等领域。文学论文不仅需要深刻阐释具体文本中的表现手法、艺术特色，还要熟知其代表作家和所属思潮，并探索某种文学现象及其兴衰过程、渊源流变及社会影响等，如《文学史中的符号流向和“易”的框架》。同时，还可参鉴文学理论，深入探讨文学的本质与构成，文学发展的内部规律及外部动因，历史上经典的文学和文化评论，以及中外美学家对文学中涉及的美学问题的认识。当然，对于文学专业（中文系、外文系、写作系、影视文学系等）以外的其他专业的在校大学生来说，最重要的是通过学习文学论文的内在原理，不断提高观察事物、分析因由、提炼主题的能力，并掌握谋篇布局、传情达意、驾驭语言等写作技巧，切实改善自己的写作水平。因此，国内高校最好能够普遍设置大学语文、比较文学、创意写作、剧本创作等相关科目,至少设置一些列入通识类的文学课程。

2. 史学论文

历史是指完全独立于人的意识之外的人类过往社会的客观存在及其发展过程,以及史家对前者的规律进行描述、探索和创造的精神实践与产品。史学论文即指对于某个专门的历史问题,经过深入研究而撰写的持之有故、言之成理的文章,如《五代货币制度考》、《对区域社会史研究的再反思》等。一篇史学论文是作者德、识、才、学的综合反映,而四者皆美也是对史家的最高要求。史学论文要做到"充实而有光辉":所谓"充实"是指材料丰富、论断公允,所谓"光辉"是指洞见深刻、气势恢弘。衡量史学论文价值最重要的标准是"四新":选题新、史料新、观点新、方法新。广义的史学论文可分为专论、札记、考证、评述、传记、随笔等,其中专论是严格意义上的学术论文。史学论文不同于历史教材:历史教材"述"多"论"少,讲求面面俱到,可以吸收借鉴学界的研究成果;而史学论文重点就是论证,它是专题研究,必须是自己的真知灼见。所以,历史教材多叫"编",而史学论文则称"著"。

3. 美学论文

美学是指从人对现实的审美关系出发,以艺术作为主要对象,研究美、丑、优雅、崇高等审美范畴和人的审美意识、审美经验,以及美的创造、发展及其规律的科学。美学论文的主题大致可以分为三类:一是基本理论问题的探讨,如《试论悲剧的审美功能》;二是传统理论命题的阐释,如《"神韵说"与"境界说"的比较》;三是经典理论著作的研究,如《莱辛〈拉奥孔〉研究》,而值得探讨的美学问题,随着审美活动和艺术创作的发展层出不穷。浩瀚的美学辞海只有转化为现代性知识,才能既有助于今人真正理解传统,又有助于以传统资源丰富当代知识体系。美学论文的作者必须注意在语言层面上,选择最恰当的现代学术语言对传统命题作精确阐释;在观念层面上，则于当下学术语境中阐明古人“强烈直觉”未达之“自觉意识”的潜在意蕴。同时，作者还须具备丰富的审美经验和扎实的艺术史知识。因为只有基于审美和艺术实践，才可能使基本理论问题的探讨和重大理论命题的阐释落到实处。

4.法学论文

法学又称法律学或法律科学，是指研究法、法的现象以及与法相关问题的专门学问，也即关于法律问题的知识和理论体系。法学论文涵盖了宪法、民法、商法、行政法、经济法、社会法、刑法、诉讼法以及司法制度、法学理论等多方面内容，是法律研究成果的全面总结，如《伦理豁免:法治中国的传统因子》、《民法公平原则理论之检讨与反思》等。撰写法学论文的途径是:通过对各种具体案例的深入分析，研究不同的法系，归纳和总结法律应用环节的经验和教训，以及时发现与弥补现有法律法规中存在的问题和不足，使法律制度和法律保障体系得以不断完善。同时，也有助于推动现代法律制度的改革，推进法制化进程，加强公民的法律意识，从而对社会进步、经济发展产生一定的影响。一篇优秀的法学论文，还可以传播和展示作者具有突破性创见的法律观点、学术成果，以供他人分享借鉴，这不仅可以提升作者在业界和学界的知名度和影响力，同时也为法学研究工作提供了丰富的参考资料。

5.社会学论文

社会学使用各种研究方法进行实证调查和批判分析，它以发展与完善一整套有关人类社会结构及活动的知识体系，并以运用其知识来寻求或改善社会福利为目标。社会学论文涵盖的内容非常广泛，主要涉及社会学方法、社会思想史、社会心理学、社会统计学、经济社会学、艺术社会学与各种应用社会学领域，如《从社会学角度建构关于“正义”的理论》。社会学以社会政策、社会制度等的发展与沿革，人类与社会经济的互动等为研究对象，是人类探究社会现象的思想菁华之科学。社会学论文主要运用辩证唯物主义、历史唯物主义的基本原理和方法,阐释社会学的基本范畴和理论体系,深入分析社会关系的各个层面及其变化发展的规律。同时,社会学也为社会决策、社会规划和社会管理提供了科学的观念和依据,为和谐社会的建设与发展做出了贡献。社会学研究成果将有效地作用于社会主义现代化建设,切实提高社会运作效率,健全和完善社会保障机制,推动社会经济变革和人类文明进步。

6.新闻传播学论文

新闻传播学主要研究各类新闻信息的传播活动,并致力于揭示其一般特征与规律。新闻传播学论文的研究对象包括图书报刊、广播电视、数字网络等各种传播媒体或形态,并且涉及大量的非新闻类的媒体传播内容,像广告设计、公共关系、创意产业、传媒经济、媒体经营、媒介法律等内容,如《环境风险报道的议题分化与"环境正义"的诉求》、《传媒公共领域的四次范式革新》。当前新闻学和传播学这两个学科日益融合,凡是与传媒活动相关的各个学科的研究成果,如法学、文学、美学、社会学、心理学、人类学、经济学、管理学、艺术学等,越来越多地被运用到新闻传播学的基础理论研究上。原本,新闻传播现象就贯穿于与人类相关的一切事物和活动中,各门人文学科都面临着从本学科角度出发研究传播问题的局面。目前,尽管在学科管理形式上还有新闻学和传播学的区分,但在具体的学术活动中,两者的界定已经越来越模糊,新闻学和传播学的深度融合渐成趋势。

7.教育学论文

教育学是以教育现象、教育问题为研究对象,归纳总结人类教育活动的理论与实践,探索解决教育发展中的实际问题并揭示其规律的科学。2006年,时任中国国家主席胡锦涛提出了"八个为荣,八个为耻"。青年承担着民族复兴的历史重任,把他们培养成什么样的接班人,树立怎样的价值观、道德观,是一个宏大命题。2013年4月召开的博鳌亚洲论坛,更举行了青年领袖圆桌会议,来自世界各地的政、商、学和媒体界青年领袖，就教育使命与责任的问题展开积极讨论。新媒体语境下教育的目的，就是培养和谐社会中全面发展的高素质人才，它契合了现代性教育思潮，具有鲜明的时代特色。教育工作者和研究者，需要转变思想与观念，开拓思路和视野，积极投身全球化大潮下的改革实践，广泛参与教研活动。并且努力撰写教育论文，如《区域语言教育与高端人才培养》等，弘扬先进文化，尝试教学新方法，推动思想教育、专业教育质量的不断提升，并促进作者自身理论水平和业务能力的提高。

8. 经济学论文

经济学是指研究人类社会在各个发展阶段上的各种经济活动，各种相应的经济关系及其运行、发展规律的科学。经济学论文的研究领域有经济、金融、证券、贸易、保险、财会等，如《中国经济到了刘易斯拐点了吗?》、《跨越“中等收入”陷阱:来自东亚的启示》。经济学论文对现代社会经济现象进行深入探究，同时对经济学领域的研究成果进行汇总。撰写经济学论文，旨在以经济学的相关学术理论为指导，从宏观和微观的不同角度，对诸如经济效益与社会公平、公司企业的典型案例、经济活动的核算与监督、财务会计的实务操作等内容加以系统化的分析，以观测其最新动向，并针对发现的问题提出具有建设性的意见和一揽子方案，继而找寻其相应的解决方法与途径，不断丰富和更新经济学理论，拓展研究范围。同时，通过新见解在具体生产环节中的实际运用，还可以指导公司和企业管理人员的日常工作，并参与解决经济发展中出现的诸多社会问题，由此而具有较高的学术价值和实际意义。

9. 管理学论文

管理学主要研究人类社会管理活动中各种现象及其规律，它是在近代社会化大生产条件下和自然科学与社会科学日益发展的基础上形成的。管理学论文的研究领域有工商管理、企业管理、行政管理、人力资源管理、信息管理等，如《科技型中小企业核心竞争力的实现模式》。管理学论文是在管理学理论指导下,以全球化的视角,借鉴国内外先进管理经验和模式,研究企业的管理模式、人力资源的管理调配、资产资本的运营、企业战略决策的制定等问题。其中包括整合和调配资源,即如何对资源加以有效利用,使得资源得到最有效的配置。管理学论文依据相关理论模型,在实际案例的基础上得出明确结论,并提出合理化建议、解决方案或企划书,从而在微观角度上利于中小企业成长和良性发展;在宏观角度上利于正常有序的社会经济运行路线;同时对国家经济管理部门以及学术界,也有着较高的参考价值。更重要的是,一篇优秀的管理学论文,可以使作者的管理思想和学术成果得以传播。

此外,英文学术论文的地位正在日益提升。人文社会科学领域内的国际交流越来越频繁,比如参与国际学术研讨会,在国际学术刊物上发表论文,使研究成果在国际上进行传播,以达到国家与地区间学术交流的目的。所以,不仅外语专业的人员,而是几乎所有的专业人士,都必须熟练撰写英文科学技术报告和学术论文。当然,由于学科领域和具体刊物的不同,对学术论文的内容、格式、体例也有不同的要求。不过,各学科英文论文在文体和语言特点上,仍有许多共同点。撰写具有专业水准的英文学术论文,应当遵循如下原则:熟练运用准确科学的专业词汇,充分翔实的佐证材料,规范标准的表达方式,简洁生动的语言技巧,清晰明白的结构布局,做到思路畅达、逻辑严密,文采斐然、含义丰富,能够确切表述作者的思想观点,有效彰显论文的理论价值与实践价值。

二、人文社会科学论文的撰写

人文社会科学论文作者应该具备较高的学术素养,一要提高专业理论的水平,二要坚持实事求是的态度,三要增加学科知识的储备。在校大学生可以选修相关的人文社会科学课程,来切实加强自己这方面的修养。如今,国内许多高校都已实现了资源共享,学生可以跨校、跨学区自由选修科目。在新媒体语境下,人文社会科学各门学科之间的交叉互渗渐成趋势，研究人员应当具备更开阔的视野才能有所创见。比如美国宾夕法尼亚大学安纳堡传播学院教授普莱斯（Monroe E. Price）撰写的《空中贸易路线：治理、全球主义和通讯卫星》就是一篇具有跨学科性质和较高质量的新闻传播学论文。在绪论中作者提出：全球化时代的传播方式，对信息的管理和控制具有重要意义，政府往往会采用一些非正式甚至强制手段来确保政策目标的实现。但是，我们能否对特定卫星，或特定信息的传输路径，或不同地区的特定内容采取多样化的政府干预形式，而非统一的或全球性的治理规划。接着在本论部分，其一叙述"关于先期许可的争论"，即在没有一致同意的国际标准下，只要技术和政治条件允许，相关国家可以无限接近事先许可的原则；其二分析"非正式的治理和影响时期"，综述联合国讨论上述问题后的数十年中，信息流动结构的新变化，认为在法律缺失的情况下，非正式管理方式的兴起，能够缓冲并调节卫星产生前的状态延续和卫星产生后的激进变革之间的国际矛盾；其三总结"透明：欧盟的路径"，概括出欧洲在卫星管理方面的重建透明与法治的努力，其中引用了法国最高视听委员会（CSA）要求禁止欧洲通信卫星发送真主党灯塔电视台信号的经典案例；其四描述"欧盟的反应"，阐释了欧盟对灯塔电视台事件的反应为何是最接近于"全球治理"（Global Governance）的案例，并提出了一个新问题：如果卫星频道的源发国是欧盟之外的第三国，那么是否应该以及如何与第三国或国际组织管理者进行合作。最后得出一个生动而开放的结论："在卫星信号管理方面并没有全球治理体系，而且这样的体系能否产生也值得怀疑。欧盟也只是寻求建立一个管理特定内容的透明体系"，而规则的缺失也导致了许多的问题，其结果是政府对卫星广播和网络的管理也是动态变化的，不仅在新闻传播学领域发人深省，也在相关的国际政治学、国际法学、信息科学领域令人感觉启迪良多。

人文社会科学工作者应当注意,由于商业利益驱动下功利心态的浸染,导致在学术界产生了一些不良的文化现象,比如非“捧”即“骂”,且对人不对事,完全背离了实事求是的态度,这是不太可取的。只有把握住社会与时代的基本精神,客观分析、褒贬得当,才能写出有价值、有意义的好论文。此外,由教育部社会科学委员会学风建设委员会组织编写,高等教育出版社 2009 年 6 月出版的《高校人文社会科学学术规范指南》列举了八种学术不端行为,即抄袭、剽窃、侵吞他人学术成果;篡改他人学术成果;伪造或篡改数据、文献与捏造事实;伪造注释;没有参加创作,在他人学术成果上署名;未经他人许可,不当使用他人署名;违反正当程序或放弃学术标准,进行不当学术评价;对学术批评者进行压制、打击或报复等。有志于从事人文社会科学研究的青年学者,必须将此引以为戒。当下的文化环境纷繁复杂,人文社会科学的各门学科日益相互交融,所以作者应当与时俱进,不断完善知识与能力结构,以使自己的学术思维紧随时代,具备可持续发展的后劲。

思考

1. 简述文学论文、史学论文、美学论文的写作。
2. 简述法学、社会学、新闻传播学论文的写作。
3. 简述教育学、经济学以及管理学论文的写作。
4. 详细叙述撰写英文学术论文的必要性与写作原则。
5. 结合自己的经验,试论人文社会科学研究者的素养。
6. 举例说明人文社会科学研究中的各种学术不端行为。

第二节 数理自然科学论文

数理自然科学论文的写作,除了常用的论证方法外,另有系统论、控制论和信息论等方法。此外,各学科还有特定的论证方法,如数学中的常量数学与变量数学方法，必然性数学和或然性数学方法，建立数学模型的方法等。更重要的是，数理自然科学论文由于术语、符号、图表比较复杂，所以其技术内容应该更注重规范。无论是理论型、实践型、描述型的论文，其推理论证一定要逻辑严密，如果在术语、符号和图表的使用和制作方面不加留意，很可能会导致论文难以理解甚至无法理解，以致失却了学术价值与社会价值。

一、数理自然科学论文的写作规范

1.要注意计量单位的使用规则

1984 年 2 月 27 日国务院发布《关于在我国统一实行法定计量单位的命令》，并正式颁布了《中华人民共和国法定计量单位》。数理自然科学论文从 1986 年 1 月 1 日起，也严格采用法定计量单位。根据国际标准 ISO 1000：1992《SI 单位及其倍数单位和一些其他单位的应用推荐》、国际计量局（BIPM）《国际单位制（SI）》（2005 年第 8 版），我国法定计量单位以世界通行的国际单位制（SI 制）为准，即以长度的米、质量的千克、时间的秒、电流量的安培、热力学温度的开尔文、物质的量摩尔、发光强度坎德拉为七个基本单位，和以平面角的弧度、立体角的球面度为辅助单位，以及其他具有专门名称的导出单位，等等一整套单位制度。此外，还包括国家选定的非国际单位制单位，以及由以上单位构成的组合单位，由 SI 词头和以上单位构成的十进倍数和分数单位，在具体使用的时候可以参照国家计量局公布的《中华人民共和国法定计量单位使用方法》。此外，论文作者还应重视非法定计量单位和法定计量单位之间的换算。

2.要注意物理量符号的使用规则

1993 年，全国文献工作标准化技术委员会颁布了新的国家标准，规定了使用物理量符号的一般原则。作者在撰写论文时，如涉及这类符号，应以国标规定的物理量符号为准，国标无规定的则参照审定的相应符号。国家标准如下:GB 3100—93《国际单位制及其应用》;GB 3101—93《有关量、单位和符号的一般原则》;GB 3102.1—93《空间和时间的量和单位》;GB 3102.2—93《周期及其有关现象的量和单位》;GB 3102.3—93《力学的量和单位》;GB 3102.4—93《热学的量和单位》;GB 3102.5—93《电学和磁学的量和单位》;GB 3102.6—93《光及有关电磁辐射的量和单位》;GB 3102.7—93《声学的量和单位》;GB 3102.8—93《物理化学和分子物理学的量和单位》;GB 3102.9—93《原子物理学和核物理学的量和单位》;GB 3102.10—93《核反应和电离辐射的量和单位》;GB 3102.12—93《无量纲参数》;GB 3102.13—93《固体物理学的量和单位》。书写时,注意物理量符号用斜体,而单位符号用正体。

3.要注意数学符号的使用规则

1986年,我国在国际标准 ISO 31/X—1978(E/F)和原国标 GB 787—74 的基础上,制定了改版国标 GB 3102.11—86《物理科学和技术中使用的数学符号》,后又在1993年更新为 GB 3102.11—93,它规定了几何、集合论、数理逻辑、杂类、运算、函数、指数和对数函数、三角函数和双曲函数、复数、矩阵、矢量和张量、特殊函数共12类数学符号。如果是国家标准中尚未制定规范,但在各学科领域中基本上有公认用法的数学符号,也可以公认用法作为依据。

4.要注意化学符号、植物学符号、地植物学符号、动物学符号等的使用规则

其中化学符号可以参照全国化学标准化技术委员会编,中国标准出版社2010年5月出版的《化学工业国家标准和行业标准目录》,以及该社最新版的全套《化学工业标准汇编》与各种化学工业国际标准。

5.要注意数字的使用规则

这可以参照中华人民共和国国家质量监督检验检疫总局、国

家标准化管理委员会2011年7月29日最新公布，2011年11月1日起正式实施的国家标准GB/T 15835—2011《出版物上数字用法的规定》。数值运算中的有效位数则参照国家标准GB 8170—87《数值修约规则》。

6.要注意标点符号的使用规则

此可参照中华人民共和国国家质量监督检验检疫总局、国家标准化管理委员会2011年12月30日发布、2012年6月1日起正式实施的国家标准GB/T 15834—2011《标点符号用法》(Use of Punctuation Mark)。

7.要注意标志和缩略语的使用规则

可参照国际标准ISO/R 833以及ISO 832—1975(E)的缩写词表。单篇论文中较长的词语出现5～10次以上可用缩略语，但也不宜使用过频。

8.要注意公式的使用规则

公式是表明自然科学某种规律的一组符号，包括数理公式和化学公式等。

9.要注意字母的使用规则

主要的中外文字母包括汉语拼音字母、拉丁字母(英文字母)、希腊字母、俄文字母、德文字母、日文字母及罗马数字等。特别要注意外文字母的大小写、正斜体、移行的运用。

二、论文中插图处理的基本规则

插图具有“自明性”，即不用看正文，只看图、图体和图例就可理解其意。插图包括线条图(柱状图、点图、圆图、直线图、直方图、曲线图、条形图、扇形图、箭头图、框图、构造图、流程图、等值线图、记录谱图、分布图、构成图、示意图、线纹地图、象形实物图等)、照片(实物照片、波形照片、显微照片、电镜照片、X光照片、高速照片、全息照片、遥感照片等)和美工图。插图处理的一般规则如下：

1.应了解插图的基本原则

插图应遵循图文相配、精简实用、规范标准三个基本原则。比如直观的表示数量关系的图,适宜于显示变化的趋势、规律或各因素的关系,常用的有柱状图、点图、圆图、曲线图、示意图等。插图必须清晰美观、线条均匀,可有可无的插图、繁琐的线条、冗长的文字要尽量去除。同一篇论文中如有几幅插图,在风格和体例上应一致,使用的名词术语、外文字母、特殊符号等应与正文中相应的文字一致。

2.应了解插图的尺寸规格

我国的数理自然科学期刊多采用普通的16开本,作者设计的插图要充分考虑该幅面大小的制约。通常允许的图稿缩尺比有原寸(原大)、9折(缩1/10)、8折(缩1/5)、7折(缩3/10)、6折(缩2/5)、5折(缩1/2)、4折(缩3/5)、3折(缩7/10)。作者提供的插图应大于实际印出图,刊物编辑对尺寸过小的图不予放大处理。插图宽度一般不超过8cm,特殊加大图片不超过16cm,彩色图片须提供原始照片。

3.应了解各类图的绘制技法

熟悉各种图中记号(图中文字、标注文字、坐标轴的量—标准符号—单位等文字或数字、解释性文字、附表)的处理;注意图序、图题、图例、图文、图注,以及表中插图编序的书写、插图在文稿中位置的处理。图的序号和题目要有英文译名,并置于中文名之下,图的序号要在行文时注明,注字要大小适宜。

三、论文中表格处理的基本规则

表格是表示实验数据和统计分析数字的重要形式,在数理自然科学论文中最为常用。表格有非正式表格和正式表格两类,学术论文所用的表格必须是正式的。表中的数据一般可分为两类,一是实验中记录到的"观测数据";二是由原始记录演算出的"导出数据"。表格处理的一般规则如下:

1.应了解表格的基本形式和设计原则

表格一般有无线表、文字表、系统表、卡线表及三线表。无线表是不用表框、行线和栏线的表格；文字表是表格各栏都填写文字的表格；系统表是表示多层次隶属关系的表格；卡线表是以横线作行线、以竖线作栏线相隔组成的表格，主要有横排表、竖排表、侧排表、跨页表、对页表、插页表六种；三线表是卡线表的一种变体，它取消了栏头斜线，表身不出现栏线且省略行线，只保留顶线、底线和表头下一根行线，由表序、表题、项目栏、栏目、表身、表注组成。现在，许多刊物都推荐使用三线表。

2.应了解表格的构成与运用

表格一般由表题、表头、表身、表注、表图构成。一般而言，表格随文列，先文后表，并在相应文字旁注明"见某表"。较长的表格在转页书写时应续表头，以利阅读。此外，为版面美观起见，需要对论文中的表格进行横竖转换，即使横长竖短、横短竖长的表格达到基本平衡。

3.应了解表格文字的一般要求

表格须安排在文中第一次提到该表的正文下面，必须有序号和题目，并加上英文译名，序号要在行文时注明。表头和侧方的文字应尽量简明，表头文字一律自左而右横行缮写。表内数据上下对齐，表内说明文字居中列出，段末无标点符号。与周边栏目文字相同时，可用"同上"、"同左"等替代。一幅表尽量画在一页上，如必须截断，应在次页上方注明"续表"字样，并加表头，表两侧一律没有边线。

表格与插图合称图表或图形语言，它们是数理自然科学论文写作的重要手段和常用工具，其最大的优点就是直观生动，且能准确描述观测数据及研究成果，在数理自然科学领域内的各专业论文与实验报告中应用广泛。图表是学术论文的重要组成部分，其设计和制作除遵循以上所述一般规则外，还需要注意以下三点：

1. 文中所有的图表都应该尽量精当简省

一般能用文字表示清楚的内容就不必用图表,用大量文字还难以言说清楚而用图表就能较好说明的内容才用图表;只用单幅图表就能说明的内容,就不必用两幅以上的图表。

2. 每个图表都应有图(表)序和图(表)题

图序的格式为"图 1"、"图 2"、"图 3"等,表序的格式为"表 1"、"表 2"、"表 3"等。图(表)题应使用最准确得体、最简短精练并能较好反映图表特定内容的词语的逻辑组合。

3. 图表中的标目采用量与单位比值的形式

即"量名称或(和)量符号/单位",比如"p/MPa",或"压力/MPa",或"压力 p/MPa";而不用容易引起歧义的表示方法,如"p, MPa",或"压力,MPa",或"压力 p,MPa";或者"p(MPa)",或"压力(MPa)",或"压力 p(MPa)"。百分号"%"虽然不是单位,但在学术论文中也可按单位处理,如"相对压力/%"或"ηp/%",而不用传统的表示方法,如"相对压力,%"或"ηp,%";或者"相对压力(%)"或"ηp(%)"。总而言之,在数理自然科学论文中建构图表的三原则为:内容要精当、形式要合宜、设计要科学。图表、数据、符号、公式、单位等语言形式合称为人工语言,以区别于一般的自然语言。

在一篇名为《富勒烯功能化的球形纳米介孔 SiO_2 及其在光动力疗法中的应用》的化学工业论文中,作者以 $CaCO_3$ 为模板制备了球形纳米介孔二氧化硅 SiO_2,采用 SEM、EDS、XRD、氮气吸附法对样品进行形貌结构表征分析。其实验结果表明,所制备出的球形 SiO_2 大小均匀,粒径约为 100 nm 且具有介孔结构。以富勒烯 C60 为光敏剂,以 γ-氨丙基三乙氧基硅烷为硅烷偶联剂,将 C60 接枝到纳米球形介孔 SiO_2 上。傅里叶红外 FT-IR 谱图显示在 1390 cm^{-1} 及 1599 cm^{-1} 处出现两处新的特征峰,分别对应 C60 骨架振动峰以及 N-H 特征伸缩振动峰,这充分表明 C60 已成功地接

枝到 SiO_2 上。采用电子自旋共振法(ESR)以及化学探针紫外分光光度计法进行检测，表明 SiO_2-APTES-C60 材料在光照射条件下可以产生单线态氧，并通过相对检测法计算出量子效率为 0.52，具有相当的科学价值。另有一篇气象学论文《青藏高原大气热源结构的变化对西北地区降水影响的研究》，从西北地区近五十年的降水变化入手，选取了西北东部干旱化趋势最严重的 1980 年以后一些降水偏多(少)的年份进行统合分析，研究了高原热源的水平结构、垂直结构和高原周围垂直环流的差异，总结了青藏高原夏季大气热源垂直结构的变化对西北东部地区降水偏多(少)的影响，为进一步探讨西北东部地区干旱气候的成因和机制提供了重要参考，荣获 2013 年陕西省第十二届自然科学优秀学术论文一等奖。上述两篇各自领域内的优秀学术论文，可供有志于科学事业的青年朋友参考。

思考

1. 试论数理自然科学论文撰写的具体规则。
2. 插图主要有哪几种？表格主要有哪几种？
3. 简述插图处理的基本规则。
4. 简述表格处理的基本规则。
5. 图表的设计和制作要注意什么问题？
6. 结合自己的经验，谈谈如何写好数理自然科学论文。

第三节　工程科学技术论文

工程科学技术是指在工业生产中实际应用的技术，即人们在工业生产过程中应用科学知识或运用技术成果，以达到改造自然的预定目的的手段与方法。工程科学技术论文与前述两种学术论文不同，它是由基层技术员、工程师在长期工程建设实践的基础上,通过对实践过程中产生的各种现象与问题进行专题研究、分析和阐述,揭示某种现象的本质、规律,或者总结出解决问题的方法和手段,并最终撰写而成的学术论文。工程科学技术论文的选题直接来源于生产一线的实际工作,具有相当明确的工程背景,其研究成果必须具有很强的针对性和应用价值,拟解决问题的重点还应该具备一定的技术难度和强度,总体上则要有较为显著的理论深度与创新价值。

一、工程科学技术论文的意义

近三十多年来,尤其是进入21世纪以后,随着世界范围内新科学的综合发展,工程科技已经日益渗透到当代科技工作和社会生活的各个方面,并且呈现出极其广阔的前景。因此,撰写工程科学技术论文也成为广大工程科技人员的经常性工作,往往还是考核一线工程科技人员基本业务素质的重要标准。此外,为了区别于工学硕士,国务院学位委员会还专门设置了为国有和民营的大中型工矿企业、工程建设部门培养应用型、复合型高层次工程技术与管理人才的工程硕士专业学位,在职攻读GCT工程硕士学位的研究生,在学校和企业双导师制度下,取得培养方案中规定的学分后,还必须通过论文答辩,方可授予相应的硕士学位,且撰写论文的时间不能少于一年。

工程科学技术论文隶属应用科学的范畴,它是一个国家工程科技发展最强大的推动力,是一个民族不断实现科学技术创新的理论基础,具有极其重要的现实意义和实际价值。工程科技论文的来源主要有两种:一是对现有工程项目实践的技术总结,二是对某类新技术应用于工程项目的可行性的前瞻性预见。工程项目主要包括立项、设计、采购、施工、试运行等各个阶段,而每一阶段均有大量成功的经验、失败的教训需要进行精详缜密的归纳总结,工程科学技术论文的内容可以涵盖上述各个阶段。对于被鉴定为优秀等级的工程科学技术项目,其项目总结应该而且很有必要转化成一篇高质量的工程科技论文，在不涉及保密的情况下，供广大工程科学技术人员交流经验、分享成果、加强合作、互利共赢。因此可以说，工程科技论文主要来源于工程项目的技术总结。

二、工程科学技术论文的特点

众所周知，科学研究成果只有真正实现产业化，才能有效推动社会文明的不断进步以及科学技术的持续创新。将研发的新技术形式应用于工程实践，是实现科研成果产业化的重要手段。科研机构工作人员的理论知识虽然比较丰富，然而对于工程技术实践的认知度，却往往不及长期工作于一线的基层技术员。因此，在新技术形式应用于实际工程项目的过程中，工程科技人员应当承担起对具体项目的研究和判断责任，并预测其可行性与实施效果。这种实战研判和预见的经验总结，也可以最终转化为工程科学技术论文。当然，各种相关研判和预见必须建立在实践的基础上。只有这样，工程科技论文才能对如何最大限度地提升项目实施效果提出指导性意见。与其他类型的学术论文相比，工程科技论文的最大特点就是实践性和时效性比较强。

1. 实践性强

人文社会科学、数理自然科学论文更多的是注重理论分析和研究，并辅之以一定量的科学实验，往往是先有命题再有研究的形式，可以说是一种“先因后果”的模式；而工程科学技术论文所叙述的规律或方法均直接来源于工程项目的实践，即都要经过特定工程建设实践的检验，并真正获取到成功经验与失败教训，可以说是一种“先果后因”的模式，因此具有很强的实战性，其所分析与总结出来的规律、经验与方法、手段，在很大程度上能够在其他类似的工程项目中重复和创造性使用。

2. 时效性强

工程科学技术论文具有应用科学的典型特征，可持续时间相对较短，其研究成果往往针对特定技术发展阶段。在某个阶段，这种技术成果是新颖的,但极有可能在下一个阶段就未必领先;在某个阶段,其技术方案较为合理或者最合适,但在下一个阶段也许就有更新的技术取代它。近年来,我国在工程科学技术领域取得了显著成就,理论体系也日益丰富和完善。但随着以3D打印(增量制造)为鲜明特质的第三次工业革命浪潮的来临,既有工程科技体系已经无法完全满足新时代的需求。

在今天的实际工作中,许多刚刚在工程现场取得的经验,并没有能够及时地补充到现有的技术理论和制度体系中,这是一个亟待解决的问题。在我国,科技成果的转化速度相对较为缓慢,如社会上仍有技术人员越老越吃香的说法。这种说法,在充分肯定工程建设或生产实践领域实际经验的重要性的同时,也在另一方面反映出工程技术实践的理论研究的滞后性。许多基层技术人员在施工现场获得的宝贵经验,仅仅停留于原始的言传身教层面而未形成科学的理论体系,这是造成以上问题产生的主要原因,最终使得实践领域内某些问题的反复发生和反复解决,令大量人力、物力和财力资源被无谓地浪费掉。事实上,具体工程项目的实践经验的理论性转化,对于工程科学技术的持续创新有着极为重要的意义和价值。而工程项目实践经验理论化的重要手段,就是撰写高质量的工程科技论文。可以说,工程科技论文是工程技术理论化的基础,只有一线技术人员不断提升自身的理论素养,积极撰写工程科技论文,并且运用理论工具进行成果推广和信息交流,我国的工程技术才能从简单的“制造”过渡到复杂的“智造”,赶超并最终引领国际工程技术领域的发展趋势。

三、工程科学技术论文的选题

工程科学技术论文命题的选择主要有两种方式,一是面的方式,即对整个工程项目活动进行宏观性的总结,其着眼点是广度上的开阔和包容;二是点的方式,即对工程建设实践过程中某个细节问题进行深入探究,它的着眼点是深度上的开掘和钻探。一般而言，面的方式和点的方式都是可行的。但是，对于常规工程项目的研究多考虑以面的方式来命题，而对于新技术工程项目则建议考虑选取几个研究点撰写多篇论文。追求新颖性，是工程科技论文命题选择时通常需要注意的地方。当然，新颖性不应仅仅只是体现在命题的内容上，也应该体现在看待老问题的新思路上。

国际上通行的工程项目流程，一般包括立项阶段、设计阶段、采购阶段、施工阶段、试运行阶段等。其中除采购阶段外，工程项目的其余阶段均可以作为工程科技论文命题选择的主要着眼点。关于工程立项阶段，选择的命题可以是对整个项目实施的原因、背景、创新性等。一般通过对该项目实施的起因和创造力作分析，并与其他项目进行横向比较，层层深入地论证本项目的实际价值，并进一步推导出今后如何注意审批此类项目的可行性和必要性，等等，这对于指导未来的生产和工程建设具有较大意义；关于工程设计阶段，可以重点分析项目工艺和总图布置，因为它们决定了整个工程项目的先进性和投资性价比等要素，这部分内容可以作为一般工程科技论文写作的选题重点；关于工程施工阶段，可以选择的命题相对比较多，诸如设计上的新颖性及其效果，设计中的失误或考虑不完善之处及其解决方案，还有设计与施工之间的矛盾或者施工中研发的新工艺，等等；关于工程试运行阶段，这是各种前几个阶段矛盾集中爆发的环节，且相对较难管控，必定有大量的经验教训可以总结，因而也是工程科技论文命题选择的重点之一。

此外，在工程建设现场或实际生产时，还会发生各种意料之外的问题。从理论上讲，所有问题都可以成为工程科技论文的素材。而在具体进行工程科技论文写作时，必须根据不同的命题进行素材的过滤和筛选。在所有问题中，最有价值被改造成论文题材的，很多是一些生产和建设中的重大失误，但是必须明确：这些重大失误首先是由于工程技术的理论体系不完备所造成的，而非简单出于人为主观因素，即不是工程项目执行者意志的必然产物。这些重大失误往往会揭示现有工程技术的缺陷。广大一线技术员和工程师亲历现场,更容易发现和触及这些具体问题,这也是普通工程技术人员相比专业科研人员的优势所在。工程科技论文最重要的价值就是将实践过程中不断发现问题、解决问题的经验进行精详缜密的分析和总结,为国家科学技术的进步与发展夯实基础。

四、工程科学技术论文的撰写

对于广大工程技术人员而言,技术的研究既非主要工作,而且也不应该影响到正常的生产工作。因此,论文素材的收集必须依靠平时的点滴积累。素材的积累无须专门花时间去进行,只需在平时的工程实践中多留心、多注意、多询问、多记录,就会收集到大量的有价值的材料,而具有强烈的求知欲望和刻苦的钻研精神,正是工程科技人员成长的原动力。在这方面,上海大众汽车有限公司发动机厂维修科经理徐小平,就是一个成长的楷模。35 年前,他只是上海宝山一家冷冻设备厂的学徒,连普通的产品说明书都看不明白,而今天他不仅是大众公司的技术骨干,也是身披数十项荣誉的创新型机械电子工程专家,获得过“中国机械工业科学技术奖”一等奖,还取得了高级德语翻译证书,他的成长堪称当代蓝领“逆袭”的模本,也是当代中国科技青年和大学生的榜样。

其实,素材的积累是工程科技论文写作的最重要阶段,日常工作中对于某些问题有所感悟,最需要做的就是及时把它们记录下来,特别是问题刚刚发生或刚刚解决时,这时候亲历者的感受是最新鲜、最生动的,及时记录素材也是素材收集中的重中之重,好记性究竟不如烂笔头,做个有心人才会不断成长。对于一线工程技术人员来说,工作手册或现场服务日志等就是记录素材的最好工具。在工程项目的建设实践过程中,会不断产生许多丰富的素材,但是如何将海量信息加以整理归类,是日常技术总结工作中的重点。基层技术人员可以专门准备一本手册,记录在具体工程建设中发生的各种问题。在记录问题的同时,应当首先对各种素材分门别类，可以循着工程建设的不同阶段梳理相关材料，比如按照前述的工程项目立项、设计、采购、施工、试运行等各个阶段储存素材；也可以按照工程建设中产生问题的性质加以归纳整理，如施工原因造成的问题、设备质量造成的问题、设计方案造成的问题等。

对于素材的整理工作并不是专门进行的，而应该配合项目进行的具体过程加以实施，也即项目实施各阶段都需要做好素材收集、整理和分析工作。命题的选择和素材的收集其实都是在平时进行的，最后当正式开始论文的撰写时，也就是在素材积累到一定程度后按照事先设定的命题来叙述而已。因此，工程科技论文撰写所花费的时间不宜太多，但是写作也不能一拖再拖，而应当是胸有成竹、一气呵成，确保全篇行文的流畅和贯通。一线工程技术人员的业余时间是比较有限的，不可能像专职科研人员那样有充裕时间用于论文写作，因此撰写论文时必须是有感而发。如果发现一天的繁忙工作后绞尽脑汁亦无法写出几行字时，就应当适时停止写作，而积极等待创作时机的真正成熟。在正式开始动笔撰写时，作者应当保持清醒的头脑和平和的心情，须知写作论文的目的不是纯粹为着晋升和业绩，而是出于科学的理想与技术的热情；而只要技术人员真正具有了这种良好心态，在论文写作时就可以做到冷静、客观与严谨，这对于他们职业的发展、专业的精进、事业的成功绝对是大有裨益的。

工程科技论文最基本的写作原则是条理清楚、结构简明、深入浅出，因此不像人文社会科学论文那样需要较多的修饰言辞；在工程科技论文写作中适当运用一些图表、表格等容易说明问题的表达方式，可以使读者很方便地理解作者所提出的问题及其原理。而对于问题和原理的分析，则要通过工程实例来进行详尽阐释，以使其提出的理论具有较强的说服力。切记不要习惯性地把工程项目的可行性研究报告，或是初步设计文本当成论文本身，这是不少基层技术人员的一个认识误区。可行性研究报告或者初步设计文本,通常是指设计单位向项目业主方提交的项目实施内容和方法的文本,比较缺乏对具体问题的分析和论证等,一般也没有经过缜密阐述的总结性理论体系,当然它确实可以作为工程科技论文写作的参考,但是如果将其内容直接转为论文,就会在整体行文风格上类同于报流水账,不符合学术论文的基本特征和要求。工程技术人员在撰写论文时,还必须注意了解 GB J132—90《工程结构基本设计术语和通用符号》等国家标准以及 SL 01—97《水利水电技术标准编写规定》等格式规范。

《京杭运河淮安段不同植物护坡模式消风减噪及小气候效应》是一篇水利工程论文,对京杭运河淮安段五种植物护坡模式的消风减噪及小气候效应进行测定,其结果表明:植物护坡对风速、噪声、光照强度、气温、相对湿度等均有明显调节作用。与无植物对照地相比,有芦苇分布的近水区风速明显变小、噪声显著降低,随着苇群密度和宽度的增加,其削减效果加强。桃树与芦苇共生群落消风、遮光和增湿效应明显,并具有一定的经济收益,在京杭运河护坡设计中可进一步推广应用;水杉与芦苇共生群落具有一定的降温和增湿作用,但减噪和遮光效果不好,可设计在地势低洼的河岸带,以利于人们冬季休闲观光;梨树与芦苇共生群落有明显的消风和减噪作用,但由于人为干扰等原因影响了群落小气候效应的发挥;狗牙根草地与芦苇共生群落生态效应明显不足,在河岸带护坡设计中应尽量避免使用该模式。实证科学、分析缜密、阐述精详,理论性、实践性俱佳。《我国农业工程科技创新与农业产业化》一文,在深入分析我国农业产业化的特点与内涵,综述农业科技现阶段的应用状况的基础上,提出了加快农业工程技术创新,促进农业产业化进一步发展的对策与建议。而名为《以沼气工程为纽带的农业科技园系统反馈结构》的另一篇论文,则对以沼气工程为纽带的科技园生态农业系统的反馈结构进行解析,并给出系统的生态效益和经济效益增强反馈环路,阐明了沼气工程是解决农业生产的环境污染问题、提高系统内部资源利用率、实现农业可持续发展的有效途径。上述两篇论文皆为农业工程领域内的优秀论文，对推动当前国内农业科技产能的提升具有较大的应用价值与理论指导意义。

工程科学技术论文的标题应当言简意赅，切忌标题过长误导读者或是词不达意，以致影响读者对所论内容的正确理解，而摘要的写作更是非常重要，不可从相关引文中直接择录语句作为摘要，即摘要应该是独立于论文主体的一篇小短文，这在工程科技论文写作中尤其要引起重视。工程技术的发展，往往是立足于他人研究基础上并加以进一步的提高，因此会频繁地引用最新的国内外资料，但是引用前人的成果与文献，并非简单重复他人的观点或意见，而只是将其作为新技术研发的一个论据或基点。高质量的工程科技论文不能随心所欲、天马行空地凭空想象，它需要作者付出汗水、心血和智慧，"宝剑锋从磨砺出，梅花香自苦寒来"，只有勤奋努力，经过长时间的打磨和锻炼，才能写出具有技术价值、经济价值、社会价值、思想价值的优秀论文。

思考

1. 什么是工程科学技术论文？
2. 简述工程科技论文的意义。
3. 简述工程科技论文的特点。
4. 试论述工程科技论文选题的基本思路。
5. 试论述工程科技论文撰写的一般方法。

第三章　学术论文的构成

第一节　学术论文的基本项目

1968年，联合国教科文组织(UNESCO)颁布了《关于公开发表的科技论文和科技文献的撰写指导》，对一般国际学术论文的格式做出了具体规定。而根据中华人民共和国国家标准化管理局(SAC)公布的GB 7713—87《科学技术报告、学位论文和学术论文的编写格式》，学术论文由下列部分构成。前置部分：封面、封二，标题页，变异本，标题、序或前言，摘要，关键词，目次表，插图和附表清单，符号、标志、缩略词、首字母缩写、计量单位、名词、术语等的注释表；主体部分：格式、序号，绪论，本论，结论，致谢辞，参考文献表，附录；结尾部分：可供参考的文献索引，封三和封底(包括版权页)。以上是学术论文完整的构成项目，通常一篇规范的学术论文，主要由标题、署名、目录、摘要、关键词、中图分类号与文献标识码、正文、注释、致谢、参考文献、附录等部分组成。

一、标题

标题作为论文的眉目，必须准确揭示写作意图和内容主旨。标题分为主标题、副标题和分标题几种。主标题的作用有：揭示实质，如《关于公共媒体在社会危机中的信息传达》；启发思考，如《社会主义市场经济等同于资本主义市场经济吗?》；交代内容，如《战后西方贸易自由化之剖析》；以小见大，如《小康社会建设与科学发展观》；形象比拟，如《中国现代法制史上的飞跃》。副标题的作用是点明研究对象或目的，对主标题进行补充解说，或强调研究的角度，如《公司重构的企业制度比较：以美国、德国、日本公司为例》、《港台电影中的后殖民演绎：从“双城故事”到“台湾意识”》。分标题的作用是清晰显示文章的层次，必须紧扣所属层次的内容，以及上下文的关联。标题应明确、简练、具体、新颖，使人一目了然，避免笼统空泛、含糊其辞、大题小作、随意拔高、冗长繁琐等通病，以及非常见缩略词、首字母缩写、字符代码和公式等符号。中文标题字数应控制在20字以内，书写位置居中，字号大于正文文字。为方便国际交流，论文应有英文标题，如一篇名为《博洛尼亚进程中的意大利大学改革》的教育学论文的英文标题为："The Italian University Reform under the Bologna Process"。

二、署名

署名是在标题下方写上作者的姓名和单位，这不仅是作者对一篇学术论文拥有版权或著作权的声明，而且是文责（法律的、道义的、学术的）自负的精神体现，一般要求真实姓名。署名包括个人署名、集体署名和单位团体署名三种形式，它写在标题之下中间位置，与标题之间空一行，两字姓名中间空一格，如果作者为两人以上，则主要作者居前，各作者姓名之间用空格或"，"隔开。根据学术期刊电子检索格式，署名后应添列单位名称或通信地址及邮政编码。多作者如单位不同，须在姓名右上角用1,2,3……标明单位序码，然后按排序写出各单位，单位之间用"；"隔开。作者姓名的字体一般为小三号或四号，单位名称的字体一般为五号或小五号。单位名称的字体一般较正文字体小一号或半号。如：

例文

楼正国[1]　廖拥军[2]

1.鲁东大学 美术学院，山东 烟台 264025；

2.长沙理工大学 设计艺术学院，湖南 长沙 410076

为方便国际交流，论文应有英文署名，如"LOU Zhengguo,

LIAO Yongjun”。如属于某基金项目还须在所发表论文的第一页脚注处标明其全称及项目号。在基金项目下,还要列出作者简历,包括姓名、出生年、性别、籍贯、职称或学历以及主要研究领域等。

三、目录

目录是论文中主要部分的简表,一般2万字以内的论文或不以著作形式出现的论文不用附目录。如果学术论文篇幅比较长,或者它同时也是毕业论文与学位论文,就可以编制一个目录。目录为论文中各级标题的依次排列,并注上相应页码,以便读者选读论文和把握体系。现在,正式论文也应有英文目录。一般说来,篇幅较长的毕业论文,都设有分标题。设置分标题的论文,因其内容的层次较多,整个理论体系较庞大、复杂,故通常设目录。设置目录的目的主要是使读者能够在阅读论文之前对全文内容、结构有一个大致了解,以便决定读或不读、精读或略读等;同时为读者选读论文中的某个部分提供方便。目录一般放置在论文正文前面,可以说是论文的导读。要真正起到导读的作用,首先目录要准确,即目录与全文纲目相一致;其次目录要清楚,即目录应逐一标注正文中的页码;再次是目录要完整,即要求文章的各项内容,都应在目录中反映出来,不能遗漏。如一篇名为《行旅体验与文化想象:中国现代文学发生的游记视角》的博士学位论文,其目录如下:

例文

一、前言

(一)游记视角的提出

(二)游记视角的导入

二、晚清至“五四”前后:游记作用的发生时段

(一)游记作用的社会语境

(二)游记作用的观念背景

三、游记与社会观念的变革

(一)游记里的世界和民族

(二)游记作用的渠道

四、游记与现代文学创作主体的形成

(一)旅行者的精神世界与心理机制

(二)旅行体验与现代文学的作者

五、游记与现代文体的形成

(一)游记与现代散文

(二)游记与现代小说

六、结语

七、参考文献

(具体页码略)

四、摘要

摘要又称内容提要或提要,是文章主要内容不加注释和评论的摘录或总括。摘要是全文内容的缩影,它以经济的笔墨勾画整体的面貌,提出论点、揭示成果、叙述框架,使读者在审读全文前,就已对文章内容、探讨问题、主要成果、逻辑顺序有了大体了解。摘要不能列举论据,不能叙述过程,不能使用图表和结构式,也不能作自我评价。撰写摘要的常见问题,一是照搬论文正文中的小标题(目录)或论文结论部分的文字;二是内容概括不够精练以及文字篇幅过长。摘要的写作要求为:一是内容完整;二是重点突出;三是文字简练;四是陈述客观;五是语言生动。依据国际标准化组织(ISO)的建议,摘要应尽量少于 250 字或词,最多不超过 500 字或词,中文摘要一般是 200～300 字的短文。摘要主要有描述性摘要和指示性摘要两种方式,前者介绍研究的主要方法、成果以及成果分析等,对论文内容的描述较全面;后者只简明叙述研究成果,对研究手段、方法、过程均不涉及。最近又兴起一种新的结构式摘要,即将论文各部分内容按标题写明,以便于检索。摘要名目常常标示为"[摘要]"。为便于国际交流,学术论文应有英文摘要。学术论文如果同时为学位论文,允许500字以上的详细摘要,供同行专家评审之用,但最高不得超过3000字。

五、关键词

关键词是从论文的标题、摘要和正文中选取出来的,对表述论文的核心内容具有实质意义的词汇。关键词用于电子检索,它标引论文的内容特征,便于信息汇集,以供读者查询。人名、同义词、相似词、具有包含关系的词,一般不适合作为关键词。关键词应最能说明论文的主要内容,且出现频率最高,一般为3~8个,按文章中出现的次序排列,每词之间以“;”隔开,最后一词末不加标点。关键词名目常常标示为“[关键词]”,置于摘要左下方,不分行。关键词是经过规范化的词,在确定和标引关键词时,应参照中华人民共和国国家质量监督检验检疫总局、国家标准化管理委员会2009年9月30日发布,2010年2月1日起正式实施的GB/T 3860—2009《文献叙词标引规则》,对论文进行主题分析,依据标引和组配规则转换成主题词表中的规范词语。必要时可查阅《汉语主题词表》、《世界汉语主题词表》及其他工具书。专业论文如国际医学论文可参照美国国立医学图书馆编《医学索引》规定的《医学主题词表》(*Medical Subject Headings*)。关键词选择须精炼,与观点一致,用语要规范。比如《自由与责任:一种政治哲学的分析》一文,其关键词为:自由;责任;想要选项;主体性;现代政治,英文关键词(Key words)相应为:right; duty; wanted alternatives; subjectivity; modern politics。英文关键词须置于英文摘要之后。

六、中图分类号和文献标识码

中图分类号是为便于按分类途径进行文献检索,要求作者在论文的摘要和关键词的后面著录的文献分类号,其参照的现行规定是1999年修订的《中国图书馆分类法(第四版)》(简称《中图法》),相比旧版的《中国图书馆图书分类法》,该版本全面补充新主题、扩充类目体系,同时规范类目,完善参照系统、注释系统,调整类目体系，增修复分表，明显加强类目的扩容性和分类的准确性。《中图法》分 5 个大部类，22 个基本大类（一级类）。一级类目用大写汉语拼音字母表示；二级类目除工业技术外，一律用阿拉伯数字表示；三级、四级类目也均用数字表示。其他的分类法还有很多，如《中国图书资料分类法》、《美国国会图书馆分类法》（*the Library of Congress Classification*）等。文献标识码则参照国际文献联合会（FID）《国际十进分类法》（*Universal Decimal Classification*），UDC 管理委员会负责出版《UDC 的补充和修改》，目前为每年一期，每三年一辑，中华人民共和国国家标准（GB ）上也标有 UDC 的分类号。中图分类号和文献标识码共占一行，分别置于左右两端。如《杜鲁门政府对拉美经济援助政策评析》一文，其中图分类号为“D87.729.9”，文献标识码为“A”。

七、正文

正文将在本章第二节中具体讲述。学术论文中学位论文的正文文本可有多种，除正式文本外，还可备各种变异本以供内部讨论、会议交流、专家评审等不同需要，但必须注明变异本的类别，如节本、摘录本、详细摘要本、改写本等。正文写作中要注意统计术语、计量单位名称、数学公式与化学式、拉丁词缩略语、习惯用语、标点符号等的使用。中国台湾、中国香港、中国澳门以及海外大中华地区，一般是用繁体汉字写作中文学术论文。对于学术论文的文字规范，可参看中华人民共和国国家语言文字工作委员会 1986 年 10 月重新发布的《简化字总表》，以及 1988 年 3 月中华人民共和国国家语言文字工作委员会和新闻出版总署（现新闻出版广电总局）联合发布的《现代汉语通用字表》，1992 年 7 月联合发布的《出版物汉字使用管理规定》等。

八、注释

学术论文写作中涉及的有些问题需在正文之外加以解释，这就要用到注释，又称附注。注释是论文的有机组成部分而非论文以外的项目。注释按照功用不同,可分为两大类:一是补充内容的注释,即对一些不易理解的概念和事实,以及不便在正文中表述但又必须告知读者的内容,在注释中加以说明。注释既不影响行文的简洁流畅,又包含了丰富的学术信息。二是注明出处的注释,即在引用文献资料时注明出处,标出参考文献,以显示对他人研究成果的尊重,同时增强材料的可信度。注释的格式按来源不同而有所不同。

例文

专著:著者、书名、出版项、版本(第1版不标注)、译者、出版地(出版者、出版年)、卷次(册次、页次)。如:[美]傅高义.邓小平时代[M].香港:中文大学出版社,2012:653—658.

连续出版物:著者、篇名、出版物名称、卷号(期号)或具体日期。期刊,如:邱子桐.来自边缘的抵抗——作为跨学科领域的情绪地理初探[J].中国传媒报告,2010,(36):4.;报纸,如:王敏,刘斐."高分一号"如何改变生活[N].文汇报,2013-04-27(3).

标明连续页码时用"—"号连接,多作者之间用","号隔开,"[ ]"号内注明的是文献类别,[J]代表期刊,[M]代表专著,[C]代表会议录,[N]代表报纸,[G]代表论文汇编,[D]代表学位论文,[Q]代表插图表格,[O]代表古籍文献,[R]代表实验报告,[S]代表技术标准,[P]代表专利文献,[X]代表产品样本,[W]代表检索工具,[K]代表参考工具资源,[EB/OL]代表电子文件,[DB/OL]代表网络数据库,[CP/DK]代表磁盘软件,[M/CD]代表光盘图书。按照形式的不同,学术论文的注释又分为三种,一是夹注,二是脚注,三是尾注。注释码一般使用①、[1]或"*"的形式标明。注释是作者广博识见、精研态度与治学水平的体现,须按照规范认真对待。其他事宜还可参照国际标准 ISO 4—1984《文献工作——期刊刊名缩写的国际规则》及中华人民共和国国家质量监督检验检疫总局、国家标准化管理委员会 2005 年 3 月发布的国家标准 GB/T 7714—2005《文后参考文献著录规则》等。

九、致谢辞

致谢辞可以写在正文的最后，也可以单列出来独立成为一项论文内容，另有一种写法是在标题后加“*”号，作首页页下注。中华人民共和国国家标准化管理局公布的 UDC 001.81 暨 GB 7713—87《科学技术报告、学位论文和学术论文的编写格式》中明文规定，下列五种情况者应予致谢：国家科学基金、资助研究工作的奖学金基金、合同单位、资助或支持的企业、组织或个人；协助完成研究工作和提供便利条件的组织或个人；在研究工作中提出建议和提供帮助的人；给予转载和引用权的资料、图片、文献、研究思想和设想的所有者；其他应感谢的组织或个人。此外，学位论文的致谢辞也可以对作者的导师、同事、朋友、家人等给予作者写作过程中一定帮助(包括学术上的指导、感情上的关心、生活上的关怀、精神上的支持等)的人们的衷心感谢，致谢文字要简洁，用词要恰当。

例文

本课题研究承蒙意大利文化部 2012—2013 财政年度拨款资助，并感谢法国奥塞美术馆在提供藏品方面的鼎力支持。

十、参考文献

参考文献位于学术论文末尾，是指作者在研究和写作中参考或引证的主要文献资料，包括著作、年鉴、期刊论文、报纸文章、学位论文、会议论文、外文文献、电子文献等。任何学术论文，即使是未直接引用或提及，也都是在参考其他文献资料的基础上完成的，有的是间接引用,有的是在他人成果的影响下产生自己的观点。所以,凡是对学术研究和论文撰写起过作用的文献资料,均是本篇论文的参考文献。列出其目录,可以追加文本的信息量,提升文本的学术价值,读者也可以此为线索继续相关课题的研究。列出参考文献有三个好处:一是当作者本人发现引文有差错时,便于查找校正;二是可以使论文答辩委员会了解学生掌握资料的程度,作为审查毕业论文的参考依据;三是便于研究相关问题的读者寻找材料。当然,参考文献必须是主要的引用资料,即与本论文密切相关的,对自己写成论文起过重要参考作用的资料,不能轻重不分而开列过多。参考文献应以其参考价值、出版时间、作者姓氏、引用先后、中外文顺序等进行排列,并注明序号、论著标题、作者、出版物信息(出版地、出版者、出版卷期号)。参考文献因学科、专业的不同,甚至仅仅出于个人习惯,都可以有其独特的排列方法。比如文史哲研究按照经、史、子、集顺序进行文献排列,可以显示作者的学术涵养。如果是文献的一部分被用作参考,最好也标明具体章节或起讫页码。

例文

[1]杜云之.中国电影史[M].台北:台湾商务印书馆股份有限公司,2002:186—202.

十一、附录

附录是指附于文后的与论文正文有着密切联系的资料,如所参考的论著全文、正文某部分引用的各类图表、原始数据、数学公式、电脑程序、打印文件、索引等,或有利读者理解论文观点的复制品、珍贵资料等,以使正文更加集中紧凑、重点突出。而如果将其直接插入正文中,会造成读者阅读连贯性的削弱。

以上就是学术论文的基本项目,在具体写作时可以有所调整。通常,一篇学术论文中必须要有标题、署名(包括单位)、摘要、关键词、正文、注释、参考文献这些项目，这是考量作者科研能力和学术涵养的重要依据。在所有学术论文中，学位论文的基本项目最为完备，一般以上要件均须具备。

思考

1. 学术论文的基本项目有哪些？
2. 简述标题、署名、目录的写法。
3. 简述中英文摘要、关键词的写法。
4. 简述注释、参考文献的写法。
5. 简述致谢辞以及附录的写法。
6. 什么是中图分类号与文献标识码？

第二节　学术论文的正文结构

安排好正文结构，对于学术论文的成败非常重要。这恰如中国传统园林的布局，那漂亮的花木、精致的山石，假如布置巧妙，就会予人峰回路转、曲径通幽的美感，反之则索然无味。那么，究竟如何去把握学术论文的正文呢？一般来说，作者应严格遵循提出问题、分析问题、解决问题的思路铺展文章，并外化为绪论、本论和结论的基本结构。

一、绪论（Introduction）

绪论又称引言、序言、引论、导论、导语、开篇等，是学术论文的开头部分，主要包括研究的目的与背景，初步的理论依据和实验基础，预期结果及其在相关领域内的地位、作用和意义。绪论文字切忌冗长，内容不能过于琐碎，措词必须精炼，足以引起读者的阅读兴趣。绪论的具体篇幅并无统一规定，长的可达千字左右，短的可能仅约百字。李渔在《闲情偶记》中说，“开卷之初，当以奇句夺目，使之一见而惊，不敢弃去”。绪论作为论文正文的开头，须统领全文,开门见山地提出问题,重点表述四方面的内容:本课题的研究历史和现状,选题的背景与缘起,课题的价值与意义等;研究方法或论证方法,研究范围和需要解决的问题;作者的基本看法,构成论文主要观点的核心概念;对研究前景的展望。如果是批驳他人观点的论文,还有必要简单评介对方的主要观点及其依据。绪论应言简意赅,不能与摘要雷同或沦为摘要的注释,也不能只是常识的罗列。具体而言,摘要说明的是研究对象与研究成果;绪论则说明为何选择本课题,预期达到什么目的。绪论主要有内容概括式、意义说明式、标题阐述式、反论设置式等。《共产党宣言》的绪论,就属于反论设置式。

二、本论(Main Body)

本论是论文的主体与核心部分,即对问题展开分析和论证,全面、详尽、集中地表述研究成果。由于这部分篇幅较长、容量较大,结构关系一定要明晰,论文的创新性、科学性、理论性主要即由本论部分来体现。由于各学科研究所涉及的材料方法、论证表述差异很大,写法上没有一定格式。但一般说来,论述方法主要有两种:一是将学术研究过程作为一个整体,对有关各方面作综合阐述;另一种是将学术研究过程划分为若干阶段,然后对各阶段依次进行论述。本论的格式主要有四种:一是整体分段而浑然成篇;二是用小标题标示层次;三是用空行显示层次;四是用四级序码标示段落编排。本论的内在形式可分为并列式、层进式、混合式三种,其论证方法亦丰富多彩,主要有例证法、引证法、对比法、类比法、反证法、归谬法六种。数理自然科学论文大致分理论型、实践型和描述型三类,理论型侧重逻辑推理,首先提出假说所依据的事实或理论的前提条件,说明其基本要点、使用范围和依据资料,需要作具体的理论阐释,并说明研究方法;接着表述研究结果,提出理论的主要内容;最后进行探讨,说明思维方法与实验方式。此外,有时还要根据具体情况,对不同见解做出评价。其本论的结构形式有证明式、剖析式、验证式、时间式、空间式、现象—本质式等，一般遵循“理论分析—实际应用—作出判断”的模式。实践型侧重过程描述，首先介绍实验材料，详细说明其性质、质量、来源及选取时的处理；接着说明实验所用方法及仪器设备，标准或非标准的标件，实验中出现的正常与异常现象并加以分析；然后阐述实验结果，包括观测数据与现象，并以图片、表格的形式辅助解释；最后进行探讨，主要讨论实验结果和实验过程中出现的问题，揭示问题的规律与研究的价值，并指出继续研究的途径和前景。其本论部分包括背景与现状、材料与方法、分析与研究、讨论与结论。描述型最简单，其正文包括研究方法说明、新方法的检测、讨论总结等。本论部分内容详实，须理清层次段落，使之条理清晰、论证有力、表述流畅，篇幅较长时应尽量使用逐级序码，并附加小标题。

三、结论(Conclusion)

俗话说：头难起，尾难结。李渔《闲情偶记》云，“终篇之际，当以媚语摄魂，使之执卷留连，若难遽别……收场一出，即勾魂摄魄之具，使人看过数日，而犹觉声音在耳，情形在目者，全亏此出撒娇，作临去秋波那一转也”。结论是一篇论文的收束部分和精髓部分，是在本论部分立论和论证基础上的必然结果，是整个研究过程的结晶。结论提出论证结果，对问题和现象作综合与归纳，并指明研究的方向与前景；也可以对研究成果提出应用建议，并进行影响估测；还可以提出值得进一步探讨的相关问题。结论所表述的内容，是作者就研究对象提出的高度概括的总结性看法，因此须避免成为本论的简单重复，而应深化和升华。结论的基本要求是：全面客观、完整严谨、简洁明确、生动新颖。对没有把握的观点不要轻易肯定和否定，不要割裂材料相互影响的因素与条件，不要明知前后矛盾而极力穿凿附会，由此损害论文与课题的价值。结论的主要方式有五种，一是对内容作总括，二是与开头相呼应，三是对未来作展望，四是提建议或作进言，五是号召、启发或鼓动。《共产党宣言》就是典型的以鼓舞性语句作结尾的例子,最后一句"全世界无产者,联合起来!",表明了对新世纪的憧憬和对未来愿景的召唤,令人荡气回肠。

上海对外贸易学院胡怡君博士撰写的《〈落日之歌〉:原始黄金时代的挽歌》是一篇具有较高质量的文学学科的学术论文,其段落结构非常规范严谨。在绪论部分中,作者简要介绍了20世纪初苏格兰著名小说家吉本(Lewis Grassic Gibbon)的代表作《苏格兰人的书》,认为吉本颂扬的一直是苏格兰乡村生活象征的原始文明,但又不得不接受工业文化已然替代了农业文化的现实,因此其笔下的原始文明持续地在进行无奈的抗争。吉本的原始文明论源于他对古老文明和人类起源的莫名兴趣,以及他所信奉的文化传播理论。《苏格兰人的书》三部曲可以看作这一段历史的演绎,因此第一部《落日之歌》就是最具有原初黄金时代特征的"苏格兰"之写照,其文明冲突的张力最为生动。接着在本论部分中,作者以"土地和原始文明"、"土地与教育"、"土地与宗教"、"土地与工业化"、"土地和死亡"五个标题统摄相关内容,并形成一个有机联系、层叠累进的逻辑结构,自然而然地引出最终的结论部分:"正是战争,是工业化,是现代文明把人们拉离故土,走进本不属于他们的腥风血雨里去"。小说中,尤旺临死前一晚对土地牵肠挂肚:"讲起了那些本该由他去灌溉的庄园","又讲起了他的那些马儿",如作者所释:"这样的思乡情绪正贴合了小说结尾处的描写:克丽斯在那些皮克特人的石碑旁哭泣,而金拉第这片土地像模糊的尤旺身影一样,像落日的余晖一般渐渐消失",恰如其分地点出这部伟大作品的历史意义——一曲原始黄金时代的挽歌。

绪论、本论和结论紧密衔接,是学术论文常见的结构程序,其比例大致为:绪论占5%~10%;本论中论述装置、材料、方法、结果等的部分占40%~60%,论证部分占30%~45%;结论占5%左右。有些论文也可以没有绪论,开篇直接进入论证,或边论述边总结，略去结论，此为“三段论”的变体。学术论文所体现出来的专业理论素养、解决问题能力、思维活跃程度、文字表达技巧等，是对作者进行学术评估的主要依据。所以，学术论文正文的写作，必须将感性、理性，知识、智慧，学养、能力等各种因素完美融合，过于功利的想法是应当极力避免的。

思考

1. 简述学术论文正文的绪论部分。

2. 简述学术论文正文的本论部分。

3. 简述学术论文正文的结论部分。

4. 试结合自己所在的学科与专业兴趣，选定一个短期研究课题并拟出论文大纲，本论部分须具体到章、节。

第四章　学术论文的撰写

第一节　学术论文的选题和研究

爱因斯坦曾经说过，“提出一个问题往往比解决一个问题更重要。因为解决问题也许仅是一个数学上或实验上的技能而已。而提出新的问题、新的可能性，从新的角度去看旧的问题，却需要有创造性的想象力，而且标志着科学的真正进步”；英国文艺复兴时期的思想家培根(Francis Bacon)也说，“如果目标本身没有摆对，就不可能把路跑对”。选题是整个学术论文写作起始的标志，并为其确立了鲜明的目标，良好的选题是论文成功的基石。选对题、选好题，努力才会有的放矢，才会收到良好的效果。选题直接影响研究成果的价值，并关系着论文写作的成败，且常常作为衡量作者学术能力的重要标准。

一、学术课题的特性与类型

获取学术论文最佳选题的途径主要有：在自己兴趣浓厚，且有某方面专长的领域内选择课题；在目前相关学界不了解或了解不详的领域中选择课题；独辟蹊径地在力所能及的范围内选择富有新意的课题；在能够占有先进设备与便利条件的情况下选择课题；在可以充分征询导师和专家意见的情况下选择课题；在图书馆、博物院、实验室、数字资源丰富的环境下选择课题。选题确立的方法，一般来说可以通过查阅大量资料引发思考、触动灵感。比如利用图书馆、数字资源来查阅专业书籍和有关资料，了解本学科研究的历史和现状，以确定选题范围和重点。也可以通过调查实验来印证构想和启迪思维，并发挥想象力进行积极探索。学术研究课题主要有以下两大类型。

1.开创性课题

它是指对前人或同时代人尚未研究或研究还不多的具体问题进行的研究项目。开创性课题研究的问题由于长期被人忽视,或由于条件限制,因而没有进行过深入研究。一般来说,我们可以在前人已经取得的研究成果的基础上寻找盲区和空白点,独辟蹊径,争取有所超越。选择全新的课题容易脱颖而出,引起学界和业界的重视。当然,由于没有现成的资料和方法可以借鉴,着手之初难度较大,通常需要较高的研究水平和较好的意志品质才行。开创性课题多形成具有较大启发性和较高创新价值的论文。

2.发展性课题

它是指在已有研究成果的基础上,对学界曾经研究过的问题作拓展的研究项目。发展性课题研究的问题虽早已有之,但时过境迁,已有研究成果逐渐不合时宜,而如今的研究手段、研究观念、研究思路,则使旧有的对象具备了继续或重新研究的条件。不过,发展性研究不是重复性研究,此外更不能借助网络抄袭或拼贴他人的研究成果。发展性研究可以丰富和深化已有的成果,可以批驳和修正已有的成果,也可以赋予已有成果以新的时代意义。发展性课题多形成具有较强系统性和较高理论价值的论文。

不论是开创性还是发展性研究,其最终目的都是为了在新形势下能动地指导社会实践,或有效地服务生产生活,以充分发挥新成果的实际效用。论文选题的着眼点主要有四个:当代学术研究的基本问题、当代科技发展的重要问题、当代传统产业的关键问题、当代社会生活的具体问题。对青年学生来说,要根据自己的实际情况,慎重考虑材料占有的可能性,在规定时间内和现有条件下,做好学术论文的选题。如果暂时能力不足,就不要选太大、太深、太复杂的题目,以免因无法全面把握而受挫,简而言之就是以大小适中、难易适度、深浅适宜为标准。如果是毕业论文的选题,应征得导师同意,并上报学校主管部门审批。课题好的话,还有可能获选国家和地方各级基金项目。此外,选题必须要根据具体情况来考虑,究竟是重学术还是重实用。比如 2006 年 4 月,浙江科技学院与德国汉诺威应用科学大学的合作项目班学生设计了“对基于 JAVA 技术的应用软件实现自动化测试”与“用于比特误码率测量 VEE 程序”。但在毕业答辩时,德国方面给的都是优秀,而中国方面就有争议,反对者认为选题较浅,不能给高分,而这恰恰是中德两国在高等工程教育观念和模式上的差异所致。

二、学术论文选题的原则

研究课题的选择关系着学术论文的写作价值,选题者可以遵循近代著名思想家梁启超先生“善疑、求真、创获”的六字治学之道,依据课题有价值、条件须完善的双重原则来进行选题。也就是说,要充分考虑选题是否有意义,以及是否新颖、是否可行。

1. 课题有价值,是指学术论文的选题须与客观需要相契合,以保证表述其成果的学术论文有实际价值

实际价值又有两层含义,一是选择具有社会价值的课题,即要搞清社会亟待解决问题的信息;二是选择具有学术价值的课题,即要搞清本学科发展趋势的信息。选题不仅要符合国家政策的基本精神,直接反映社会各方面的现象和问题,并在一定程度上指导实践,而且要在了解历史与现状的前提下,占据学术“前沿”,推动本学科的完善与发展。有些问题的研究,比如人文科学和各类基础学科的一些理论研究,从某个角度来看似乎现实意义不大,但长远来说却关系到“文化外交”的软实力(Soft Power)战略和学术研究的系统建设的实现。选题的具体做法是:一要把握重大性课题,亟待解决的课题往往是热点课题,效益显著;二要把握质疑性课题,对通说定论的争鸣往往能柳暗花明,创立新说;三要把握空白性课题,现代科学的多元发展使得专业盲点层出不穷,潜能巨大;四要把握延展性课题,在掌握前人成果的基础上使之更丰富、更完善;

五要把握交叉性课题，因为跨专业研究的复杂性和生动性日益明显，宽口径、厚基础成为专业人才的新特点。

2. 条件须完善，即使选题与研究状况相适应，充分考虑主客观条件以保证研究工作顺利进行

首先，要选择与自身优势（技术、经验、特长等）相适的课题，这是科研取得成功的重要前提。因为，知能结构的优化直接关系到研究进度的效率；其次，要选择有兴趣完成的课题，这是科研取得成功的必要条件。心理学研究显示，兴趣与意志力密切相关，它会使人执著进取、坚持不懈，成为完成科研任务的巨大原动力；再次，要选择有条件（资料、设备、时间、经费和援助等）完成的课题，这是科研取得成功的外部条件。以文献为主体的资料是产生创见的基础；实验设备的完善是获得必需的参数和数据的主要手段；充足的时间是决定研究范围与程度的重要因素；足够的经费是研究工作得以顺利开展的基本条件；援助主要指导师、同事、其他专家或调查人员的帮助，这一点对青年学生和缺乏研究经验的人来说非常关键；而相对于交叉研究成为趋势的大数据（Big Data）时代而言，研究人员也往往需要得到非专业领域数据资料的支持。总之，有价值的课题很多，但能否圆满完成还要受主客观条件的制约。所以，研究者必须对课题有浓厚兴趣，且能充分发挥业务专长，并具备接触丰富资源的便利，选题大小难易适中，与当前的研究能力相契合，研究时间和条件均有保证。

从选题程序上说，范围一般应逐步缩小，如过窄则可适当拓展。要注意避免的是，盲目套用国外新理论或其他学科新方法，而不管实用与否的不良态度。对于各种学位论文，导师应鼓励学生自主选择课题，并进行卓有成效的引导。在世界学术史上，名师出高徒的例子比比皆是，如物理学家巴罗与其学生牛顿、化学家戴维与其后学法拉第、数学家苏步青与其弟子谷超豪、历史学家顾颉刚与其高足杨向奎等。就学位论文而言，可以从《选题指南》中挑选

课题,可以在一个项目中承担指定的课题任务,也可以自己独立定题。本科毕业论文暨学士学位论文最好能与大学三年级的学年论文一起考虑,以保证研究的连续性,硕士生、博士生的课题最好在入学一年后确定,这对学位论文创作非常有利。无论怎样,选题都不可等到最后一个学期才开始,以免草率行事,影响论文的价值和答辩的效果。

三、学术论文的研究资料

即使是理想的选题,也可能由于研究失当,而无法产出高质量论文,甚至半途而废。一切学术见解都是主体思维与外界信息相互作用的结果,除了如前所述的积极的学术思维的介入,还必须以详尽的佐证材料为凭借,这样才能为正式写作学术论文打下一个良好的基础。现代语言学奠基人王力先生说过,“你别看写出来的文章只有一万字,几千字,收集的材料却是几十万字。这叫做充分占有材料,材料越多越好。材料不够就写不出好文章”。资料是选题的前提,是研究的基础,是观点展开的支柱。“夫立言之要在于有物”,学术研究不能信口开河或妄下断语,必须依靠材料来支撑观点。庄子云:“水之积也不厚,则其负大舟也无力;风之积也不厚,则其负大翼也无力”,即所谓“不积小流,无以成江海”。动笔之前资料是观点形成的基础,下笔之后资料是支撑观点的柱石。研究资料的使用包括研究资料的获取、研究资料的记录与研究资料的分析。

1. 研究资料的获取

资料主要有核心资料、辅助资料、背景资料。按照内容来分,资料可分为事实资料、数据资料、图表资料和理论资料等;按照载体来分,资料可分为印刷资料、影音资料、缩微资料和电脑资料等。资料搜集大致可分为三个步骤,一是定向,即确定资料搜集的方向;二是择法,即选择资料搜集的方法;三是整理,即使零散的资料系统化。资料搜集的一般标准是:丰富、翔实、新颖、典型,获取学术论文写作资料的基本途径主要有观察、实验、调查和文献检索四种。前三种途径取得的是直接资料，也称原始资料，后一种途径取得的是间接资料，或称第二手资料。

观察是采用一定的方法，对特定的自然或社会条件下的研究对象进行有目的、有计划、有步骤的系统能动的考察，以认识某一现象和问题的演变过程的活动；实验是利用专门仪器和设备，并人为地创造条件来控制研究对象，分析其变化状态，最终找出规律，以获取精确资料的活动；调查是亲自进入实际生活，围绕既定目标，根据拟订的步骤，有计划、有组织地对某一客观对象进行深入的了解和细致的把握，以获取某一方面资料的活动；文献检索是利用图书情报机构（图书馆、博物院、艺术馆、资料室、私人藏书等），快速获取所需语言文献（图书、杂志、报纸、文件、备忘录、日志、笔记、信件、自传、档案等）、数据文献（统计年鉴、资料汇编等）、图像文献（绘画、雕塑、照片、幻灯、动画、纪录片、网络视频等）、声音文献（唱片、录音带、电子声像、网络音频等）内容的活动，也是在校大学生获得学术论文写作资料的基本途径。为了提高文献检索效率，须熟悉图书资料分类法，善于使用目录、索引、文摘、工具书等检索工具，并选用合理的检索方法，如追溯法、直查法、循环法等。国际上公认的八大检索系统是：SCI（美国《科学引文索引》）、EI（美国《工程索引》）、ISTP（美国《科学技术会议录索引》）、CA（美国《化学文摘》）、AJ（俄罗斯《文摘杂志》）、CBST（日本《科学技术文献速报》）、SA（英国《科学文摘》）、SSCI（美国《社会科学引文索引》）。被这些检索系统收录的期刊及其刊载的论文都是经过严格程序筛选，具有很大的影响力。SCI、EI、ISTP 则是一般所称的三大检索系统，其中又以 SCI 最能反映基础学科研究水平和论文质量，它所收录的科技期刊比较全面，集中了各学科优秀论文精粹，为国际科学界研究人员关注之中心。2012 年，SCI、EI、SSCI 等收录的中国作者的论文数量，已与美国不相上下，但在质量上仍需不断提升创新性等各项指标的竞争力。值得一提的是，在年度国际论文被引篇数、次数，以及高质量论文发表篇数的国内高等院校排名中，浙江大学均名列前茅。

2.研究资料的记录

清代学者章学诚在《文史通义》里说，“札记之功，必不可少；如不札记，则无穷妙绪，皆如雨珠落大海矣”。在浏览、研读和鉴别资料的同时，可以有目的地进行记录以最大限度地占有相关资料。记录可以帮助记忆、训练思维、积累经验，马克思青年时代所作的《波恩笔记》、《克罗茨纳赫笔记》、《巴黎笔记》、《布鲁塞尔笔记》，为后来的《黑格尔法哲学批判》、《1844 年经济学、哲学手稿》、《神圣家族》、《德意志意识形态》、《哲学的贫困》等奠定了坚实基础。记录学术研究资料的方式很多，其中以笔记式最具灵活性和实用性。笔记的常用种类有摘录笔记、提要笔记、提纲笔记、心得笔记、索引笔记等。

摘录笔记摘记文献重点语句段落；提要笔记简单概括文献主要内容；提纲笔记概括文献总观点及其结构框架；心得笔记记录文献阅读中的感想与评论等；索引笔记记录书籍名称或论文篇名、作者、出处、摘要等内容，以备详查。笔记的形式可以是在文献上作标注、写眉批；可以是分门别类成册的笔记本；可以是文摘卡、活页夹；可以是零星资料剪贴本。抄录资料一定要完整，出处要明白，并留出批注行。除笔记式以外，复印式、摄录式和下载式也比较普遍。复印式是用复印机把必备资料复印下来；摄录式是用录音机、录像机、照相机、摄影机等设备制作各种影音资料；下载式则是利用联网的计算机从有关的网站上，下载文献资料至自己的硬盘或移动存储设备上，可以是提要下载，也可以是全文下载。国内公共学术资源主要有：超星数字图书馆、方正阿帕比数字图书馆、万方数据资源、中国知网(CNKI)数据库、人大复印报刊资料全文数据库、国学研究网数据库、维普资讯文摘、台湾学术论文数据库、中国科技论文在线、中国高校社会科学文献中心(CASHL)数据库、中国科学引文(CSCD)数据库、中国光学期刊网数据库、龙源电子期刊阅览室、书生数字图书馆、科技报告数据库等。截至2012年年底,各类数据库可以直接检索到2万种以上的期刊的全文。

3.研究资料的分析

随着云计算时代新媒体技术的不断推陈出新,海量的资讯在为专业教学与科研提供许多便利的同时,也带来了检索和整理的巨大难度。以法律专业为例,其重要的国内电子资源仅“北大法宝”中国法律信息库的四大检索系统,其总量就已接近200万篇,而国外及国际组织的网络法律资源更是卷帙浩繁。因此,我们积累相当的资料后,还要对其进行序列化、系统化的核实与分类,并集中时间对其进行专门研究和处理。要最终形成学术论文,必须在充分占有、理解和掌握资料的基础上对其进行分析,以区别真伪正误、轻重主次、典型特殊、表象实质、本质派生等内容,进而升华至理论层面。对有重大价值的资料应精心研读,既与历史状况比较,又与新出现的理论贯通,为观点的确立与规律的揭示夯实基础。具体的资料分析方法有归纳演绎法、历史逻辑法、比较类比法、系统法和非线性法等。获取了大量的资料而不注重后续的分析,不将其上升到综合的高度,而急于动笔写作论文,其结果只能是事倍功半。

思考

1.如何才能获取最适合自己的学术课题?

2.比较分析开创性课题与发展性课题。

3.简述学术论文选题的双重原则。

4.简述获取研究资料的基本途径。

5.如何记录、分析学术论文的研究资料?

第二节 学术论文的准备与动笔

在确定了课题方向且积累了一定的研究资料,并在此基础上作了基本的分析,自身的经验已达到了比较成熟的阶段,再加上环境条件的具备,那么就可以进入构思环节。构思又称运思,是伴随语言而进行的复杂的心理活动,它由感知、记忆、思维、意志、情感等活动组成,有目的地对各种来源的信息进行识别、评判、选择、改造,直至新信息的建构完成。构思结束之后,在正式写作之前,还有一个拟订提纲的环节,这同样是非常重要的。构思和拟纲等各方面的准备工作就绪后,便可以开始正式写作了。正式写作过程,又由起草与改定组成,如果同时为毕业论文或学位论文的话,还必须经过答辩。

一、学术论文的前期准备

严格地说,宽泛的构思其实从选题时就已经开始了,构思的结果就是在心中确立了较为清晰的观点和思路。在课题的基本研究完成之后以及拟订提纲之前,可以逐渐把成熟的写作构思外化为简明的语言形式。构思完成之后,就可开始拟订提纲了。写作提纲是作者使构思中形成的大体思路条理化、系统化、定型化、书面化的凭借,它是论文逻辑关系视觉化的最佳方式。提纲通常是由数码与文字组成的一种图表,我们常常把它比喻成“蓝图”(Blueprint)。古人云:“挈领而顿,百毛皆顺”,提纲可以理顺思路,令文脉贯通,可读性强,以有效阐明论点而避免失误。学术论文的篇幅往往较一般文章长,光靠打腹稿是难以解决问题的,所以拟纲对写作者来说是不可或缺的环节。

1. 学术论文的构思

完整的构思过程,包括材料的择取、观点的确立和结构的安排。在前期的课题研究中获得的大量资料,是产生论文观点的基础。王力先生在《怎样写学术论文》中说:"所谓准备,主要就是充分占有材料。"不过,从论文的实际效果来看,材料应该遵循"厚积而薄发","博观而约取"的原则,经过鉴别、加工和筛选,选取最有用的材料来表达观点,形成文章。在构思中形成的观点,是学术论文核心论点的基础。在分析材料的过程中,观点也在逐渐清晰,材料应围绕着基本思路来组织。观点的表述须简洁、明确、有力,经过思考逐渐成形的观点,应当结合材料表述为学术论文的核心论点。结构指论文内部的组织构造,它是内容与材料赖以依附的"骨架"。学术论文的正文结构一般分为绪论、本论和结论三大部分,安排结构时应注意紧扣论点、完整统一、合乎逻辑。论文结构的方法主要有纵贯式、并列式、递进式、树状式、综合式等,不过"大体则有,定体则无",具体的结构模式还须因文而异。毕业论文、学位论文的构思与下面要说的拟纲,也往往与培养单位所要求的《开题报告》相结合来进行考虑。

2.学术论文的拟纲

学术论文写作提纲由论文标题、论点句和论文纲要等项目组成。论文标题有揭示课题型和揭示论点型两种,前者只反映所要论证的问题而不涉及看法,标题前部常冠有"论"、"试论"、"试析"、"略论"、"浅谈"等,或在标题后部添加"探析"、"初探"、"新探"、"分析"、"研究"等;后者直接反映作者对问题的看法,或对内容要点进行总括。论点句也叫主题句,就是概括基本观点的语句。论文纲要包括大项目(上位论点,即大段段旨)、中项目(下位论点,即段旨)、小项目(段中的一个材料)。须以分条列项的形式反映学术论文正文的具体构成,逐级序号为"一、"、"(一)"、"1."、"(1)"等。当然,也可参照国际通行的点系统,如第一章第二节第三部分第四条,就可表述为1.2.3.4,引言编号为0。论文纲要的具体编写方法有三种:一是主题法,即用简化的断句或短语概括地提示论文的要点,显示论文的逻辑关系;二是句子法,即用完整的句子表述主要论点和展开的部分;三是段落法,即用完整的段落表明论文各部分的框架。写作提纲一般采用序号加小标题的形式,它是论文的结构图和逻辑框架,起草论文时就参照提纲渐次成文。

二、学术论文的正式写作

学术研究成果最终要以书面文字表述出来,因此行文不能只是对研究过程和结果的机械反映,而应经过作者的再创造,不断深化观点、升华认识,把最初的构想转变为有意义的成果,并且能够惠及社会进步与文明发展。学术论文的正式写作包括起草与改定两个环节。

1.学术论文的起草

起草又称打底稿,即根据构思和拟纲的结果,利用梳理好的材料进行分析观点、组织段落、展开论证和运用语言四个步骤。起草的方法主要有三种:一是文随提纲,一气呵成;二是按部就班,边写边改;三是局部打底,一次定稿。当然,按照提纲行文,也不必囿于先见,完全可以有所突破。起草论文时,首先必须在写作过程中对已形成的初步观点作缜密分析,并以此统摄论文的写作直至完成。可以对观点的渊源作动态分析,即由果溯因地强化观点;也可以与相关材料参照比较,不断深化观点直至形成创见;还可以运用辩证逻辑,用对立统一的思维判断事物的本质,最终揭示真理。段落是文章最基本的构成单位,如果各段落都非常出色而且关系处理得当,学术论文的基本质量就能得以保证。其次,构段长度要恰当而适中,并注意符合一般标准。第三,论证时要注意论据与论点的统一,不能牵强附会,要逻辑严密,清晰有序。学术论文在展开论证的过程中经常会用到引文,引文主要有直引和意引两种,前者直接引用文献原文,需加引号并注明出处;后者以改写的形式引用文献的基本意思。引文分为段中引文和提行引文,段中引文就是引文写在段中,并以引号进行标示;提行引文是指将特殊或重要的引文独立成段,并在字号和字体上区别于正文。第四,行文即表述必须符合学术论文的语言特征：真实准确、明白晓畅、严整规范、新颖独特。20 世纪西方现代主义文学的杰出领袖艾略特（Thomas Stearns Eliot）在《批评的功能》中说过，学术话语必须具有高度的事实感和透明感，这正是论文语言讲求规范而又不排斥个性的生动特质。

2. 学术论文的改定

学术论文的修改与定稿合称改定。古人云："善作不如善改"，刘勰更在《文心雕龙·熔裁》中说，"权衡损益，斟酌浓淡。芟繁剪秽，驰于负担"。学术论文经过起草完成底稿后，要以"文章不惮百回改"的治学精神反复修改，三易其稿而不厌其烦，所谓"如切如磋，如琢如磨"，"文字频改，功夫自出"。修改的意义是多方面的：首先，修改是提高论文质量的重要步骤；其次，修改是对读者负责的重要表现；再次，修改是提高作者写作能力的重要途径。简而言之，学术论文的修改范围包括：核对提纲、斟酌题目、锤炼主旨、修正范围、调整结构、充实论据、变换角度、严密逻辑、增删材料、推敲语言和规范文面。学术论文的修改方法主要有：立足全局，以纲统目；虚心求教，择善而从；冷却处理，从容对待；反复诵读，斟酌酝酿。如果是在校大学生和研究生，完全可以向导师或其他专家请求协助修改，虚心听取不同意见。如果觉得论文已达到了比较令人满意的程度，就可以考虑定稿，并经校对后誊清或形成电子稿，以规范整洁的形式呈现在读者面前。在修改和校对中，我们一般依据的是中华人民共和国新闻出版总署（现新闻出版广电总局）1994 年 2 月 26 日批准，1994 年 10 月 1 日起实施的《校对符号及其用法》（GB/T 14706—93），以及 1993 年 11 月 16 日批准，1994 年 7 月1 日起实施的《图像复制用校对符号》（GB/T 14707—93）等。

思考

1. 简述学术论文的构思。
2. 简述学术论文的拟纲。
3. 简述学术论文的起草。
4. 简述学术论文的改定。

第五章　学位论文的写作

第一节　学位论文的概念与分类

学位论文是学术论文的一种特殊形式，是指在导师指导下完成的学术研究与科学实验成果的书面报告，主要用来考查高等院校学生的基本学术能力，以判定其是否具有申请相应学位的资格。目前，国内学位论文的数据资源主要有万方数据股份有限公司《中国学位论文全文数据库》、中国知网(CNKI)《中国博士学位论文全文数据库》、《中国优秀硕士学位论文全文数据库》等；而ProQuest学位论文全文库(PQDT)是目前国内唯一提供国外高质量学位论文全文的数据库，主要收录了来自欧美国家2000余所知名大学的优秀博硕士学位论文。

一、学位论文的定义与分型

由于学位论文本身的内容和性质不同，研究领域、对象、方法、表现方式不同，因此学位论文就有不同的分类方法。按内容性质和研究方法的不同，可以把学位论文分为理论性论文、实验性论文、描述性论文和设计性论文。第一种论文是各类专业都可以采用的普适性论文，而后三种论文主要是针对理科、工科的选择性论文。理论性论文具体又可分成两种：一种是以纯粹的抽象理论为研究对象，研究方法是严密的理论推导和数学运算，有的也涉及实验与观测，用以验证论点的正确性；另一种是以对客观事物和现象的调查、考察所得观测资料以及有关文献资料数据为研究对象，研究方法是对有关资料进行分析、综合、概括、抽象，通过归纳、演绎、类比，提出某种新的理论和新的见解。

学位论文的选题，一般应紧密结合本学科、本专业的科研工作、生产实践以及学生的就业方向、兴趣特长等。按照研究问题的大小不同，可以把学位论文分为宏观性论文和微观性论文。前者研究的面比较宽泛，具有较大范围的影响；后者对具体工作有指导意义，影响的面相对较窄。参照学术论文的一般分类标准，我们把学位论文分为专题型、论辩型、综述型和实证型四大类型：

1. 专题型论文

它是指在分析前人研究成果的基础上，以直接论述的形式发表自己的独特见解，从正面提出某一学科中的某个具体学术问题的论文。如《试论中国传统雕版书籍的印数及相关问题》一文，从正面论述了传统印刷出版业的生产经营活动，特别是雕版印刷的技术特性、市场结构、生产周期、经营模式、流通状况这些影响古籍印数的重要因素，最终得出了我国古籍的单次实际印数一般都十分有限的可信结论。

2. 论辩型论文

它是指针对其他学者对本学科中某个具体学术问题的见解，凭借自己搜集到的充分证据，着重辨析其不足或失当之处，并通过逻辑严谨的论辩形式来发表见解的论文。如《家庭联产承包责任制改变了农村集体所有制性质吗?》一文，就是针对“家庭联产承包责任制改变了农村集体所有制性质”的社会既有观点，进行了有理有据的反驳和阐释，以论辩的形式表达了“家庭联产承包责任制并没有改变农村集体所有制”的观点。

3. 综述型论文

它是指在归纳和总结前代或当今学者对某一学科中的某个学术问题已有研究成果的基础上，加以介绍、评论和阐述，并去粗取精、博采众长、融会贯通，包含一定的原创性见解的论文。如《国内大学创新能力研究综述》一文，就是对大学创新能力的基本内涵、构成要素、影响因素、评估模式、提升途径等方面的相关论著进行了翔实的剖析，认为国内目前研究成果往往只是经验性的总结，比较缺乏新意，仍处于探索阶段。

4.实证型论文

它是指使用恰当的变量设计以替代所要研究的关系的各个方面，并建立模型来对具体问题进行实证检验的论文。如《我国地区收入差距、流动人口与刑事犯罪率的实证研究》一文，对收入差距、移民流动与刑事犯罪三者之间的关系，以基准模型和稳健性检验计量结果作分析，得出结论：地区收入差距比城乡收入差距对刑事犯罪具有更大的影响力，它既可通过收入效应降低犯罪率，也可通过其所引发的人口跨省流动而增加犯罪率。

二、学位论文的基本规格

大学本科生在校期间一般要写作两次学术论文，第一次是大学三年级时写的学年论文，另一次是大学临近毕业时写的毕业论文，如果通过后同时获得学士学位，则等同于学士学位论文。此外，大学毕业后继续攻读硕士学位的研究生要写硕士学位论文，攻读博士学位的研究生要写博士学位论文。因此，学位论文就是指高等院校毕业生用以申请授予相应学位而提交培养单位进行考核和评审的论文。此外，同等学力人员如果要申请各种学位，也必须撰写相应的学位论文。大学学年论文、大学毕业论文、硕士学位论文、博士学位论文是一种由浅入深的关系，它在学术水平上有一种层级区别，因而也具有不同的规格或标准。

1.大学学年论文

学年论文是学位论文的准备与预演，指高等院校的大学生在研读了三年的基础课程，具备了一定的基本知识和技能之后，初次尝试运用已有知识与技能去分析和解决某个具体学术问题而撰写的学术小论文。学年论文的题目不宜太大，篇幅不宜太长，涉及的领域不宜太宽，论述的问题也不宜太深。初习论文写作，主要是为着取得撰写学术论文的一般经验，并初步掌握撰写学术论文的常用方法,为今后撰写毕业论文和学位论文奠定坚实基础。在大学就读的前两年,基本上是通过听课、阅读、做笔记来接受前人已有的知识体系;而撰写论文,则需要在汇总前人知识体系的基础上,最终能够运用前人的知识去解决现实中的具体问题。由于撰写学年论文是在校大学生初次开始尝试学术创作的一个新项目,因此通常情况下应当是在学校各院系专门配备的导师指导下进行的,导师本人必须在本专业相关领域内具有渊博的理论知识与熟练的科研能力。

2. 大学毕业论文

毕业论文通常是指在校大学生在最后一个学期,运用所学的基础课和专业课知识,独立地探讨或解决本学科某个特定问题的学术论文,它是在撰写学年论文取得初步经验后写作的,能够真实反映大学生学术水平和能力的学术论文,其选题比学年论文要大一些,篇幅要长一些,领域要宽一些,问题要深一些。通过毕业论文的写作,可以大致反映作者能否运用大学时代所习得的基础知识和技能,来分析和解决本学科内某个基本问题的学术水平和能力。一般可以选择本学科某一重要问题的某一侧面或某一难点,选题应避免过于狭窄、陈旧和冗长,且需要有一定的原创性观点,能比较好地分析和解决专业相关领域中不太复杂的具体问题。大专毕业论文篇幅一般在 5000 字左右,本科毕业论文篇幅一般在 1 万字左右,如果是同时申请学士学位的,就等同于学士学位论文,其字数篇幅一般在 1.5 万字左右。大学本科毕业论文的完成时间为半年,通常安排在第八学期,也可根据具体专业的实际情况提前到第七学期。如果是五年制本科,则相应推迟到第九和第十学期。

3. 硕士学位论文

硕士学位论文是攻读硕士学位(包括学术型学位和专业型学位)研究生所撰写的用来向学位委员会申请授予硕士学位的学术

论文，必须能够充分反映出作者经过硕士研究生阶段的学习，已经广泛而深入地掌握了本专业的基础知识和技能，并具有独立进行相应科学研究的能力，且对所研究的主题有自己原创的独立见解或新观点。也就是说，硕士学位论文必须具有一定的深度和良好的科学价值，对本专业及相关领域学术水平的提升具有积极作用或实际价值。高等院校和科研机构的研究生，或具有研究生毕业同等学力的人员，只有在本学科及相关领域内掌握比较扎实的基础理论和比较系统的专门知识与技能，具有独立从事专门的科研工作和技术实践的能力，方能通过论文答辩，取得硕士学位。因此，硕士学位论文极为强调作者本人在特定学术问题上，必须在论文中清晰表述自己具有原创性的某些新见解，以及得出新见解的主要依据与论证过程，其篇幅要比大学毕业论文和学士学位论文长得多，一般在5万字左右，且在撰写前阅读较多的该学科领域内的重要文献。

4.博士学位论文

博士学位论文是攻读博士学位研究生所撰写的用来向学位委员会申请授予博士学位的学术论文，要求作者在导师的指导下，能够自己选择本学科领域有潜力的研究方向，并通过独立的工作探索较新的研究方向，掌握相对广博的本学科及相关领域的理论知识，具有相当熟练的科学研究能力，对本学科能够持续提供具有原创性的新见解。其论文的内容必须在本学科领域中体现一定的深度和广度，即在本学科及相关领域内具有较高的学术价值，能够对学科的发展起到重要的推动作用。总之，与硕士学位论文相比，博士学位论文必须包含独创性的成果，具有较高的学术水平、社会意义、经济价值，能够对其他学者进行同类性质问题的研究与探讨起到明显的启发作用和引导作用，或在本学科及相关领域中充当桥头堡和开拓者的角色。博士学位论文本身于实践和理论两方面都能在一定程度上超越前人，其篇幅要比硕士学位论文长得多，一般在10万字左右,甚至更长,且在撰写前阅读大量的该学科前沿及相关领域的国内外重要文献。

通过上述几种相近的论文形式的比较,可以明确各种毕业论文尤其是学位论文的规格或标准,这对写好相应的学位论文有着具体的指导作用。在上述论文形式中,学年论文是大学生基本学术能力培养的入门路径,而各种相应的学位论文则是对整个大学或研究生期间学术能力进行考查的主要方式。写作一篇本科毕业论文暨学士学位论文,不可能把大学阶段所学的基础知识全部都用上,必须在选题框定的范围内将相关联的专业知识运用得非常准确和恰当。在论文写作过程中,要多动脑、勤思考,紧紧围绕论题来运用专业知识,使论文的表述能够持之有故、言之成理,体现出综合运用所学知识分析和解决具体问题的能力。

本科生写作毕业论文暨学士学位论文,固然不能完全做到发前人所未发之真理,但亦要力求在前人已有成果的基础上,尽可能地提出一点新见解,提供一些新思路,而绝不能人云亦云,仅仅重复前人已经讲过的道理,更切忌东抄西拼、改头换面,把别人的成果拿来冒充为自己的东西。说白了,这种做法就是蓄意抄袭,意味着完全没有自信,是一种可耻的欺骗行为,最终会受到严厉处罚,甚至丧失获取学位的资格。为了避免这种情况的出现,凡是引用他人的资料或观点,必须以脚注或尾注的方式注明出处,并列入参考文献中,严格遵循著作权法的规定。

思考

1. 学位论文可以分为哪四大类型?
2. 大学生撰写学年论文有何益处?
3. 大学毕业论文就是学士学位论文吗?
4. 学位论文一般可以分为哪几种?
5. 结合自己的学科与专业,论述你对学位论文的认识。

第二节 学位论文的基本写法

关于高等教育体系中的学位制度，一般认为起源于中世纪的欧洲。1180年，法国巴黎大学颁授了世界上首批神学博士学位；而学位论文的答辩制度则由德语国家创建，其后欧洲各国竞相效仿。凡通过答辩的各类学位论文，一般都是具有独创性的研究成果，足以显示论文作者的科学研究能力。21世纪第一个十年，世界上每年产生的硕士和博士学位论文约100万篇以上，其中仅我国每年产生的博士学位论文就达5万篇，美国近5万篇，德国约4万篇。学位论文除少数在答辩通过后经修改发表或出版外，多数并不公开发行，只有几份复本被保存在学位授予单位的图书馆、档案馆与其他公共图书馆中以供阅览和复制服务。为充分发挥学位论文的参考作用，一些高校图书馆特地将其制成缩微胶卷或电子文本，编成目录、索引，并形成专门的学位论文数据库。也有少数国家专门对学位论文进行集中管理，如英国的学位论文原则上全部存储于大英图书馆(The British Library)，只提供查阅者原文的缩微胶片或数字文献付费下载；日本的学位论文也由该国国会图书馆统一管理，可按主题和著者姓名进行检索。本科毕业论文除了一般通行的要求外，工程技术类专业需要独立完成一定数量的工程图纸，并提供详细的设计说明；软件开发类专业则需要给出研发软件的模型、程序、数据结构以及软硬件接口参数，并提及模块算法和测试结果。

一、学位论文其他要件的写作

毕业论文或学位论文的全部资料有很多项，比如任务书、指导工作记录表、文献综述、开题报告、外文文献翻译、毕业论文考核表、答辩记录表等，其中对于学生来说，最重要的莫过于文献综述和外文文献翻译。在指导教师下达毕业论文的任务书之后，学生应根据任务书的要求,全力搜集和查考拟选择的专业研究方向的相关文献和资料,不断调整自己对毕业论文主题的认识。在明确了最终的论题后,就可以开始文献综述的写作了。

1. 文献综述的写作

文献综述是直接针对自己的毕业论文选题,在对本专业领域内某个研究专题收集了一定量的文献资料的基础上,就国内外在该专题上取得的主要研究成果、最新动态、前沿问题等进行综合分析而写成的、能够比较全面地反映相关领域的历史背景、前人工作、争论焦点、研究现状和发展前景等内容的综述性文章。因为它是整个研究工作的开始,所以必须注意引用文献的典型性、可靠性和科学性。所列文献中应当包括最新的中文和外文文献,字数一般来说不少于 2000 字。文献综述的写作过程主要分六个步骤:选择主题、检索文献、展开论证、分析资料、总结观点、撰写综述。毕业论文的文献综述是参加开题报告答辩的基础,因此必须详细阐明自己所选的论题在本专业领域内的发展现状,并对该论题的国内外相关研究及学术文献进行分门别类的精要叙述,提出具有一定原创性的初步观点和预期研究目的,以及达到该目的的预设方法与路径。文献综述必须在开题答辩之前完成,因此也可以说是开题报告形成的基础,在正式开题之后要完成的是外文文献翻译的写作。

2. 外文文献翻译的写作

根据《教育部办公厅关于加强普通高等学校毕业设计(论文)工作的通知》以及《普通高等学校本科毕业设计(论文)指导》,在本科毕业论文暨学士学位论文的撰写过程中,一般还要求完成外文文献原文不少于 1.5 万字符,最终的中文译本不少于 3000 字的外文文献翻译工作,篇数最多不超过两篇,翻译文本应附在毕业论文文本后面,供成绩评定时使用。外文文献内容的选择,必须与毕业论文主题密切相关,并且能够被用作毕业论文的主要参考文献。

外文文献原则上应选自正规的学术期刊、学术会议论文、有关著作及其他专业资料。在每篇中文译文的首页，须用“脚注”的形式注明原文作者及出处，中文译本后应附外文文献原文。外文文献翻译是毕业论文工作中的重要环节之一，因此也需要评定等级，如果成绩不合格，亦不能参加毕业论文答辩。外文文献翻译的封面上的“翻译题目”，指的是中文译文的题目，若有两篇外文文献，则应分别填写“翻译题目一”、“翻译题目二”，毕业论文外文文献翻译的封面格式由学位授予单位统一制作，切记即便是翻译也不能抄袭和剽窃他人的成果。

二、正式学位论文的写作

学位论文的基本项目及写法可以参见第三章第一节的内容，因为学位论文的各组成要件是所有学术论文中最讲究、最完备，也是最复杂的。学位论文的基本项目一般包括封面(标题、署名)、摘要、关键词、目录、前言、正文、结语、注释、致谢辞、参考文献、附录、封底等。在一般学位论文的写作中，还要求有英文标题、目录、摘要、关键词等部分。如果是研究生毕业论文暨硕士学位论文和博士学位论文，不仅篇幅大大增加，而且研究深度、广度与参考价值都有很大提升，因此必须在封面左上角处注明中图分类号和 UDC 分类号，右上角处注明论文是否公开以及秘密等级与编号，并将论文原创性声明和版权使用授权书单列一页，排在封二，论文最后还应附上个人简历，包括在学期间的研究成果和正式发表或出版的学术论著，以及参与的研究项目、所获的奖励荣誉、申请到的发明专利、国内外科研机构学习的经历等。以下是一篇新闻学专业的本科毕业论文的基本项目举要：

例文

国内手机报产业的可持续发展探析

摘要:近几年来,我国手机报产业发展迅速,它作为新兴的"第五媒体"逐渐走进现代人的日常生活。然而,目前国内的手机报在市场拓展、产品研发、商业运营、政策优化等方面面临着诸多发展困境,而3G时代的到来在给手机报带来许多机遇的同时,也构成了更大的挑战。当前国内手机报业的总体发展趋势良好,但在产业实践中仍然存在不少具体问题。结合具体国情和产业发展实际,并参考国外相关产业的发展经验来看,国内手机报的可持续发展必须要在重视挖掘信息空白,努力突出内容的个性化特色,同时积极探索新的盈利模式以不断开拓升值空间,并依托相关部门加大政策保障,强化市场规范的前提下,由内容提供商有效地发挥3G优势来完善和优化产业链,最终打造出自己的独特品牌,以最大限度地扩展受众面。国内手机报只有注重品牌的创建,致力于为全球化时代的社会大众提供高品质的信息服务,才有可能真正实现可持续发展。

关键词:手机报;内容定位;盈利模式;品牌效应;可持续发展

一、引言

随着新媒体语境下手机报产业的快速发展,网络运营商、业务运营商、内容供应商等,纷纷开始为用户提供更全面、更专业的信息服务。有平台、有内容、有受众的手机媒体正日渐成熟,手机报的服务功能也不断增加,手机报全产业链高速发展。然而,当前手机报似乎也面临着一个发展瓶颈期,比如营销模式单一、技术环境受限,以及同质化倾向严重和来自各种互联网媒介的冲击等。在当今各种媒体不断融合的时代,新媒体和传统媒体必须在互动中实现各自的可持续发展。从技术角度看,3G以及未来的4G、5G网络,将具有极高的数据传输速度,超高速度的数据流可能会改变手机报的目前的主要运营模式,而3G牌照的颁发亦使国内手机报发展面临更大的机遇和挑战。当然,手机报产业链的拓展必将为媒介生态的调谐和改善带来难得的发展契机,也会给当代社会观念变迁和人类信息传播模式带来深远的影响,因而必须不断关注和调整其制度进路。

二、国内手机报产业的发展状况

(一)手机报的概念与主要特点(略)

(二)国内手机报的历史与现状(略)

三、国内手机报产业面临的主要问题

(一)行业政策限制(略)

(二)内容定位模糊(略)

(三)盈利模式单一(略)

(四)技术瓶颈明显(略)

(五)互联网冲击大(略)

四、国内手机报产业可持续发展的途径

(一)加大政策保障,强化市场规范(略)

(二)挖掘信息空白,突出内容个性(略)

(三)探索盈利模式,拓展升值空间(略)

(四)依托智能优势,改善传播水平(略)

(五)打造品牌战略,培养忠实受众(略)

五、结束语

随着数字化趋势的日益凸显和深化,在传统媒体对抗新媒体的大背景下,由报业和移动电信相互借力与融合催生了一种新兴产业——手机报。这种新媒体类型本身,即印证了手机媒介的智能化优势。随着手机报概念在公众心理层面的逐步导入，它极大地改变了读者的传统阅读习惯，为新闻的阅读和传播提供了更多的选择和体验模式，有助于人们对于手机媒体强大的互动功能之认识和接受。虽然手机报已经成为传统媒体多样化发展路径之一，但任何对于新兴媒介的应用效果都需要时间来检验，因为手机媒体也有一个商业化的培育过程。随着市场的规范、技术的突破，以及运营模式的逐渐成熟，手机将成为一种足以挑战传统媒体的新型移动媒体，它可以借助技术上的发展和观念上的拓新，更高效、更优质地服务于社会公众。而伴随着愈发激烈的商业竞争环境，手机上网资费的下调、运营商投入的增加，以及运营商与相关企业合作态度的转变，都将为手机报产业的发展提供更多的上升空间，手机报也必定会更好地展现出自身的独特优势，其产业前景非常诱人。

(例文内容有删节)

该篇学士学位论文内容紧随当时新兴媒体产业发展趋势，思路清晰、结构恰当，能够在相关的案例分析中建立起自己的观念逻辑，论证过程合理，论点也有较强的说服力。不足之处在于各部分内容多属于综述性质，且重点不是很突出，而部分案例的选取也不够典型，因此无法较好地体现出个人的原创性见解。就论文本身的完成质量而言，当为“中等”偏上，但稍逊色于“良好”，综合作者平时学业及实践成绩、论文选题意义、研究成果价值、论文答辩成绩以及文献综述、外文文献翻译的完成质量，最后答辩委员会评定该作者的毕业论文成绩等级为“良好”。

古罗马批评家贺拉斯(Quintus Horatius Flaccus)曾经说过：“良好的判断力是写出优秀作品的秘诀”。在刚开始撰写学位论文时，作者必须要敢于质疑、善于发现，要有信心凭借自己的洞察力去发人所未发，而不能回避自己的好奇心与探索热情，同时牢记

“欲速则不达”的古训，制订一个周密翔实的写作计划，认真将各阶段搜集的资料尽量转化成直观的图表，同时综合各类相关信息来进行有效推导，不断精炼主题、扩展主题，接着建立论证方案并正确使用各种论据以形成论断（概念论断、事实论断、价值论断、政策论断、阐释性论断等），使论文的核心观点一步一步凸显出来。就最容易出现的问题而言，第一是将学位论文与专业学习的经验总结相混淆，或类同于普及性读物；第二是不严格遵循学位论文写作的有关标准，比如上述各种基本项目的基本写法不规范；第三也是最严重的，就是缺乏自己的原创性观点甚至抄袭拼凑，侵犯他人的著作权。在一般写作方法上，则要避免论题过大或过窄，结构混乱或松散，以及体例失当、格式错误、深度不够等问题。

三、学位论文抄袭的界定

如上所述，学位论文最严重的问题就是侵犯他人的著作权，一般而言就是指抄袭和剽窃，即将他人的研究成果全部或部分当作自己的作品发表的行为。一切学术论文，包括各种学位论文，必须是作者（个人和团队）独立进行研究的成果，强调原创性已经成为学界共识。当然，在著作权审判实践中，抄袭是一种较难认定的行为，因此在确认抄袭行为时，往往需要与形式上相类似的行为进行甄别。首先，合理利用著作权作品的思想、意念和观点，在法律上是允许的。比如论文作者利用另一部作品中所反映的某些主旨、题材、看法、观念等进行全新的创作，不能认定是抄袭；其次，无意而为的巧合，在法律上也是受保护的。著作权保护的是独创作品，而非首创作品。对于有一定相似性的两部作品，如果创作时间在后的那部作品的作者系完全独立创作的，不能认定是抄袭；再次，论文作者利用另一部作品的历史背景、客观事实、统计数字等，则应视具体情况而定。各国著作权法对作品所表达的历史背景、客观事实、统计数字等本身并不予以保护，任何人均可以自由利用。但是，完全照搬他人描述历史背景、客观事实、统计数字等内容的全部或部分文字,即使经过了一定程度的改写,仍有可能被认定为抄袭。合理使用是作者利用他人作品的法律上的依据,通常由各国著作权法自行规定其范围。凡超出合理使用范围的,则构成事实上的侵权,与是否抄袭无关。研判抄袭与否及其严重性,一是看被告对原作的更改程度;二是看原作与被告作品的特点相似度;三是看被告作品的具体性质;四是看被告作品中所体现的创作技巧和作品本身的价值;五是看被告者的意图。对于抄袭行为应该如何认定,中华人民共和国国家版权局版权管理司早在 1999 年就作出了相关规定。

目前,国内高等院校为防范学术不端行为的产生,大多已引进了中国学术期刊(光盘版)电子杂志社(CAJPH)与清华同方知网技术有限公司(TTKN)合作的"文献检测系统",并根据自己的实际情况制定了学位论文抄袭的界定和评判标准。而 TMLC(学位论文学术不端行为检测系统)、PMLC(大学生论文抄袭检测系统)等,也已为许多高等院校相继采用,用于检测大学本科毕业论文和研究生(硕士、博士)学位论文的原创性和真实性。

思考

1. 简述文献综述的写作。
2. 简述外文文献翻译的写作。
3. 谈谈自己的学位论文写作计划。
4. 目前对学位论文抄袭是如何界定的?
5. 高校应对学位论文抄袭的方法有哪些?

第三节　学位论文的答辩程序

上述各种学位论文,还须经过一道衍生程序——答辩。所有本科院校的毕业生,通过论文答辩后都将获得学士学位,研究生则获得硕士和博士学位。根据1980年2月12日第五届全国人民代表大会常务委员会第十三次会议通过，2004年8月28日第十届全国人民代表大会常务委员会第十一次会议修正的《中华人民共和国学位条例》及其《暂行实施办法》的规定，学士学位论文、硕士学位论文和博士学位论文必须参加论文答辩，答辩通过后其作者方可获取相应学位。在提交答辩论文的同时，要填妥学位申请表、情况登记表等各种相应的表格。

在我国目前的高等教育制度体系中，除了全日制的本科生以及学术型硕士、博士外，还设置了19种专业学位，即建筑学学士、硕士，法律硕士，会计硕士，翻译硕士，艺术硕士，体育硕士，工程硕士，军事硕士，农业推广硕士，公共卫生硕士，工商管理硕士，社会工作硕士，公共管理硕士，风景园林硕士，汉语国际教育硕士，教育硕士、博士，兽医硕士、博士，临床医学硕士、博士，口腔医学硕士、博士，等等，他们虽然不能取得学历证书，但通过学位论文答辩后，也可以获得相应的学位。

另外需要注意的是，有一些专业资格证书虽然含金量很高，但并不授予专业学位。如PMP(项目管理专业人员资格认证考试)，它与MBA(工商管理硕士)、MPA(公共管理硕士)均属于工商管理领域，且并称业内三大金字招牌。MBA的招收对象为商业领域各行业的高级管理人才，MPA的招收对象是政府部门公务员或非政府的公共管理机构工作人员，两者通过考试后均取得终身学位；而PMP的招收对象则是具有丰富项目管理经验的经理人，它是一种资格认证考试，通过考试表明其已在项目管理知识及应用方面达到了专业水准，每隔三年会重新审查其有效性，并不向学员颁授硕士学位。

一、开题报告的写作与答辩

本科毕业论文暨学士学位论文的选题须做到多元化，每年必须保证60%以上的更新率，至少不能与过往的选题重复，而且要与专业教学、实验室建设、科研项目、生产实践、经济社会发展紧密结合,鼓励与一线公司、企业等单位和部门联合提出课题,即结合实际的课题比例保持在70%以上,提倡相关学科的交叉互渗,不断提升学位论文的质量。选题最终确定后,要根据指导教师下达的任务书中的各项要求,如应当完成的前期工作、应当查考的相关资料、应当解决的重点问题、应当阅读的主要文献等,搜集和查阅相关文献资料,了解自己的论文主题在本学科、本专业领域内的发展现状,明确其技术价值与社会意义,并先期撰写文献综述。然后,根据自己对参考文献进行梳理分析的初步结果,填写开题报告书。开题报告应就自己学位论文的研究目的及意义、研究动态、基本思路、研究方法、工作进度等进行恰当论证。往往首先综述本课题的国内外研究动态,详细说明选题的依据和意义;在此基础上,提出本课题研究的基本内容和拟解决的主要问题,拟出初步的学位论文写作大纲;接着表述自己拟进行研究的步骤、方法与措施,以及预期研究进度等,须具体到时间阶段和主要内容;最后,列出主要的参考文献与资料。开题报告书的字数一般不少于3000字,完成后应先交由指导老师把关,然后各专业系部或教研室评议、开题小组评审,最后学院进行审核,而上述的每一步都必须签署明确的意见,即该生能否参加开题答辩会。

在开题答辩会上,由开题答辩小组负责人主持收集本组学生的开题报告与文献综述,下发给本组评委,然后按照顺序由学生首先简要陈述其开题报告书中预定达到的目标、研究方案与进度计划,学生重点说明拟论述的主题与内容,以及拟提交的成果形式,并且阐述为实现论文设定的研究目的所涉及的基本理论与解决具体问题的论证方案,以及分阶段完成研究任务的时间分配、方法手段的合理性。学生陈述完后,由评委根据其具体的陈述以及拟定的论文大纲,提出相关的问题,学生进行短时间的准备后进行回答。本组所有学生都完成开题报告答辩后,负责人召集各位评委进行审议，确定答辩合格学生名单，正式进入毕业论文写作阶段。如果评定为不合格者，必须在一周内重新开题，最迟不得超过两周。

二、学位论文的答辩过程

学生从开题到完成毕业论文的写作，一般大约经历两个月左右的时间，且通常与学生毕业实习同时进行，因此需要慎重把握好各个时间节点。最终完成的答辩论文的格式，原则上应严格按照中华人民共和国国家标准化管理局公布的《科学技术报告、学位论文和学术论文的编写格式》。论文誊清后，要装订成册，再加上封面。封面要朴素大方，写明论文的题目、作者姓名、所在院校、所在系别、导师姓名、论文完成日期、中图分类号、UDC 分类号、密级等。封面一般由所在学校统一印制，论文题目和作者姓名一定要写在封面上，而不能写在里面的衬页上，封底则空白。论文从左侧装订，装订顺序依次为封面、衬页、摘要及关键词、目录、正文、参考文献、致谢、附录、封底。装订份数视具体情况而定，是供评委审阅、有关人员参阅、特定对象赠阅、培养单位留底之用。

定稿的学位论文应提前一个月左右送交有关审定委员会审查，各位委员应就每篇论文写出具体的评阅意见，作者则准备论文答辩并撰写答辩提纲。答辩委员会一般由包括导师、专家等 5～7 人组成，并指定其中一人为委员会主席。答辩委员会可有一名秘书，负责联络、记录等事务性工作。答辩开始时首先由主持人讲话，介绍出席答辩会的答辩委员会成员与参加答辩的学生。然后由答辩者用 15 分钟左右的时间，简单陈述论文的写作意图、课题研究背景、选用的研究方法和手段、主要观点的价值与理论依据，并对研究中遇到的困难和尚存的问题、本课题研究的发展方向和前景等作必要的说明，有时可以利用黑板、挂图、幻灯机、投影仪、电视、多媒体设备等视听教具进行演示。答辩委员会成员可就所提交的论文中的具体要点，在答辩时当场提问，让作者在稍做准备后进行回答,准备时间通常为半小时左右。提出的问题主要针对论文本身涉及的学术研究,以了解学生对理论知识的掌握程度及其可持续研究能力。在一些著名的研究型大学,答辩委员会还常常给出论文课题所属学科的热点问题和交叉学科的相关问题,以考察答辩人的学术思维、联想思维、构建思维、危机思维等。答辩人应无条件接受各项提问,并相应作答,如确有难处可委婉地作非正面回答。

如果是研究生论文答辩,因为参加学生人数不太固定,因此评委人数(必须是单数)可以根据具体情况灵活设置,但评审委员会必须有一名以上的校外专家,其他成员也应当具有本学科或相关学科的高级职称,并聘请其中一位已具有教授或相当技术职称的专家担任答辩委员会主席,指导教师不得担任答辩委员会成员,答辩委员会设秘书一名,且必须具有讲师以上职称或硕士以上学位,每位学生的答辩时间也较长,一般不少于1小时,论文答辩前一周须发布答辩公告。

三、学位论文的答辩技巧

答辩者除了要提前准备自述提纲、资料卡片外,还应具备如下素质:心态稳定、从容回答;精神集中、学风端正;充满信心、语言流畅;谦虚谨慎、实事求是。完成答辩后,一定要礼貌退场,不能失态。答辩的一般技巧有:首先要善于倾听,把握题旨。即专注地听取专家提问并迅速领悟题旨,且善于补救,坦诚直言。若一时未能完全领会提问意图,应以求教口吻诚恳地请提问人重复或作一定解释。若意识到回答有误,应勇于承认并主动纠正,以获得重新答问的机会;其次要化解难度,先易后难。若遇到专家连续提问,应根据具体情况,选取比较容易的问题先回答,再集中阐释较难的问题。如此,则可以保持信心而免受困扰,充分而有效地展示自己的学养和能力;再次要简洁明快,不枝不蔓。答辩时应干净利落,不可随兴发挥,或盲目延伸。如此才能在有限的时间里应对提问,避免言多失当;最后要谨慎试探,善于进退。若遇难题,如题目过深或范围过广,可谨慎地以“设问法”限制题意,或用“余留法”采用商询式的肯定语气作答,使答问比较主动而便于简述自己的见解。答问时还要把握好进退幅度,如评委听得满意则可进一步发挥,但仍要见好就收,以免画蛇添足。

答辩结束后,全体评委暂时退场,在指定场所不受外界干扰地投票决定答辩者的总成绩(平时学业及实践成绩占 10%,论文选题占 15%,文献综述占 15%,外文文献翻译占 10%,研究成果占 40%,答辩成绩占 10%;总分 90～100 分为优秀,80～89 分为良好,70～79 分为中等,60～69 分为及格,59 分以下为不及格,以上仅供参考),并经过“合议”为每位学生的学位论文评定等级,最后集中写出意见由各位评委签名,然后重新回到答辩会场,由主持人当众宣读答辩者的等级,然后宣布答辩会圆满结束。答辩委员会的秘书必须认真做好每位答辩者的答辩记录,答辩结束后作者可根据答辩中发现的问题,继续完善论文的质量,以进一步提升自己的学术水平。答辩总成绩为不及格的,将择日参加二辩,仍然不及格或无故缺席的,将无法按时毕业和获得相应学位,一般作结业处理;当然也可申请随下届毕业生补辩一次,如通过则补发毕业证书和学位证书。学位论文答辩会结束后,答辩委员会成员须认真填写每位答辩学生的学位论文成绩考核表,成绩评定经由院系分管领导审核后报送学校学位委员会审定,对优秀等级要从严控制,一般为 3%～5%,优秀学位论文须进行电子数据处理,由学位授予单位的图书馆或档案馆保存。

如果答辩者是研究生学位候选人,其申请条件要比本科毕业生更高。一般而言,除了其在参加答辩前要修满培养计划中规定的全部学位课程学分并通过考试外,还要求在 SCI 刊物与国内外本专业核心刊物上发表一定数量的论文,且有一项以上的发明专利被受理,在国际组织主持召开的国际会议上宣读自己的学术论文或科技报告,如系特殊情况可由研究生导师予以说明,由学位评定委员会讨论决定。答辩申请者须首先将《研究生答辩申请》与《学位论文摘要》,在学期间的获奖证明及发表的论文全文或录用通知等其他佐证材料,于规定时间之前送交学位评定委员会审核。一般来说,每位硕士研究生的论文至少得有3名评阅人的意见,且其中必须有1名外单位专家;博士研究生的论文至少有5名评阅人的意见,且其中必须有2名外单位专家。评阅意见中有1/3以上持反对意见,则作者不能参加当次答辩,但可保留申请资格,待论文修改后重新申请答辩,保留资格的时间最多不超过两年。硕士学位论文答辩委员会一般由5名具有高级专业技术职务的专家组成,其中1名为外单位专家;博士学位论文答辩委员会一般由7名具有高级专业技术职务的专家组成,其中2名为外单位专家。

随着高等院校和科研机构日益成为全球化时代国际学术交流的重镇,各学位授予单位对各级学位的授予均持非常慎重的态度,对于一篇研究生论文,如果只是简单地综合他人成果,没有或很少原创性见解,即得出的结论是显而易见或比较肤浅的;或并非由个人独立完成甚至未起到主要作用,以及有抄袭剽窃他人研究成果的行为;或不具备相应的理论水平,较少技术价值、经济价值、社会价值、思想价值;或计算方法不够严密甚至错误,数据不能符合论证的基本观点,均不予通过并授予相应学位,如已授学位的则可按照2012年11月13日中华人民共和国教育部令第34号公布,2013年1月1日起实施的《学位论文作假行为处理办法》撤销其所获学位。众所周知,欧美发达国家对学位论文作假行为打击向来极为严厉。2011年3月,德国国防部长卡尔一特奥多尔·楚·古滕贝格因其博士学位论文“未充分交代引用来源”,被迫放弃拜罗伊特大学所颁学位并引咎辞职;同年5月,欧洲议会副议长西尔瓦娜·科赫一梅林因2001年向海德堡大学提交的博士学位论文被指抄袭率为27.36%,而被取消所获学位并宣布下野;2013年

2月，德国教育和科研部长安妮特·沙范1980年完成的博士学位论文《人和良知：关于现今良知教育的条件、需要和要求研究》因存在"系统及蓄意将他人智力成果窃为己有的行为"，被杜塞尔多夫大学取消哲学博士学位。今后，国内大学对学位论文撰写过程中的学术不端行为将会不断加大打击力度，以促进高校学术环境的净化。

撰写学位论文的目的不应仅为获取学位，而更要借此养成严谨认真的治学态度，在平时的学习、工作和生活中不间断地、有意识地去发现新现象、新问题，特别要关注其发展态势，并有所侧重地积累相关资料，为撰写学位论文作充分的准备。正如美国遗传学家沃森(James Dewey Watson)和英国物理学家克里克(Francis Crick)发现基因的载体脱氧核糖核酸(DNA)双螺旋结构，这是继达尔文(Charles Robert Darwin)之后生物学划时代的伟大成就，两人首先想到的却并非诺贝尔奖，而是欣喜于"我们发现了生命的奥秘"。对在校大学生来说，撰写学位论文是检验自己的理论素养和专业水平的最佳手段，也是将知识转化为能力的系统性训练。更重要的是，它常常会令你终生受益，成为当代青年人生道路上的一块里程碑。正如习近平总书记所强调，"青年兴则国家兴，青年强则国家强"，"空谈误国，实干兴邦"，广大青年只有坚定理想信念，练就过硬本领，勇于创新创造，矢志艰苦奋斗，锤炼高尚品格，才能在实现中国梦的生动实践中放飞青春梦想，在为人民利益的不懈奋斗中书写人生华章。

思考

1. 简述学位论文的开题报告答辩。
2. 简述学位论文完整的答辩过程。
3. 结合自己的经验，论述学位论文答辩技巧。
4. 本科生与研究生毕业论文答辩有哪些不同？
5. 学位论文的作假行为会造成什么严重后果？

第六章　学术论文的流通

第一节　学术论文的投稿

学术论文除了写作过程外，还有流通过程，而流通过程的第一个环节就是投稿。经过探索和钻研，完成了有一定创见的论文，就应想方设法向各类学术期刊投稿。简单来说，论文的作者需要花时间熟悉基本的投稿事项，掌握投稿的技巧和方法，做到有的放矢。同时，可以参考中华人民共和国国家标准化管理局 1982 年 9 月 1 日发布，1983 年 7 月 1 日起实施的国家标准 GB 3179-82《科技学术期刊编排规则》。如果想要向国际外文期刊或学术出版社投稿，还必须熟悉美国心理学协会 APA 格式、美国现代语言协会 MLA 格式、芝加哥杜拉宾（Turabian）格式、芝加哥大学 CMS 格式、哈佛文献引用 HRS 格式、生物医学期刊温哥华格式（VS）以及科学编辑理事会 CSE 格式等规范。

一、论文投稿的注意事项

（1）作者应了解本人论文的适配刊物，经过比较选择适投刊物。要重点了解的项目有：主办单位、刊物级别、专业特点、出版形式、发行周期、编辑方针、登载速度、读者对象、稿件要求等，各类刊物年初或年末都会刊载最新的稿约。通常，正式刊物都会说明，如×个月（著作权法规定是一个月）内未接录用通知，作者可转投他处，请自留底稿。有些权威刊物的信息反馈期可能相对较长，以三个月至半年为多，个别刊物甚至达到 1～2 年。相对正规的学术期刊，在收到稿件后就会寄出收稿通知。一般还有专人给作者复信，至少也是通函，以显示对作者的尊重。了解各类刊物的特点，就会相应地提高稿件的命中率。

（2）作者应严格审核自己论文的质量，做出正确的估计和判断。如果是高水平的论文，可考虑向国家级期刊甚至国外期刊投稿；如果只是有一定创新价值的论文，可相应选投普通期刊。对在校大学生来说，即使是较高质量的论文，也不要好高骛远，而先投一些地方性期刊以提高发表几率。而且，地方性刊物也不见得学术水平都比较低，如果论文确实很优秀，亦有可能被高级别刊物和数据库转载收录。在投稿之前，应仔细阅读各类刊物的"作者须知"，必要时还可在论文后附上图表、照片等佐证材料。现在，绝大多数国内期刊都已加入了"中国知识基础设施工程（CNKI）"，并执行中华人民共和国新闻出版总署（现新闻出版广电总局）1998年12月24日审定通过，2006年2月1日最新修订，2006年6月1日起实施的《〈中国学术期刊（光盘版）〉检索与评价数据规范》（CAJ-CD B/T 1—2006）。所以，作者必须详细了解第三章第一节有关学术论文基本项目的内容。

（3）投送稿件的形式主要有手写稿、油印稿、打印稿、复印稿、电子稿等几种，一般以手写稿、打印稿和电子稿为多，其中电子稿使用频率最高。稿件必须注明页码。手写稿是指作者的亲笔原稿，一般用绿格16开400字的方格稿纸黑色碳素钢笔誊抄；打印稿是指用打字机、喷墨或激光打印机输出而成的稿件，一般采用A4纸（长297mm，宽210mm），上方（天头）和左侧（订口）留边25mm以上，下方（地脚）和右侧（切口）留边20mm以上；电子稿是指用电脑打字和排版并保存于移动存储设备上或通过网络发送的稿件，它通常使用基于Windows平台的Word和Wps等软件进行操作。手写稿和打印稿可以制成多份复印稿使用，而电子稿的修改、储存、复制、发送更是非常方便，已经被大量使用。

二、论文投稿的方法技巧

论文稿件的投送方式有两种，一是间接投送，包括邮寄信函和电子邮件,二是直接投送,即上门送稿。无论采用哪种投稿途径,作者都必须掌握好投稿的方法技巧。

(1)要随稿件附上一封致编辑信。这种做法意在表明作者对该刊物的关注和信任,但须避免恭维吹捧,也不宜对稿件作过多的陈述,切忌极力阐明自己成果的价值和意义,甚至有意抬高。致信只要简洁说明论文的选题缘由,专投贵刊,以及是否同意删改,是否同意进入网上检索系统,是否同意被转载和摘编,是否要求退稿,稿件有否获得过荣誉,有否投送其他刊物,有否其他应用途径,有否牵涉他人的著作权问题等,必要时可附各类证明,并留下自己的单位、住址、邮编、电话、电子信箱、QQ 号等。如果稿件是投送者翻译的国外论文,还必须说明原文出处及作者,以及有否删节、注释、改动等情况。

(2)要遵守投送刊物的稿约规定。不要存有投机的想法,即在约定期限内擅自向其他刊物投稿,甚至稍作修改,换个名目一稿多投。这些不良行为不仅给刊物编辑部带来了极大的麻烦,也会给作者自身带来危害,严重的话竟可使人名誉扫地。假若在审稿期间,有另刊愿意登载同一篇稿件,即使作者自己愿意,也应事先致信编辑部,协商取消投稿并致歉意,并支付一定的违约金。如收到编辑部要求重新誊抄和修改补充的复信,应立即落实和执行;如收到的是拟发表论文的校样,应认真核对,在规定期限内交寄回去。若敷衍了事,论文作者极有可能丧失一次发表自己成果的大好机会。

(3)遭遇退稿后要冷静分析原因并研究对策。首先再度审核自己的论文,看看是否论文缺乏理论性,即论据较欠说服力;是否论文缺乏科学性,即结论较欠可信度;是否论文缺乏创新性,即所提观点已有人阐述过;是否论文相对于投送刊物,风格不太一致,即太专业或太不专业;是否有泄露国家或部门机密、剽窃他人成果的现象;是否质量确实不太高,没有什么太大的意义与价值等。然后相应地采取申辩、修改、重写再投、另投他刊等方式，只要是还有余地，最好能给编辑部复信致谢并积极申辩以主动争取机会。

(4)稿件中的公式和图表的应用要规范。公式用“Word 公式编辑器”生成，可定义公式尺寸，标准 10.5 磅；上标/下标 7 磅；次上标/下标 5 磅；符号 18 磅；次符号 12 磅；其他用默认值。公式编辑完后的大小应为 100%，不须缩放。图片放在正文中相应文字之后，同时另存一个图片汇总文件，并标明图号以便打印。图稿用“Word 图片工具”绘制；图中汉字用宋体，其他字符全部用 Times New Roman 体；勿用彩色图，灰度按 25%、50%、75% 等比例增减；框线用 0.75 磅，连线用 0.5 磅；箭头用最小号的箭头线；图中文字用文字框录入，勿在文章正文中录入，词与词之间保持独立；扫描图片至少为 600 线(dpi)的 TIF(Tagged Image File Format)格式图，或提供图片原稿，TIF 格式能够借助转换器很方便地与 JPG、PDF、DWG、BMP、GIF、PNG、ICO、EXIF、WMF、EMF、DXF、WORD、EXCEL 等各种格式进行批量转换；一个图包含多个分图的，用(a)、(b)、(c)等标示，且需给出总图和分图名。表格一般采用三线表形式，置于正文相应文字之后。

三、向国外期刊投稿的原则

为了适应科学技术不断发展的需要，更经济、更有效地贮存和交流学术信息，早在 20 世纪初，居里夫人(Marie Skodowska Curie)等一些著名科学家就提出了科技术语的简化和科技出版物规格统一化问题。在当今数字媒体语境下，制定国际学术论文统一的规范格式成为共识。根据 GB 7713—87《科学技术报告、学位论文和学术论文的编写格式》的规定，为了便于国际交流，科学技术报告、学位论文和学术论文应附有外文(一般为英文)标题(Title/Topic)、作者署名及单位(Author and Department)、摘要(Abstract)、关键词(Key Words)等。国外科技期刊一般对题名字数有所限制。如美国医学会规定题名不超过 2 行，每行不超过

42 个印刷符号和空格;英国数学会要求题名不超过 12 个词。中国人名的英译按汉语拼音拼写;其他非英语国家人名按作者自己提供的罗马字母拼法拼写。单位名称要写全,且须采用统一译法,并附详细地址和邮政编码。为了便于国际学术交流,美国《工程索引》(*The Engineering Index*)中国信息部要求信息性文摘(Information Abstract)应该用简洁、明确的语言,一般不超过 150 个英文单词将论文的研究目的(Purposes)、研究过程(Procedures)、研究方法(Methods)、研究结果(Results)以及得出的重要结论(Conclusions)表达清楚,具体而言就是论文的目的或要解决的问题(What I want to do?);解决问题的方法及过程(How I did it?);主要结果及结论(What results did I get and what conclusions can I draw?);论文的创新之处(What is new and original in this paper?)等。关键词属于主题词中的一类,早在 1963 年,美国《化学文摘》(*Chemical Abstracts*)从第五十八卷起,开始采用计算机编制关键词索引,提供快速检索文献资料主题的途径。半个世纪后的今天,科技资讯飞速增长,全世界每天有 30 万篇以上的学术论文发表,不仅在学界和行业内部,一般科技工作者与管理人员也经常利用主题概念词来检索本学科、本专业领域最新发表的论文。而撰写英文关键词,也能够为国内学术刊物提高"引用率"、增加"知名度"开辟一条新进路。

大学生在锻炼自身科研能力的同时,可以尝试撰写科研小论文并向一些学术刊物投稿,以不断提高自己的就业竞争力。现在,很多高等院校都已参照国际高水平大学的通行做法,允许本科生以自己原创的科研作品(竞赛论文、学术论文、设计作品报告、专利发明报告、项目技术报告等)替代毕业论文,相关学院在受理学生的申请后,将相关申请材料交学院教学指导委员会或学术委员会审核,通过审核的,由学院签署意见后报教务处。教务处对学院提交的申请进行审批后,将通过的名单进行公示,公示无异议的学生进入相关毕业论文环节。学生所在学院应严格审核学生的毕业论文的替代申请，包括申请替代毕业论文的科研作品是否与所学专业关系密切，学生是否在科研作品尤其是多人申请替代的科研作品中承担主要工作，学生用来替代的论文是否达到毕业论文的要求等。学生以自己所发表的学术论文替代毕业论文的申请通过后，仍需完成文献综述、外文文献翻译等毕业论文相关材料，并参加开题答辩环节。目前，许多国内高等院校都鼓励优秀大学生积极参与指导教师的科研项目，并与教师合作撰写学术论文。

大学生撰写学术论文稿件要力争独抒己见，如起初实在难以做到，也可以参考他人的相关成果；但即使完全同意他人的观点，也不得与其雷同甚至照抄，而应变换角度用自己的语言来进行表述。当然，此种方法只是入门习作的模仿而已，切不可随意用于正式的学术研究。如果自作聪明，到处剪贴拼凑，妄图蒙混过关，一旦被发现，作为毕业论文、学位论文的将受到严肃处理，甚至各种行政处分；而要是投稿后被某刊物公开发表的，还会引起知识产权纠纷，作者将承担全部法律及经济责任。对广义相对论与核力做出巨大贡献的美国物理学家惠勒(John Archibald Wheeler)，获悉别人剽窃他最早提出的核力异常现象并发表相关论文，最终获得1975 年诺贝尔物理学奖，一笑置之曰："我下一次要小心点"，比之剽窃者的不光彩行为，其高风亮节令人击节称赞。

目前，中国学术期刊(光盘版)电子杂志社(CAJPH)与清华同方知网技术有限公司(TTKN)合作的"文献检测系统"，以《中国学术文献网络出版总库》为全文比对数据库，能检测出跟以往的学术论文有雷同之处的词句或段落，一篇论文与期刊数据库的文字重合率大于或等于 10%，属于句子抄袭；30%至 50%之间属于段落抄袭；50%以上则被判断为整体抄袭，这个标准还会不断细化和更加严格。CNKI 旗下的 AMLC(科技期刊学术不端检测系统)、SMLC(社会科学期刊学术不端检测系统)，以及学术不端文献检测系统的VIP版与英文检测系统、中英文对照检测系统等的推出和更新,加上相关法律和条例的制定与完善,将使得学术不端行为得到根本上的遏制。

思考

1. 学术论文的投稿要注意哪些事项?
2. 简述论文稿件的几种形式。
3. 试论述学术论文投稿的方法技巧。
4. 稿件中的公式、图片、表格如何使用?
5. 向国外学术期刊投稿要重视哪些问题?

第二节 学术论文的发表

学术论文流通过程的第二个环节,就是发表。一篇论文在经历了投稿阶段后,将先后进入审理稿件、编辑加工、排版校对、正式出版的发表流程。随着学术期刊编排标准化工作的推广,我国绝大多数学术期刊在编排格式上都严格执行权威国际组织和国家制定的编辑出版标准。通常各家期刊的征稿启事都会罗列论文稿件撰写的诸多注意事项,因此每一篇学术论文都必须按照国际标准、国家标准和相应的规范来撰写,如果在这方面不加重视,哪怕论文质量再优秀,也无法进入审稿程序,更遑论发表了。

一、审理稿件与编辑加工

审理稿件简称审稿,是刊物编辑和有关专家在收稿后对其学术质量作出基本评价,以决定是否采用的制度。目前,我国学术期刊主要采用初审、复审、终审的三审制。一般由责任编辑与编委会预审,专家学者等特邀编辑匿名复审,主编、编辑部主任终审。预审是责任编辑与其他编委对论文是否符合国家政策、刊物方针,以及学术含量、文稿水平等内容的初步审核,并确定复审的专家学者；复审是有关专家学者对通过初审的论文主题、材料、论证和结论的具体评价，时间大致为1～3个月；终审是在预审和复审的基础上，由主编和编辑部主任重点审查论文的创新性、科学性与理论性，以确定论文是否发表。三审层层把关、分工明确，因此比较公正，但又有时间过长的不足。今后，学术论文审稿制度将会随着时代的发展而不断改进和完善，

一篇学术论文经过三审裁定拟采用之后，就进入了编辑加工的流程。编辑加工是由编辑人员担任二次作者，对稿件进行修改。其着眼点在于字、词、句、段落、结构的修正和完善，以使论文主题鲜明、叙述流畅、层次清晰，并消除文法和修辞错误。作者在撰写论文过程中，就应该注意随时勘误、澄清、补充、润色，以严格符合写作规范，这不仅可以减轻编辑的负担，而且有利于使自己的成果保持纯粹性。

二、排版校对与正式出版

学术论文在完成编辑加工之后，就意味着可以送交印刷厂进行排版和校稿了。1981年，王选研制出“华光汉字激光排版系统”；1987年，殷步九研制出“4S高级科技文献排版系统”，刘水仙则研制出“科印微机排版系统”，实现了当时国内出版业文字编排领域的重大技术飞跃。而今，我国绝大多数学术期刊都已实现电子排版，主要采用方正书版、方正飞腾、方正飞翔、上海杰申、Page Maker、Frame Maker、Z-Maker、In Design、Microsoft Word、Quark X Press、Main Top、Corel Draw、Illustrator、Photoshop等电子排版系统（Electronic Typesetting System）。校对则是依据稿件原文逐一消除排版中的错误，并检查编辑可能忽略的问题，以维护刊物的质量和声誉。通常，学术期刊都采取作者、编辑、印刷厂校对员合作的手段。对作者来说，主要采用点校、折校、读校、通校的方法；对编辑部来说，主要采用初校、二校、三校、校红四个校次。在校对时，应当注意使用规范的校对符号，具体可参照经中华

人民共和国国家标准化管理局批准公布,于 1994 年先后实施的 GB/T 14706—93《校对符号及其用法》、GB/T 14707—93《图像复制用校对符号》。

校对完成后,印刷厂将清样交编辑部,由责任编辑和主编过目签章,再送印刷厂付印。印刷厂则按照刊物的版本、装帧等要求进行印刷,装订成册,一本学术期刊就问世了。作者的成果将由编辑部依刊登的卷号、期号寄送本人,一般为两册,并同时汇寄稿酬。学术论文一经发表,登载刊物即享有版权,作者即享有著作权,具体事项可参照 1990 年 9 月 7 日第七届全国人民代表大会常务委员会第十五次会议通过,2010 年 2 月 26 日最新修正的《中华人民共和国著作权法》。

为审慎起见,最终发表的期刊论文之首页上,一般应以页下注的形式标明收稿日期和修回日期,如:[收稿日期] 2012－11－18,[修回日期] 2013－07－25。一篇高质量的学术论文在正式发表后,还可能被其他学者的论著所参考和引用,或被其他学术期刊所转载和摘编,这均是对作者潜心研究和勤奋创作的最好回报。

思考

1. 学术论文的发表流程有哪四个环节?
2. 描述学术期刊通常采用的三审制。
3. 简述你所熟悉的电子排版系统。
4. 简述学术期刊论文的校对方法。

参考文献

1. 辞海编辑委员会编. 辞海(1979 年版)缩印本. 上海:上海辞书出版社,1980
2. 中国社会科学院语言研究所词典编辑室编. 现代汉语词典. 北京:商务印书馆,2005
3. 仲维纲主编. 写作知识与实践. 沈阳:辽宁人民出版社,1984
4. 张达芝主编. 应用写作教程. 杭州:杭州大学出版社,1998
5. 刘孟宇,诸孝正主编. 写作大要. 广州:中山大学出版社,1984
6. 谭雪松,尹建新主编. 通用写作教程. 北京:中央民族大学出版社,1997
7. 刘开扬主编. 汉语与写作. 成都:西南财经大学出版社,1987
8. 张杰著. 大学写作概论. 武汉:武汉大学出版社,1997
9. 张耀辉主编. 大学应用写作. 上海:上海交通大学出版社,1999
10. 新编应用写作编委会编著. 新编应用写作. 汕头:汕头大学出版社,1999
11. 李秀玉主编. 应用写作训练教程. 大连:东北财经大学出版社,1987
12. 王学勤,孔繁芳,杜福磊主编. 应用写作. 北京:光明日报出版社,1996
13. 苗枫林主编. 中国当代公文写作. 济南:山东大学出版社,1993
14. 刘卫国编著. 现代公文写作. 广州:华南理工大学出版社,1997
15. 方志范,方克强,周圣伟,洪本健,陶型传,潘文国编著. 新编大学语文指要. 上海:上海社会科学院出版社,1988
16. 蒋风主编. 新编文史地辞典. 杭州:浙江人民出版社,1990
17. 王雪云主编. 机关公文写作与处理指南. 北京:机械工业出版

社,1993
18. 刘池清,潘桂枝主编. 现代应用文写作教程. 长沙:中南工业大学出版社,1995
19. 张耀辉主编. 应用文写作训练. 合肥:中国科学技术大学出版社,1992
20. 彭思毛,欧阳周编著. 现代实用秘书写作. 长沙:中南工业大学出版社,1997
21. 陈光润,张智才等主编. 机关应用文写作纲要. 长沙:中南工业大学出版社,1997
22. 王世豪主编. 当代中国公务员实用文书学. 兰州:兰州大学出版社,1997
23. 金化伦编著. 机关公文处理. 南宁:广西人民出版社,2004
24. 陈枫主编. 最新文秘范本写作与培训全书. 北京:北京工业大学出版社,2004
25. 史玉峤主编. 现代文秘写作. 青岛:青岛出版社,2002
26. 陈功伟,陈涵平,项昌贵编. 现代公文模具. 广州:中山大学出版社,2003
27. 张保忠,岳海翔著. 公文写作技法与赏析. 广州:广东经济出版社,2003
28. 浙江省人事厅编,祝鸿杰,谢丹月,王平洋,刘忠编写. 浙江省人事录用考试指导用书(下册)(公文写作与处理). 杭州:浙江人民出版社,2001
29. 涂怀章主编. 新编写作教程. 武汉:华中理工大学出版社,1997
30. 辛业江,尹依主编. 新编财经写作. 北京:中国商业出版社,1995
31. 吉林大学中文系,长春影视广播图书周报应用写作函授中心. 应用写作(教材). 1988
32. 霍然主编. 新编大学应用写作. 杭州:杭州出版社,2001

33. 杨金忠，郭上玲主编. 应用文写作. 北京：中国轻工业出版社，2005
34. 刘金同，范晓梅主编. 应用文写作教程. 北京：清华大学出版社，2006
35. 黄津孚编著. 学位论文写作与研究方法. 北京：经济科学出版社，2000
36. 邝邦洪主编. 中文专业论文写作教程. 广州：广东人民出版社，2003
37. 王嘉陵编著. 毕业论文写作与答辩. 成都：四川大学出版社，2003
38. 吴宜澄，等. 论文写作格式手册. 台北：桂冠图书股份有限公司，2004
39. 陶富源. 学术论文写作通鉴. 合肥：安徽大学出版社，2005
40. 孙晓玲，等. 毕业论文写作方法精要. 兰州：兰州大学出版社，2005
41. [美]沙伦·索伦森. 怎样写学术论文. 上海：上海译文出版社，2005
42. 杨继成，等编著. 学术论文写作方法与规范. 北京：中国铁道出版社，2007
43. [美]罗伯特·佩林. 学术论文写作手册(第三版). 北京：对外经济贸易大学出版社，2009
44. 张孙玮，等编著. 科技论文写作入门. 北京：化学工业出版社，2011
45. [英]马丁·登斯库姆. 怎样做好一项研究：小规模社会研究指南. 上海：上海教育出版社，2011
46. Kelley D. The Art of Reasoning. New York: Norton W W & Company, 1998
47. Harold Gelfand, et al. Mastering APA Style: Students

Workbook and Training Guide. Washington: American Psychiatric Association, 2002

48. Trimmer J F. The New Writing with a Purpose. Boston: Houghton Mifflin Company, 2004

49. George M Hall. How to Write a Paper. London: BMJ Publishing Group, 2008